帝国的智囊团

大秦名相

蔡 岳／著

中国华侨出版社

总序

居庙堂之高则忧其民；处江湖之远则忧其君。是进亦忧，退亦忧。然则何时而乐耶？其必曰"先天下之忧而忧，后天下之乐而乐"乎？噫！微斯人，吾谁与归？

这是宋代范仲淹在他的代表作《岳阳楼记》中留下的千古名句。一段话道尽了自己身为庙堂之臣的心路历程。事实上，这也是历史上这群被称作宰相的人所处的尴尬位置，和他们当中的杰出者的崇高志向的真实写照。

宰相可以说是古往今来最令人为难的职务。虽然历朝历代称呼不同，秦、汉、唐都习惯叫丞相，宋代叫参知政事，明代叫内阁首辅，清代叫军机大臣，但其职权范围却变化很小。我们可以用"总理政务，调和阴阳"这八个字来概括其职权范围。

何谓"总理政务，调和阴阳"？"总理政务"指的是宰相的日常工作。皇帝身为一国之君，在国事上可以抓大放小，但宰相身为百官之首，在国事上却必须事无巨细。全国大大小小的事务由各部门统一汇总到宰相那里，宰相再选择其中最重要的部分呈递给皇帝御览，这是中国自古以来最基本的行政流程。

"调和阴阳"指的则是宰相在国家机器当中所扮演的角色。事实上，宰相向来都是皇帝与百官之间的枢纽。在皇帝眼中，宰相是百官之首，是百官的代言人；而在百官眼中，宰相却是皇帝的助理，是皇帝的代言人。因此，身为宰相，就必须懂得如何调和阴阳，平衡皇帝与百官之间的关系。

这两点既是宰相的职责，同样也成了宰相难做的原因。总理政务让宰相庶务缠身，一刻不得清闲；调和阴阳又使得宰相劳心劳力，时时在皇帝与百官之间斡旋。由此可见，国之宰辅一方面位高权重，于运筹帷幄之间决定整个国家的兴衰荣辱；另一方面却又不得不忧谗畏讥，小心翼翼，否则这一刻还"居庙堂之高"，下一刻便会被流放，"处江湖之远"。

正是由于宰相这个职位的特殊性，使得宰相这个群体拥有了别样的精彩，这也正是本套丛书成书的原因。身为个人奋斗所能达到的最顶点，身为国家政策的制定和执行者，我们可以在历代的宰相们身上看到个人奋斗与王朝兴衰之间那千丝万缕的联系。

由此，本套丛书选取了秦、西汉、唐、北宋、明、清这6个最有延续性也最具代表性的朝代，每个朝代选取数位名相。透过他们的个人经历，我们可以清晰地看到一个王朝的发展脉络，看到这个王朝究竟因何而兴、为何而衰。

以史为鉴，可以知兴替；以人为鉴，可以明得失。古之名相，无不是人中之杰，今之人可以此为鉴。

目录
Contents

第一篇　商鞅——人亡政不息

第一章　卫国公子　003
庶出公子　003
天下　008
魏国经历　013
求贤令　018

第二章　风雷地动　024
特殊的面试　024
国策大辩论　030
变法　034
社会变革　037
执行与阻力　041

目录
Contents

第三章　强国之路　　　　　　047
　　迁都咸阳　　　　　　047
　　检验成果　　　　　　054
　　陌生人的拜访　　　　058
　　商鞅的固执　　　　　062

第四章　悲情末路　　　　　　065
　　无处可逃　　　　　　065
　　作茧自缚　　　　　　069
　　人亡法未亡　　　　　073
　　功过评说　　　　　　075

第二篇　张仪——舌尖上的天下

第一章　捭阖策　　　　　　　079
　　吾舌　　　　　　　　079

	入秦	083
	初见秦惠王	085
	建功封相	092
第二章	搅动天下	096
	张仪相魏	096
	五国攻秦	100
	龙虎斗	103
	楚怀王之殇	106
	张仪戏楚	111
第三章	功成身退	116
	说楚怀王	116
	游说诸国	121
	功成身退	127

目录
Contents

第三篇　范雎——快意恩仇

第一章　良禽择木　　　　　　133
　　天下大势　　　　　　133
　　落魄　　　　　　137
　　惊险逃亡　　　　　　140
　　上书　　　　　　144

第二章　初露锋芒　　　　　　147
　　远交近攻　　　　　　147
　　铲除异己　　　　　　152
　　睚眦必报　　　　　　156
　　谋划天下　　　　　　163

第三章　急流勇退　　　　　　167
　　逼死白起　　　　　　167

识人不明		173
召见蔡泽		177
功成身退		181

第四篇　吕不韦——有野心的商人

第一章	商人	187
	天纵其才	187
	奇货可居	190
	金元政策	194
	助异人归秦	199

第二章	产出	203
	子楚回秦	203
	吕不韦的政策	207

目录
Contents

谋略方针	211
一错再错	215

第三章　胜败　219
嬴政亲政	219
无冕之王	221
落幕	225

第五篇　李斯——公义与私利

第一章　从政之路　231
老鼠哲学	231
出师	235
逐客令	238
陷害同窗	242

第二章	平定六国	246
	六国归秦	246
	厘定天下	251
	立法	255
	统一规范	259
第三章	成功与失败	263
	焚书	263
	坑儒	265
	沙丘遗诏	269
	一退再退	272
第四章	终遭暗算	276
	大起义	276
	较量	280
	含冤下狱	284
	终点	288

第一篇
商鞅——人亡政不息

商鞅听说秦孝公在招贤纳士，便带着《法经》前去投奔。第一次见面，商鞅以帝道之术游说秦孝公，结果秦孝公完全不感兴趣，中途甚至打起瞌睡，甚至认为商鞅没有真才实学，只是一个志大才疏的狂放之辈；第二次见面，商鞅以王道之术游说秦孝公，虽然秦孝公从头听到尾，但是仍然没有采信他的主张；第三次见面，商鞅以霸道之术游说秦孝公，已经得到了秦孝公的一点回应，可惜仍然不被采用；第四次见面，商鞅大谈富国强兵之策，秦孝公连连称赞，二人畅谈数日而不知疲倦。商鞅遂得到秦孝公的赏识和重用。

第一章
卫国公子

作为庶出的贵族公子，商鞅一方面见证了上层社会的繁华与荣耀，另一方面又注定难以在本国有所作为。值得庆幸的是，当时社会权贵豢养食客的习俗，又为每一个有识之士提供了政治舞台。因此，商鞅立志成就一番事业，并且自幼熟读诗书，尤其深得法家思想的真谛。在游历天下一番之后，他也终于在秦国迎来了自己的仕途之春。

庶出公子

战国时期，天下的主人名义上仍然是周天子，然而周王室对天下的统治名存实亡。各诸侯国不再听从周天子的号令，拥兵自重，通过战争和谈判兼并人口，扩张土地。经过春秋三百来年的争霸战争，大国兼并小国，强国吞并弱国。到了战国初年，天下所剩诸侯国已经不多了，形成了齐、楚、秦、燕、韩、赵、魏七个大国并立的局面，这七个强国被称作战国七雄。

《史记》中记载:"(秦)孝公元年(公元前361年),河山以东强国六,与齐威、楚宣、魏惠、燕悼、韩哀、赵成侯并。淮泗之间小国十馀。楚、魏与秦接界。魏筑长城,自郑滨洛以北,有上郡。楚自汉中,南有巴、黔中。周室微,诸侯力政,争相并。秦僻在雍州,不与中国诸侯之会盟,夷翟遇之。"

这段文字描述了战国时期七雄并立的局面。秦国在西方,因不参加中原各国的会盟,被人视同夷狄。楚国和魏国与秦国接壤,楚国在南方,占据了巴郡和黔中郡。魏筑长城,从郑沿洛水河岸北上,占有上郡之地。齐国在东方,燕国在北方,韩国、赵国和魏国在中间。

这段时间里,虽然各诸侯国凭武力征伐,相互兼并,战火频繁,却涌现出了一大批英雄豪杰。他们凭借智慧和思想,翻云覆雨,搅动天下,导演了一幕幕波澜壮阔的史诗。这些人或许不会想到他们的一举一动不只关乎某个诸侯国的命运,更为这片土地在后世两千余年的发展奠定了基调。

活跃在战国中期的商鞅是这批豪杰中的佼佼者,是中国历史上家喻户晓的人物。提到他,人们自然会想到"商鞅变法"。商鞅的"法"一直延续了两千多年,直到现在仍然具有现实意义。他的变法成就了秦国的强大,将华夏大地引向了另一条发展道路。

商鞅生活在大约公元前395年至公元前338年的周王朝,比秦始皇嬴政早出生120年。他是卫国国君的庶出儿子,古代正妻所生子嗣称为嫡出,而非正室所生的子嗣称为庶出。他的本名叫"卫鞅"。由于他的祖辈是卫国的国君,按照"诸侯之子曰公子,诸侯之孙曰公孙"

的礼制，商鞅又得名"公孙鞅"。古人以封地为姓，以彰显身份。商鞅曾被秦孝公封在商地为侯，所以后人便尊称其为商鞅。他的祖先姓姬，与周天子同姓。所以姬鞅、卫鞅、公孙鞅、商鞅都是指的同一个人。

卫国祖先与周王室祖先同宗，曾经显赫一时，是有名的大国。在周文王、周武王灭掉了殷商后，建立了以姬姓部落为核心的周王朝，它的势力范围东西数千里。统领如此广袤的疆域，在那时无论如何都是需要一定的政治智慧的。

而这套政治制度就是"封建制度"的实行。所谓的"封建"与我们常说的"封建"是有着明确区别的。这里的"封建"指的是"分封建国"。简单来说就是将周王室的贵族和重要功臣派往各地，封土授民，册命为君，建立诸侯国，这叫作"天子建国"；而各地的诸侯国国君再行封赏，分封卿大夫，这叫作"诸侯立家"。

这种"分封建国"的政治秩序并不是一次性建立起来的。它经过了文王、武王和周公的数次分封。

周天子分封诸侯，在名义上各诸侯国的地位是平等的，而实际上却很不一样。这种差别主要体现在各诸侯国不同的实力对比上，而这种对比最明显的就是天子对爵位赏赐的不同。当时的爵位分为五等，就是我们熟知的公、侯、伯、子、男。史书上称为五等爵。

商鞅的母国卫国，最初的受封者是周武王的兄弟康叔。《史记》上记载说，武王灭殷后，并没有绝其祀，而是封了纣王之子继续享受原来的封邑。但是在分封完了以后，又对其是否能服从周王室的统治很担心。最后实在是放心不下，便委派自己的兄弟管叔和蔡叔进入其中，实际上就是对其实施严格监控。但是没过多久，武王驾崩，其子成王继位，由周公代理执政。管叔和蔡叔对周公表示不满，联合作乱。周公以成王的名义平定叛乱。这在历史上被称为管蔡之变。管叔被杀，蔡叔被放逐。

成王这才正式封康叔为卫国国君，封地为殷商王室的老地盘，所封的民众也多为殷商移民。其职责就是治理这里，镇守中州。"卫"是古国名，当时周天子分封的疆域比古卫国要大很多，在今天的河南北部、河北南部一带，可以说是一个大国，在当时诸侯国中的地位也很高。等到商鞅出生的时候，卫国早已经衰落，成为一个无足轻重的小国家，实际上已经沦落为赵国的附庸国。

商鞅作为小国的庶出公子，得不到卫君的宠爱，更得不到人们重视。尽管如此，他从小在物质待遇上还是能够享受到许多平民百姓享受不到的。聪颖的商鞅对于书籍和学问有着异乎寻常的兴趣，他勤奋读书，在十几岁时已经读了大量的书，并且形成了自己的读书嗜好。

根据司马迁的记载，商鞅"少好刑名之学"。那什么叫作刑（形）、名之学呢？从表面上来说，"刑"就是形态和外形；"名"就是名号和名称。刑、名之学应该是在齐国的稷下学宫起源，当这套刑、名之学运用到法家理论的时候，就演变成了刑、名法术之学了。

在《管子·明法解》中说："明主操术任臣下，使群臣效其智能，进其长技。故智者效其计，能者进其功。以前言督后事，所效当则赏之，不当则诛之，张官任吏治民，案法试课成功。守法而法之，身无烦劳而分职。"

这段文字看上去非常浅显，但是在发挥法家刑、名学术理论中却是非常重要的，是法家的核心思想。商鞅作为法家的重要人物，对这套学问自然是自小就研习乃至精通了。

根据史书的记载，商鞅还有一个老师叫尸佼，商鞅曾经向他学习杂家之言。尸佼虽然是杂家的人物，然而在开拓商鞅的知识层面来说是起到相当大的作用的。历史学家林剑鸣在《秦史稿》中说："从后来商鞅入秦时，曾经先后向秦孝公说以'王道'、'帝道'和'霸道'这一事实来推测，商鞅的老师尸佼是杂家，是可以肯定的。"

除了尸佼之外，商鞅还有另外一个不得不提的老师，这就是李悝。李悝是魏国第一个推行变法的人。商鞅在魏相公叔座府中当中庶子的时候，当时魏国的国君正是魏惠王。魏惠王之前是在位26年的魏武侯。而这位魏武侯之前就是在战国第一个推行改革的魏文侯。此时的商鞅在魏国相府入仕，距离魏文侯推行改革也就数十年。

这可以说是一个绝好的学习机会，商鞅有了学习和实践李悝《法经》的最好时机。《法经》可以说是影响了商鞅整个生涯的一部著作，它是李悝所创，汇集了诸多法家的经典。李悝在魏国的变法纲领基本上就是他所著的《法经》。魏国变法的成果不仅证明了《法经》的学术地位，更是兼具了实用价值。

《法经》的文本如今已经亡失了，根据零星的历史记载，我们大致可以推测出李悝的《法经》对商鞅后来的《商君书》有很大的影响。《魏书·刑法志》记载："商君以《法经》六篇入秦。"

由此可见，商鞅在年少的时候不但认真学习过李悝的学问，而且在后来的实践中也在一定程度上完成过李悝的理想。

用雄才大略描述商鞅不足为过，这样一个人定要想方设法施展自己的抱负。然而他正准备大干一场的时候，却不得不面对一个问题，天下之大，究竟哪里才是自己实现胸中抱负的舞台？

天下

他虽然是卫君之后，但是庶出的身份已注定他不能继承王位，即便他再优秀。商鞅学成之后，一直想做出一番事业。这时他就面临着一个选择，是向卫国的国君推行自己的政治主张，还是到其他国家谋求发展。

此时的卫国早已不复当年的盛况，已经变得很小，控制的范围从河南的濮阳，往东至山东的济南，向南至山东的单县。东西长120里，南北最宽的地方只有80公里，窄的地方只有20公里。然而小不是问题，很多国家都是从蕞尔小国发展起来的，如果朝野上下同心协力，在这个诸侯混战的年代是有无限可能的。然而卫国仿佛从来没有上进的因子，一步步走向衰落。

卫国可以说是根正苗红，公元前1046年，周武王消灭商纣王，建立周王朝。周王朝建立时，周武王开始分封诸侯，被分封最大的是两种人，第一是周武王的兄弟，第二是有功的大臣。卫国的祖先是周武王的亲弟弟康叔，因此可以说是周朝的天子血统。

周王朝建立的时候，占据着中原肥沃的土地，拥有最富庶的城邑。卫国境内拥有黄河和淇水，卫都就在殷商的都城殷墟上。然而正是占据了几乎最肥沃的土地，位于众多诸侯的中心，但是面对周围各国的改革和奋发图强，不为所动，以至于受到四周各国的蚕食和凌辱。尽管如此，卫国仍然处之泰然，立国到亡国838年历史中，很少有主动对外用兵的记录。哪怕是临近的小国，卫国也不出兵。甚至对于别国的侵略战争，卫国也不会奋勇反抗。

卫国朝野上下，奉行"人不犯我，我不犯人，人若犯我，我也要忍"的政策，以至于卫国的疆域一天天缩小。

面对这样知足常乐、忍辱负重、苟且偷生的国度，商鞅的变法图强学说根本没有市场。因此，虽然贵为公子，商鞅仍然决定离开卫国。

卫国的正南方向是国土面积最大的楚国，是春秋战国时期的第一大国。然而楚国并非是周王朝的属国，楚国并非周天子所分封，而是等同于周王朝的存在。因此楚国素来被排除在周王朝诸国文化圈之外，被称为蛮夷之地。

在商鞅年幼的时候，在楚悼王的推动下，楚国开始了变法运动。楚悼王任命吴起为令尹，对楚国政治、法律、军事等方面实行改革。吴起认为楚国地大物博，之所以衰弱是由于贵族权势太大，土地被分封得太多的缘故。收回分封出去的土地，加强军事力量，是此次变法的核心。在贵族问题上，三代之后的贵族取消爵位和俸禄，并将一些旧贵族迁移到更加荒凉的边陲地带。在空出的土地上，实行县制。这样一来楚王就控制了几乎全国的土地。没有封地的官吏，则削减俸禄，减少他们的权柄，同时淘汰无能、无用的官吏。节约出来的财富被用来奖励报国的战士和构建强大的军队。当时楚国上下不良风气弥漫，吴起统一了风俗，纠正了官场损公肥私、陷害忠良的氛围，使群臣一心报效国家。吴起将制定的法律公布于众，让官民都有明确的法律可依。

然而吴起的变法虽然使楚国的国力上升，但是损害了大贵族的利益。支持吴起变法的楚悼王死后，贵族们起兵击败了吴起，将其射杀并五马分尸，楚国的变法宣告失败。这次变法失败，引发的流血事件在很长一段时间内，使楚国的王公大臣心有余悸。在这种情况下，他们是不可能采纳商鞅的意见，再次施行变法的。

吴起在楚国的变法，对商鞅有深刻的影响，使商鞅认识到加强中央集权的重要性，为商鞅的变法思想提供了现实依据。他需要面对的是，怎样做才能逃脱人亡政息的命运。

在东方有一个强大的国家——齐国。齐国是姜太公姜尚的封地，凭借渔盐之利和积极发展商业，齐国迅速成长为超级大国。凭借强大的实力，公元前679年，齐桓公召集宋、陈、卫、郑在鄄会盟，奠定了地位。随后齐桓公打出了"尊王攘夷"的口号，名义上仍尊周天子为天下共主，并号召诸国抵抗夷狄的侵略。经过伐戎救燕、伐狄救邢、伐狄救卫、伐蔡盟楚等一系列的活动，齐桓公成为春秋时代第一个霸主，被史家评价为"九合诸侯，一匡天下"。

然而在春秋末期，齐国权柄旁落到田氏手里，田氏家族在齐国经营了数代，逐渐掌握了齐国的权力。公元前391年，田和将齐康公放逐到海上的一座小岛中。公元前386年，田和自立为齐国国君，并且得到了周安王的册封。田和仍然沿用齐国的国号，史称田齐。齐康公在公元前379年死亡，姜姓在齐国绝祀。虽然此时的齐国仍叫齐国，但是已经不是姜太公后代在位了。田氏的胜利可以看成是新兴地主势力对传统贵族的胜利，从此新兴地主集团作为一个独立的政治集团取得了齐国的政权，为天下开创了新局面。

当齐威王在齐国进行改革的时候，商鞅已经21岁了。按说，齐国是个非常适合商鞅发展的舞台。凭借齐国当时的国力，再加上商鞅的改革措施，或许会让天下提前几个世纪实现大一统。但是商鞅没有选择齐国，理由很简单：道不同，不相为谋。

齐威王只顾一己之私，甚至处罚官员完全不按照规矩来。而商鞅奉行的是"刑名之学"，即一切按照法律办事。齐威王不会让法律成为自己施行独裁统治的羁绊，因此商鞅自知，自己的政策不可能在齐国施行。事实上在后来，齐威王在齐国推行的变法运动以失败告终，证明了商鞅没有选择齐国是正确的。

商鞅将目光投向了魏国，大约在公元 365 年，商鞅踏着李悝和吴起的足迹，来到了当时最为强大的魏国。

商鞅之所以第一站就来到魏国，绝对不是一种偶然，甚至可以说是有一些必然的因素在其中，而这种必然就是魏国可以说是开创了整个战国的变法之风。魏文侯重用当时的法家士子李悝。李悝在魏国开始了以变更土地制度为核心的变法。史料中对魏国李悝变法的种种细节已经无从考证了。但是从后世对李悝的评价和借鉴来看，李悝变法至少涉及了两个层面的问题：第一就是围绕传统的土地制度的变法，基本内容包括废除隶农，重新分配土地等；第二就是颁布新的法令，以法治替代流传许久的人治和礼治。从这些方面我们可以得知，李悝变法所涉及的很多方面，商鞅在后来的秦国都有所借鉴，只是深度和广度上无法与后来的商鞅相比。但是即便如此，李悝变法开创了战国变法的序幕，所带来的冲击也是实实在在的，而意义也是值得史书铭记的。

在大力变法的同时，魏文侯还有另外一项重要举措就是起用当时出身卑微但是具有真才实学的新兴士层。除了李悝之外，还有乐羊、吴起、西门豹等人。这些人也为魏国的迅速崛起做出了卓越的贡献。

对于魏国来说，吴起的失去可以说是魏王所犯下的最严重的错误之一。吴起是魏国最重要的人才，也是中国历史上罕见的政治军事天才之一。后来证明，吴起被魏文侯重用，是魏国扩张成功的最根本原因。如果说李悝的变法激发并凝聚起了强盛的国力，而乐羊和吴起则将这种国力变成魏国领土的实际延伸。在魏文侯期间，乐羊攻灭了中山国，吴起攻取了整个河西高原，这是魏国最大的两处战略性胜利。当李悝和乐羊相继死去的时候，兼具有政治家才华的军事天才吴起实际上已经成为魏国最重要的支柱。

但是吴起并没有得到魏武侯应有的重视。在魏击即位后，吴起依然担任的是河西将军。一次，魏武侯与吴起一同乘坐战船从河西高原的大河南下，魏武侯看着两岸山河壮美，大为感叹："美哉乎山河之固，此魏国之宝也！"而吴起已经隐约感到有些不好的气息在这位君主身上，吴起立即正色说道："邦国之固，在德不在险……若君不修德，舟中之人尽为敌国也。"结果，魏武侯只是用一个"善"字结束了吴起的劝谏。一个国君不把人才当作"国宝"，这件事已经足以说明，魏武侯已经没有了自己父辈的那种开创君主的雄浑气度。无论对人还是对事，他都已经沦落为以个人的好恶为最后的评判标准了。

但这并不是吴起最终出走魏国的原因。事实上，吴起立有大功，即位后的魏武侯早就对吴起心存戒心了。而正在这时，魏国新相公叔忌惮吴起的才能和功劳，他的亲信特意谋划了一个连环套式的阴谋——以稳固贤人为目的，建议魏武侯用下嫁公主的方式来试探吴起，如果吴起有长期留在魏国的打算，就一定会迎娶公主；如果没有，就一定会推辞。布置完这一切后，然后找个机会请吴起到家里来做客，在宴会中故意惹公主发怒，让其当面羞辱大臣，吴起看到公主这样羞辱大臣，就不会迎娶公主了。事实也果真如此：吴起拒绝了公主的婚事，而这又导致了魏武侯怀疑吴起而疏远吴起。而吴起看到在魏国已经很难实现自己的抱负，于是便离开魏国到了楚国，后来辗转到了秦国，成为秦开疆拓土的重要将领。

吴起可以说是魏国失去的第一个乾坤大才。

到了魏惠王时期，魏国可以说是第一个开文明风气的国家，有识之士纷纷到魏国进行求学、游历。而当时魏国的首都安邑和正在营建的大梁是当时天下人才最为集中的地方。如果说魏王要是渴求人才，拥有着其他六国所不及的得天独厚的条件。

在这种背景之下，商鞅到魏国游历可以说是一件顺理成章的事情。此时的商鞅来到魏国，并不是单纯为了求学，其中一个更重要的目的就是求仕，以期获得实际参与政治的机会。他同普通的士子一样，是从大夫的家臣开始做起。

魏国经历

商鞅的博学与多才在当时就已经被世人熟知了。尤其是当时的魏相公叔座对他非常地器重。

对于公叔座，史料上的记载并不是很多，但可以肯定的是，公叔座绝对不是一个平庸的人。魏文侯之后是魏武侯，在公元前381年，也就是魏武侯十五年，他被魏武侯任命为相。武侯之后，魏惠王继续任命他为相。直到魏惠王十年，也就是公元前361年，他都是魏国的相，深得魏国国君的信任。

公叔座实际上是一个比较矛盾的人。首先要肯定的是他绝对是一个有能力的人，无论是出将还是入相，他都能够很好地完成自己的任务，足以证明，他绝对是一个兼具眼光和实干之人。也正是因为如此，公叔座临危推荐商鞅。史书记载，当魏惠王得知公叔座推荐一个不知名的中庶子的时候，魏惠王只是"嘿然"不作声。公叔座知道事有不成，本着为魏国将来考虑的想法，他对魏王耳语说："不听用鞅，必杀之，无令出境！"

商鞅能得到公叔座的认可，可以说是非常懂得世道人心的，他一定明白要获得公叔座的赏识和欣赏，不能凭借着夸夸其谈和空洞说教。商鞅要做的就是不急不躁、踏踏实实地工作，不好高骛远。商鞅的举动和能力肯定是打动了公叔座，而公叔座也决定在适当的时候向魏惠王举荐他。

从这件事中，我们或许可以得到这样的启示。一个人若是有才能，不必口口声称自己是人才。只要能通过恰当的方式，让别人感觉到是他发现了你这个人才，你的才能就会得到最大程度的彰显。此时的商鞅和公叔座已经心心相印，而年老的公叔座仿佛也看到了魏国未来崛起的希望。

但事情很不巧，还没有等到合适的机会，公叔座还没有为商鞅建立起相应铺垫的时候，便一病不起了。虽然商鞅深知公叔座是自己的伯乐，但是伯乐却很快行将就木了。这对于一心求仕的商鞅来说，无疑是一个坏消息。他来到魏国，最大的希望就是在魏国展示自己的才华，做一个像吴起那样有着卓越成就的人。但是这一切还没有开始，商鞅前行中最大的导师却先行离去了。

魏惠王对公叔座无疑是非常信任的。在公叔座生命的最后时刻，魏惠王亲自到了公叔座的府邸。魏惠王此行的目的很明确，第一是探望这位老相国，第二就是询问他的身后事。作为长期执掌魏国政治高层、国君最得力的助手，在临死之前应该是有所交代和安排的。

当魏惠王问及公叔座身后事，并问是否有可以托付之人的时候，公叔座非常慎重地举荐了商鞅，说有一个家臣，人虽然很年轻，但是很有才华，甚至建议魏惠王，在自己死后，可以直接任命商鞅为相国。

如果一切能够按照公叔座所预想的那样，那商鞅也太受到命运的垂青了。他能够从一个普通门客直接成为丞相，这种上升速度可以用一步登天来形容了。从这件事来看，公叔座的眼力极为独到，而且的确发自心底地赏识商鞅。如果天命有年，他也一定会在合适的时间举荐商鞅。而自己现在一病不起，他向魏惠王举荐商鞅，其实是万不得已而为之，但也是非常具有魄力的。

我们可以再做个假设，如果公叔座再活得长久一点，他肯定会有自己的计划一步一步提拔商鞅，因为这毕竟是涉及一个政治权威和各个阶层是否认可的问题。但人算不如天算，在这样的紧急关头，公叔座已经没有足够的时间去为商鞅打通仕途。他只能走这一步险棋了。商鞅原本毫无政治声望，一下子将他提到如此高的地位，只是这个想法很难得到国君的认同。这个年轻人还没有任何政绩，魏惠王在此之前和商鞅并没有多少直接接触，这个时候，即便魏惠王对于公叔座再信任，他也没有足够的理由来越级提拔这个年轻人。更不用说是将一个年轻的家臣直接提拔为堂堂大国的相国。

魏惠王在位的时间很长，从公元前369年一直到公元前319年，时间长达半个世纪。事实上，从魏国的开国之君魏文侯一直到魏惠王，在整个战国时代的初期的100年内，魏国是战国七雄中不容忽视的一支力量。但是就是在魏惠王期间，魏国开始逐渐走向衰败，开始吃败仗，乃至被迫迁都。而与此形成鲜明对照的是，魏国衰败的过程恰恰是秦国强盛的过程。而这两国命运发生改变，最关键的事件就是商鞅在秦国的种种作为。当然，这些都是后话。

魏惠王并没有答应公叔座的请求。在后人看来，魏惠王在当时是缺乏眼光。虽然他一生也想以维持和壮大魏国的国力为主要目的，但他确实是没什么政治主见的人。事实上，后人对魏惠王的评价是过于苛刻了。一个正常的国君，无论他有没有足够的政治魄力，按照常理来说，他都不可能让一个看上去没有多少政治经验的年轻人接任一个大国的相位。在当时的情况下，魏惠王只能认定是公叔座病得太重了，已经意识不清了，所以才提出让商鞅接替相位的建议。

此时的公叔座也处于两难之中。病重中的公叔座虽然身体机能已经出现了很严重的问题，但是他的神智还是很清醒的。之所以他要提出这样的建议，也是有着自己的无奈。商鞅作为自己的家臣，经过数年的观察和考验，他自己坚信商鞅将来一定会成为一个不寻常的人，是一个能够让魏国迅速崛起的大才。

在这种情况下，公叔座让左右的侍从回避，希望能够有时间和魏惠王单独交谈。在这次私人的会谈中，公叔座告诉魏惠王，你可以不用商鞅，但是一定要杀掉他，绝对不能让他离开魏国，否则商鞅一定会成为魏国的大敌。

公叔座凭借着对商鞅的了解，他清楚地知道商鞅肯定会不甘心默默无闻的。公叔座或许最担心的就是商鞅会到秦国。一旦商鞅到了秦国，那魏国就没有多少安心之日了。

或许公叔座太急于交代后事，在魏惠王看来，他一会儿举荐商鞅接替他担任位高权重的相国之位，一会儿又建议将其杀掉，这更加使得魏惠王认为公叔座病糊涂了，也就更加不把商鞅当作一回事。在此，我们可以感受到公叔座两难的境地，他是一个忠臣，同时也是一名伯乐。无论是建议魏惠王火速提拔商鞅还是直接杀掉商鞅，他都是基于魏国实际利益的考虑。但是他又是一个真心爱惜人才的伯乐，不愿意看到功业未成的商鞅就此死于非命。于是，当魏惠王离开自己的府邸后，公叔座马上就派人将商鞅找来，并且告诉了他实情。

在这件事上，公叔座作为一个阅历丰富、有着丰富政治经验的老臣，所做的一切可以说并没有瑕疵，而商鞅的反应更加证明商鞅绝非等闲之辈。

公叔座将实情告诉商鞅，请商鞅赶快逃命，商鞅却若无其事地说："彼王不能用君之言任臣，又安能用君之言杀臣乎！"由这件小事上就可以窥见他是一个沉着镇静的人。同时，我们也可以看出，商鞅将魏惠王的心理琢磨得非常透彻。

求贤令

改革成为战国时代的潮流。事实上，最早提出改革举措的是魏国。魏国改革的成功深深刺激了其他的国家。其他国家也纷纷开始效仿。除了魏国的改革外，赵国和秦国也都进行了有效的变革，并且取得了不错的成效。

正当山东六国纷纷进行旧制度变革的时候，秦国可以说是有点落后了。秦国也不是没有奋发过，最典型代表当属秦灵公时代的秦国。在他即位后，立即把政治以及军事指挥中心迁到了泾阳。这是一个战略重地，也彰显了秦人向东发展的勇气和决心。在秦灵公时代，他积极开拓进取，扩张了一些土地，为秦争回了一些尊严。但在秦灵公之后，秦国又陷入到了权力的争夺，虽然有过一些进取之心，但是与山东六国相比，保守势力还是占据了大多数。秦的变革并不十分充分和具体。

进入到战国以后，秦国政局实际是比较混乱的。在秦献公即位后，他将秦的首都迁往栎阳，表达了自己改革以及进取的决心。这在秦国的历史上是一个很重要的事情。秦的首都原本在雍，司马迁说秦迁都于雍，目的在于"隙陇、蜀之货物而多贾"。换句话说，雍是陇、蜀货物集散的必经之地，是一个经济中心。这种说法自然有一定的道理，然而，除了经济发展之外，迁都的政治目的其实也是很明确的。如果秦不想偏安于西部，打算向东发展的话，迁都是一个再正常不过的选择。

迁都栎阳后，实际上是比雍更加接近东方，迁都于此有三个目的，分别是东伐、镇抚边境和恢复穆公时期的疆土。

公元前361年，孝公21岁，他继承了父亲的拼搏精神。在即位的第一年，他就做了两件大事，第一件是出兵，平定了秦的后方，这可以算作是"武功"；另外一件事就是下诏向国内外求贤。这两件事具有强烈的象征意义。第一件事表示孝公的决心，称霸西戎。第二件事则是继承秦穆公的传统，准备广纳人才。

孝公即位时期的政治情势，《资治通鉴》里是这样记载的：

"是时河、山以东强国六，淮、泗之间小国十馀，楚、魏与秦接界。魏筑长城，自郑滨洛以北有上郡；楚自汉中，南有巴、黔中；皆以夷翟遇秦，摈斥之，不得与中国之会盟。"

秦穆公时期，天下诸侯国彼此力量的差距并不是太大。当时天下的诸侯国有百余个，算上附庸国甚至有数百个，但是到了秦孝公的时候，通过兼并和争霸战争，当时的诸侯国只有二十多个。鉴于当前的形势，秦国所面对的东方诸侯国比秦穆公时期强大得多。尤其是与秦国相邻的邻居楚国和魏国，一直都对秦国是虎视眈眈的。

对于当时的秦国来说，不进则退。可以说当时的秦孝公有两种选择：

第一种选择就是蜷缩一隅，故步自封。秦国有着天然的地理优势，只要守住自己的渭河平原狭小的地域即可。第二种选择就是置之死地而后生，正是因为自己弱小，就必须要让自己强大起来。正是面临着山东六国苟延残喘的情况，秦国要想获得进一步的生存空间，除了保守之外，另一种极端的情况就是变革。

除了这样艰巨的外部环境，秦国本身的内部环境也是岌岌可危的。

在当时的情况下，如果不锐意进取，以逃避战争的姿态存活，那秦国也是危机四伏的。

第一，当时秦国内部贵族与平民之间是极端不平等的。在那样一个战争频发的年代，如果国内各个阶层对外态度不能保持一致，军心涣散是必然的了。而此时秦国的制度恰恰是不利于调动普通人参战积极性的。此时秦国面临的战争早已经不是过去贵族式的战争了，而是全民战争。假若不能上下一致，政令不行，战争力量也无法积蓄和有效发挥。

第二，儒家学说的广泛传播。儒家所标榜的先进"中国"中的礼乐文明，这对于身处西部边陲的秦国来说，无疑是具有很大吸引力的。这其中的缘由我们在前面也做过论述，那就是秦国一向被视为蛮夷之国，不为中原各诸侯国瞧得起，这让秦国受到了巨大的精神耻辱。

第三，粮食问题始终是困扰秦国国君的重要问题。在有限的土地上，如何应付频发的战争是一个重要问题。

公元361年，秦国国君继任者秦孝公只有21岁，秦孝公是一个具有远大政治抱负的国君，他对于秦穆公之后国势衰微有着精确的把握。他意识到，秦国之所以在很长一段时间里只能苟安于渭河平原，其中最根本的问题就是人才的匮乏。

在仔细思量过后，秦孝公认定，只是单纯依靠本族的政治人才是无法完成重振霸业的任务的。秦国内部根本就无法产生真正的政治人才，秦孝公唯一的选择就是向天下广招人才。这也是他当上国君的第一个重大决策。

> 昔我穆公，自岐、雍之间修德行武，东平晋乱，以河为界，西霸戎翟，广地千里，天子致伯，诸侯毕贺，为后世开业甚光美。会往者厉、躁、简公、出子之不宁，国家内忧，未遑外事。三晋攻夺我先君河西地，丑莫大焉。献公即位，镇抚边境，徙治栎阳，且欲东伐，复穆公之故地，修穆公之政令。寡人思念先君之意，常痛于心。宾客群臣有能出奇计强秦者，吾且尊官，与之分土。

在《求贤令》里，秦孝公以穆公为榜样，渴望能够恢复到秦国最强盛的时代。这充分体现了秦孝公求贤的决心和气度。尽管当时整个社会都处于一种大变革之中，是列国争雄、生死相争的时代，但是当时人才的流动方式往往还是依靠着举荐和自我推销。这份《求贤令》则可以看作一位试图有所作为的君主向天下士子发出号召。它不是通过炫耀自己的优势而引诱甚至欺骗名士，而是公开表达国家危机四伏、狼狈不堪的现状，不为尊者讳，历数先君的过失，怀抱富国之情，期望招揽天下人才，共图秦国大业。

这份求贤令可以说很好地体现出了秦孝公的真诚以及富国强国的决心。很快，求贤令就传遍了山东六国，自然也就传到了商鞅这里。渴望建立属于自己功业的商鞅自然对此十分心动，但是又难免有些忧虑。商鞅忧虑的缘由很简单，他从未去过秦国。

在商鞅不断成长的记忆中，山东六国一致将秦国列为蛮夷之邦，是排除在中原文明之外的。这种蔑视甚至远远超过对楚国的蔑视。蔑视的根源就在于，秦部族长期与西方戎狄杂居，仅仅凭借着勇武成为大诸侯。山东士子在谈及秦的时候，所谈论的重点往往是秦国的种种落后和野蛮。

此时的商鞅已经31岁了，孝公只有21岁。曾经让秦国辉煌一时的百里奚在入秦的时候都已经是传说中的盖世奇才了，可是已经过了而立之年的商鞅，此时依旧落寞地留在了魏国。

通过秦孝公发出的求贤令，商鞅看出了这位年轻君主锐意进取的政治意图，也看到了秦孝公对自己国家现状的清晰认识。最重要的是，商鞅认定秦国是自己实现政治抱负的绝好地方。

秦国的变法并不是昙花一现的举措，它是战国时代的一场大戏，同时也是中国历史上的一幕大戏。这次变法的结果不仅改变了战国时期的历史格局，也在某种程度上决定了中华帝国的基本政治和社会格局。

这就有了一些很值得让人回味的细节。商鞅为何选择去秦国，而秦孝公为何有着如此坚定的变法决心？商鞅决心来到不被看好的秦国施展自己的才华，仅仅是因为孝公的一纸求贤令吗？而眼光独到的秦孝公为何能力排众议，让这位中原士子主持秦国变法的大局呢？

事情的答案看起来简单，商鞅和秦孝公相互的欣赏让商鞅成为变法的最佳人选。但是这又有一个无法回避的问题，当时的秦孝公只是一个刚刚年满二十的年轻人，之前也没有令人赞叹和折服的政治功绩。

这样的疑虑同样也存在于商鞅的身上。商鞅从卫国来到魏国，学习刑名之学，结识并得到公叔痤的赏识，这一切看上去都像是精心布局的一样。只不过是公叔痤的意外死亡改变了预期的规划。在这种阴差阳错中，商鞅是无法在魏国实现自己的政治追求了，但是他完全有其他的选择。当时的中原大国都在推行变法，比如同样是法家的郑国人申不害就效力于韩国，担任韩国相国长达15年。举这个例子其实就是想说明一个问题，商鞅想要实现自己的抱负，不一定非是秦国。更何况，商鞅还没有到那种走投无路的地步，他至少可以去其他东方大国试试。按照正常人的思维，商鞅完全可以找一个起点较高的国家。比如南方的楚国，北方的赵国，甚至东边的齐国都看上去比秦国更有前途。

商鞅毅然决然选择了相对弱小的秦国。

要理解商鞅的选择，就必须弄清一件事，想要成就一番常人所不及的功业，商鞅必须要有一种超越现实的深邃眼光，才能克服急于求取功名的短视弊端。那秦国有着怎么样的历史和现实，让年轻但充满雄心壮志的商鞅踏上了西行的道路呢？

商鞅之所以选择秦国，把秦国作为施展自己才华的最后地方，是有着深层次原因的。

首先，商鞅看重的是秦国上下无与伦比的忧患意识，并且这种忧患意识能够被调动起来。其中的缘由很简单，嬴氏长期生活在危难之中，也只有这种忧患意识才能聚集起全国之力，只有这种具有忧患意识的国家，才能够有勇气牺牲眼前利益。

其次，秦国的政治领袖不仅单单具有忧患意识，同时具有远大的政治抱负和宽容的风貌。商鞅也清楚地知道自己是有个性的，而这种个性是否能够被领袖包容是非常重要的。如果没有一位这样的支持者，商鞅的改革很可能就会夭折。

最后，秦国的政治传统就是对武力的推崇，是一个不折不扣的军人集团。商鞅实行变革的一个重要特点就是大规模实行武力统治。

第二章
风雷地动

秦国是当时最具潜力的国家，所有知识分子都以能够到秦国任职为荣，只有商鞅以独特的视角看出了秦国的问题所在。为此，他不但成功得到了秦孝公的赏识，也让秦国的所有大臣钦佩不已。有了这样的政治条件，商鞅便得以在秦国实行伟大的变法，从而为秦国的真正崛起奠定了坚实基础。

特殊的面试

商鞅初到秦国时，没有任何名望，这与百里奚是不可同日而语的。当年的秦穆公可以说是对百里奚心仪不已，进入到秦国以后，百里奚立即得到了秦穆公的热情接待并委以重任。

商鞅来到秦国，首先面临的问题就是如何让秦孝公接见自己，以便有机会让孝公了解并认可自己。

商鞅在魏国投靠的是魏国相国公叔座，成为公叔座的家臣。而到了秦国，商鞅选择的人是秦孝公的宠臣景监。在中国的历史上，宠臣、良臣和贤臣是不一样的。作为一个良臣并不一定受到国君的欣赏，因为他不过是一个可以办事的能人而已。宠臣是不一样的，宠臣是国君具有良好情感基础的伙伴，其中也可能有弄臣，但是并非所有的宠臣都是弄臣。无论如何，宠臣都是与国君保持着良好关系的那群人。商鞅能够找到秦孝公的宠臣作为自己的中介，可见商鞅是一个很高明的人。并且在人选上，商鞅的选择是恰到好处的。

投靠了景监以后，他获得了景监的肯定和赏识。作为秦孝公的宠臣，景监对秦孝公发布求贤令的真诚愿望无疑是非常理解的。他知道自己应该举荐那些有着真才实学的人。如果他对商鞅的才学没有信心，那么他也不会冒风险向孝公引荐。

考虑再三以后，商鞅决定响应秦孝公的号召。在到达秦国以后，商鞅没有等到正常的安排秩序就通过秦孝公的宠臣景监见到了孝公。孝公希望得到贤才，而商鞅同样渴望得到重用，但是这并不是一件简单的事。此次的求贤可以说涉及秦国的后续发展，秦孝公的谨慎是可以理解的。于是，一场特殊的面试开始了。

这可以说是一场改变了秦国历史走向的面试。关于这场面试，司马迁在《史记》中记载的非常清楚。

孝公既见卫鞅，语事良久，孝公时时睡，弗听。罢而孝公怒景监曰："子之客妄人耳，安足用邪！"景监以让卫鞅。卫鞅曰："吾说公以帝道，其志不开悟矣。"后五日，复求见鞅。鞅复见孝公，益愈，然而未中旨。罢而孝公复让景监，景监亦让鞅。鞅曰："吾说公以王道而未入也。请复见鞅。"鞅复见孝公，孝公善之而未用也。罢而去。孝公谓景监曰："汝客善，可与语矣。"鞅曰："吾说公以霸道，其意欲用之矣。诚复见我，我知之矣。"卫鞅复见孝公。公与语，不自知厀之前于席也。语数日不厌。景监曰："子何以中吾君？吾君之驩甚也。"鞅曰："吾说君以帝王之道比三代，而君曰，'久远，吾不能待。且贤君者，各及其身显名天下，安能邑邑待数十百年以成帝王乎？'故吾以彊国之术说君，君大说之耳。然亦难以比德于殷周矣。"

这段描述是如此的精彩。在这段历史记载中，商鞅与秦孝公之间的博弈被刻画得入木三分。这段精彩的面试至少透露出了两件事。

第一件事，商鞅通过不同方式展示了他丰富的知识，畅谈了各种治国的方略以及它们所达到的效果，包括帝道、王道、霸道以及强国之术。

第二件事就是商鞅在这一过程中所使用的策略。按照秦孝公求贤令的要求，他所需要的人才是"复穆公之故地，修穆公之政令"，但是商鞅却偏偏从帝道、王道说起，最后才说到霸道以及强国之术。

景监对商鞅的引荐并不是一帆风顺的，而是历经了种种的波折。而之所以要这样，商鞅也有着自己的考量。在那个百家争鸣的时代，秦孝公真实的政治倾向是什么，有着什么样的决断，商鞅本不完全清楚。他所要面对的君主虽然年轻，有强烈的抱负，但是也很有可能陷入所谓的理想中去。对于这些，商鞅必须要进行试探。

商鞅在初次见秦孝公的时候，大肆谈论的是"帝王之道"。所谓的"帝道"，历史上一般记载的是与"三皇五帝"相关的那些东西。我们从后人关于三代的记述以及百家争鸣中儒家对王道的探讨中，可以明了夏商周三代，特别是周朝的政治制度结构。关于帝道的实质性内容，后人包括王充、顾炎武都对此有相应的论述。在帝道中还强调人格的一种感召力，也包含着宽厚、仁爱之类的道德高调。

这一次的会见，从结果上看，商鞅貌似是达到了预期的效果。因为秦孝公在听到这些高谈阔论的时候，不停地打着瞌睡，但没有发怒。由此，商鞅完成了对秦孝公的第一次考察。他确信秦孝公作为年轻的君主是有忍耐能力的。那些容易发怒的君王往往会朝令夕改，这种人也是不可能对自己的臣下真正放心的。

同时，我们也可以在一定程度上认定，秦孝公打瞌睡也是无奈之举。自己向天下广招人才，如果对于这样一个外来人才发怒，很可能就阻断了人才流入的渠道。商鞅第一次见秦孝公后，秦孝公将所有怒火都发泄到了景监身上。

景监对商鞅的才华是了解的。他责备了商鞅，而此时的商鞅倒是沉得住气，要求景监再次将自己引荐给秦孝公。此时的景监也很清楚，自己必须要做第二次引荐。商鞅对景监的心理还是很有把握的。假如他真的认定商鞅是很有才华的，那么他必定会在秦孝公面前给自己做第二次引荐的。

果不其然，景监第二次引荐了商鞅。在商鞅与孝公的第二次会面中，商鞅大肆谈论的是"王道"。之所以要大肆谈论王道，他至少有两个方面的考虑。

第一，在广大的中原地区，"王道"学说还是很有市场的，秦孝公究竟如何判断，这也就意味着如何筹划。

第二，商鞅其实对所谓的"王道"是很熟悉的，只是他从心底并不认同这一套，他只是想看看秦孝公对儒家到底是什么样的态度。

对于商鞅而言，这两点考察其实是更为重要的。因为这直接涉及以后的政治立场和变法措施的具体实施。在这一次的谈话中，商鞅所要考察的不仅是秦孝公的忍耐力，还要测试自己以后变法的政治环境和条件。

秦孝公的表现无疑打动了商鞅。因为秦孝公对此依然无精打采，对商鞅提出的"王道"没有丝毫的好感。看出了秦孝公的不满，商鞅能够判定，秦孝公对儒家的那一套主张并没有多少兴趣。

此时的秦孝公开始不满了，又来埋怨景监。他认为自己给了商鞅第二次机会，但是商鞅只会讲那些过时的东西。而景监同样很生气，认为商鞅是在戏弄国君，实际上他又清楚地知道，商鞅的能力远不在此。

令人感到意外的是，商鞅依然要求景监对他进行第三次引荐。景监和商鞅已经绑在了同一条船上，景监于是对商鞅做了第三次引荐。

第三次见秦孝公，商鞅不再谈帝道，也不谈王道，而是谈起了霸道。其实，从内容上来说。霸道已经很接近商鞅的那一套治国之术了，当然，这个时候商鞅的治国策略里还没有涉及兼并和消灭对方等。但是那个时候的每个诸侯国都在展示自己的力量，都无时无刻不想展示自己强大的力量。这并不是空谈所能够达到的。

商鞅选择第三次跟秦孝公谈论霸道，其实是很符合秦孝公预期的。原因是显而易见的，早在自己发出的《求贤令》中，他一开始谈论的就是"霸道"。而他自己想做的，其实就是恢复秦穆公的霸主地位。商鞅的这次谈话开始慢慢展现自己在政治战略上的主张了。这自然是秦孝公最为感兴趣的。当秦孝公很愿意继续谈下去的时候,商鞅却戛然而止了。

这是商鞅为自己选择的尺度。他之所以要这样做,其目的就是为了告诉秦孝公,自己不是一个随时可以听从你命令的人。商鞅的忠诚是建立在秦孝公气度的基础之上。而这一点,商鞅把握得很好。事实证明,后来的商鞅在变革中遭遇阻力,太子带头闹事,商鞅就直接去见秦孝公,要求严惩太子立威。结果是秦孝公让商鞅放手去做,最终震惊了其他贵族。

按理说,商鞅有了一个良好的开始,就应该乘胜追击,但是商鞅选择了在家里等待。而此时已经了解到商鞅能力的秦孝公主动找到景监,让他来请商鞅了。史书上记载,商鞅和秦孝公之间第四次会谈是相当愉快的。在这次谈话中,商鞅向秦孝公说出了自己的富国强兵之道,最重要的是,他在此也找到了自己跟随和效命一生的君主。

但是,当一切都寄托在人身上的时候,它也将会带来极大的弊端,而这种弊端将长期显现。

对于商鞅的这一做法,很多人认为这是多此一举,但这实际上是商鞅存心试探秦孝公的一种方式。这是一种很有意思的记载。按理说,面对国君的面试,商鞅是处于一个较为劣势的地位。但是在商鞅的眼里,情势完全发生了变化。

商鞅对秦孝公求贤的诚意是不容怀疑的。然而,商鞅也清楚地知道,诚意不能等同于治国方略的选择。从古至今,人们对治理国家提出了各种各样的主张,这些主张形成的共识包括有王道治国、道家治国、儒家治国、法家治国这几种主流。其中,王道治国是一直被当时所推崇的。秦孝公在求贤令中也明确地指出,他所想要恢复的就是穆公时期的统治，实现穆公当年的霸业。

至于儒家和墨家，商鞅相信秦孝公也不会选择的。在诸子百家中，儒家最蔑视的就是秦国，而秦人最厌恶的也是儒家。在当时，有着这样的一个传统，儒家士子不入秦，几乎是天下皆知的。儒家的仁政等措施在秦国同样没有市场。秦孝公不会看重儒家，至少有两个事实可以证明这一点。第一，秦国任命的上大夫甘龙是东方甘国的名儒，但是他自己的权力却逐渐萎缩。第二，秦国在发布《求贤令》后，也曾秘密要求各国密使寻觅尽可能少的儒家士子入秦。

至于墨家呢？秦国也不会采用。墨家以"息兵"和"兼爱非攻"两点为政主张，在好战的秦国基本上是不可能实行的。

国策大辩论

秦孝公是有通过"霸道"实现强国富民的梦想的，但是"变法"并非是简单的事。尤其是，商鞅不过是一个外来宾客，想要改变秦国的律法谈何容易。他的那套理论是完全陌生的，即便是秦孝公自己也有所顾虑，何况是保守稳重的大臣。虽然秦国处于边疆，但是仍然受到华夏文明的影响，对"祖宗之法"非常信任，一些大臣对变更"祖宗之法"的事，存心阻挠是必定的。

史载秦孝公欲用商鞅变法，"恐天下议己"，就是这种尴尬两难局面的一种体现。为了克服这个困难，秦孝公想到了一个办法，那就是辩论。辩论的主角除了商鞅还有大夫甘龙和杜挚。

这场辩论在《史记》中没有被记载下来，而是被记录在《商君书》中。

秦孝公首先道："接替先君位置做国君后不能忘记国家，这是国君应当奉行的原则。实施变法务必显示出国君的权威，这是做臣子的行动原则。现在我想要通过变更法度来治理国家，改变礼制来教化百姓，却又害怕天下的人非议我。"

商鞅道："臣听过这样一句话，行动迟疑一定不会有什么成就，办事犹豫不决就不会有功效。国君应当尽快下定变法的决心，不要顾虑天下人怎么议论您。何况具有超出普通人的才干的高明之士，本来就会被世俗社会所非议，独一无二见识思考的人也一定遭到平常人的嘲笑。俗语说，'愚笨的人在办成事情之后还不明白，有智慧的人对那些还没有显露萌芽的事情就能先预测到'。百姓，不可以同他们讨论开始创新，却能够同他们一起欢庆事业的成功。郭偃的法书上说：'论至德者不和于俗，成大功者不谋于众。'法度，是用来爱护百姓的。礼制，是为了方便办事的。所以圣明的人治理国家，如果能够使国家富强，就不必去沿用旧有的法度。如果能够使百姓得到益处，就不必去遵循旧的礼制。"

孝公道："说得非常好！"

甘龙反对道："这话不对，臣也听说这样一句话，'圣人不易民而教，知者不变法而治'。顺应百姓旧有的习俗来实施教化的，不用费什么辛苦就能成就功业；根据旧有的法度来治理国家的人，官吏熟悉礼法，百姓也安乐。现在如果改变法度，不遵循秦国旧有的法制，要更改礼制教化百姓，臣担心天下人要非议国君了。希望您认真考虑这样的事。"

商鞅道："您所说的这些话，正是社会上俗人说的话。平庸的人守旧的习俗，读死书的人局限在他们听说过的事情上。这两种人，只能用来安置在官位上守法，却不能同他们在旧有法度之外讨论变革法制的事。夏、商、周这三个朝代礼制不相同，却都能称王于天下；春秋五霸各自的法制不同，却能先后称霸诸侯。所以有智慧的人能创制法度，而愚蠢的人只能受法度的约束。贤能的人变革礼制，而没有才能的只能受礼制的束缚。受旧的礼制制约的人，不能够同他商讨国家大事。被旧法限制的人，不能同他讨论变法。国君不要迟疑不定了。"

杜挚道："臣听说，'如果没有百倍的利益不要改变法度，如果没有十倍的功效不要更换使用工具'。臣还听说，'效法古代法制没有什么过错，遵循旧的礼制不会有偏差'。国君应该对这件事仔细思考。"

商鞅道："以前的朝代政教各不相同，应该去效法哪个朝代的古法呢？古代帝王的法度不相互因袭，又有什么礼制可以遵循呢？伏羲、神农教化不施行诛杀，黄帝、尧、舜虽然实行诛杀但却不过分，等到了周文王和周武王的时代，他们各自顺应时势而建立法度，根据国家的具体情况制定礼制，礼制和法度都要根据时势来制定，法制、命令都要顺应当时的社会事宜，兵器、铠甲、器具、装备的制造都要方便使用。所以臣说，治理国家不一定用一种方式，只要对国家有利就不一定非要效法古代。商汤、周武王称王于天下，并不是因为他们遵循古代法度才兴旺，殷朝和夏朝的灭亡也不是因为他们更改旧的礼制才覆亡的。既然如此，违反旧的法度的人，不一定就应当遭责难；遵循旧的礼制的人，不一定值得肯定。国君对变法的事就不要迟疑了。"

孝公道："好。我听说从偏僻小巷走出来的人爱少见多怪，学识浅陋的人多喜欢诡辩，愚昧的人所讥笑的事正是聪明人所感到悲哀的事。狂妄的人高兴的事，正是有才能的人所担忧的。那些拘泥于世俗偏见的议论言词，我不再因它们而疑惑了。"

不可否认，这是一场非常激烈的大辩论。辩论的双方就是上文中我们提到的三位。在这场辩论中，商鞅以一敌二，滔滔不绝的口才不仅说服了秦孝公，而且让反对派也哑口无言。

辩论的核心是革新以及效仿古代的差别，简单来说是商鞅所主张的激进改革派和守旧派之间的交锋。商鞅在这里阐述了自己的核心观点，那就是先知者在吸取"三代不同礼而王，五霸不同法而霸"的历史教训后，必须"不法其故"、"不循其礼"，才能达到预期的效果。然而，保守派却恰恰相反，他们认为"不易民而教"才是"圣人"，"不变法而治"才是"智者"。

双方针锋相对，争执不休。争执到最后，商鞅非常自信地坚持"治世不一道，便国不必法古。汤、武之王也，不脩古而兴；殷、夏之灭也，不易礼而亡"。

这场大辩论固然费神费力，但是它确实也起到了相当重要的积极作用。首先，这场辩论给保守派一个良好的机会，让他们表明自己的立场和见解，使得保守派至少表面上知道自己的问题。其次，它给商鞅一个良机，让它有一个十分合适的机会来展示自己的意志和信心。最后，它也给秦孝公一个良机，使得他了解了自己手下朝臣的不同想法，也对此有了自己的判断。

从这个角度讲，这场辩论的三方都没有真正意义上的输家。

事实上，这场辩论的意义还不仅于此。它最重要的意义实际上是为商鞅后续的种种行为奠定了舆论基础。商鞅和秦孝公想要推行新政，必然会触动旧传统势力，遭到他们的集体反抗和围剿更是一种意料之中的结果。正是基于这样的原因，秦孝公在发动改革之前，要向社会各个阶层，尤其是保守派人士，展开政治宣传。

秦孝公所支持的这场大辩论，可以说是改革派向社会各阶层发出强烈的讯息，告诉他们，一场翻天覆地的改革即将来临了。

但是细心的人也会发现一个小问题，此时的商鞅还没有真正登上政坛，也就是说，他还没有掌权。但是这一时期的商鞅就坚定不移地强调政府必须独断专行，拒绝任何协商，不容任何异议存在，以铁血手腕来镇压一切障碍。这种看似铁腕即将到来，并将以最为坚决的步伐强力推行，但是却隐藏着很大的隐患。

变法

商鞅的变法并不是一个单线条的措施，而是一张异常严密的大网，这张大网有以下几个部分组成。

最重要的就是发布了《垦令》。

在《商君书·更法》中，御前大会议的辩论后，有这样的记载："于是，遂出垦草令。"可见《垦令》是在大辩论之后由秦孝公发布的，这也可以看作秦国第一次改革的正式法令。

秦孝公发布的这份命令早已经亡佚，后人只能从商鞅的《垦令》手稿中窥探其中的梗概。

可以说，垦令的主题只有一个，那就是把全国人民都变成农民。在商鞅的眼里，治理国家最重要的是让民众"归心于农"，大家都去耕地了，民众就会朴实而纯正，国力就可以强大。商鞅把所有不愿意从事农业的人统统归类于"恶农、慢惰、倍欲之民"。

第一，对待商人的态度。

他系统地开列了许多抑制商人的办法。首先就是商人不准卖粮食。以商鞅的观点，商人不能卖粮食，就无利可图。这样一来，农家丰收他们并不开心，即便是灾荒也是如此，这样就能平稳物价。其次就是家中商品的销售税。中国历代思想家，无论哪一个学派，一般都主张轻税，但是商鞅却坚决反对。在商鞅看来，只有加重商品的流通税，才能够让商人产生"疑惰之心"。秦国的商业税到底有多重，现存的史料中并没有记载。不过，商鞅曾经提出，大幅度提高酒肉的价格，按照原价征收十倍的捐税。以此推断，工商税的税率可以想见了。

除此之外，商鞅还对商人从事旅店业有了严格限制，基本上不允许商人私人经营旅馆，其目的就是严格限制人口的流动，抑制商业的繁荣。当然，这一举措还有很重要的目的是削减纵横家等"游士"的活动。

最后一点，为了抑制商业的发展，商鞅采取了一种极为原始和落后的贸易方式——以物易物。事实上，在商鞅所处的时代里，货币经济已经有了很大程度的发展。但是商鞅对货币和粮食却抱有一种很奇特的态度，在商鞅看来，"金生而粟死，粟生而金死"，意思就是说，货币活跃了，粮食就萎缩了，而粮食丰产了，货币就没有什么用了。基于这样的看法，秦国在他主持变法的二十多年中，秦国基本上一直都是以物易物。直到商鞅死后三年，秦国才开始铸币。

第二，激励农业。

从某种程度上说，抑制商人本质上是为了重农服务的。为此，商鞅采取了多种方式来鼓励以及资助农业的发展。

首先就是大规模增加农民的数量。

在前文中，我们说过商鞅要抑制商人，禁止商业活动，那么这些被抑制的商人都能去哪呢？答案很简单，那就是土地。无论是普通商人还是商人的佣人，甚至那些以旅馆为业的人都被转移到了土地上。除此之外，那些平时懒散的人也都进入到了土地之上，甚至一些有钱人的子弟如果不能游事权贵，同样也要转业为农。这样一来，从事农业的人口自然增加，而农业自然也就发达了起来。

其次就是让农民能专心从事农业。

有了大量的农业人口，只是商鞅将秦国改造成一个巨大农场的第一步，第二步就是如何让这些人口能够安分守己地专心于农业生产。对此，商鞅同样是很有办法的。最直接的方法就是禁止农民进行粮食买卖，逼迫所有的农民想要吃饱肚子，只能奋力耕种。除此之外，商鞅还进行文化垄断，隔绝农民与知识的关系，这样一来，农民的所有心思都被固定在了田野之上，自然很难生异心。

至于对国家经济有着重要影响的"山泽之利"，商鞅的主张同样简单而粗暴，那就是将这些都统统收归国有。这样做有两个目的，首先能够增加国库收入，第二又可以阻挡一条非农的发财之道，将一部分不愿耕作、追求暴利的民众驱赶到田地里。

很显然，《垦令》的精神和目标是在发展国内的经济。以当时的环境而言，能够发展经济最大的项目就是农耕了。

第三，恩威并施。

商鞅可以说是一个相当聪明的管理者，他在对待农民的问题上不仅是打压，更有鼓励，这体现在商鞅对农业税的征收上。在《垦令》中，商鞅明确规定了用计量收入的米粮来统一抽税，这样一来，广大的农民就会感到公平，从而对国家怀有信心，也就不会生异心。《垦令》又说："官属少，征不烦。"意思是说租税统一公平，而且又抽取的很轻，对农民而言则是一种很大的恩惠了。

社会变革

除了农业的改革，商鞅还进行了广泛的社会改革，这种改革所涵盖的层面其实是更加广泛的。它影响了宗法、礼制，甚至当今的传统文化。

商鞅最重要的一项措施就是编制全民监督网，然后进行网格化的管理。

其实，早在秦献公时代，秦国已经进行了这种变革，将全国的老百姓，不论社会阶级或者居住地，全部进行编组，以此达到有效监管的目的。

按照司马迁的说法，"令，民为什伍，而相牧、司、连坐"。这句话中，伍就是五户人家的意思。"什"就是以十家为单位。全国百姓就以这两种大小不同的单位编组起来，互相监视着。

将全民编织成大大小小的网络后，彼此应该如何相互监视呢？秦献公时代的"相连"并没有具体说出其连坐的罪行。到了商鞅这里，所有的事情都被规定得清清楚楚。告与不告都被概括得明明白白。

在《商君书·境内》中曾明确提到："能得甲首一者，赏爵一级，益田一顷，益宅九亩，一除庶子一人，乃得人兵官之吏。"翻译过来就是，告密者除了晋爵之外，还带来了益田一顷，益宅九亩，庶子一人以及担任官吏等实际的利益。在如此重赏之下，互相揭发的风气就开始流行。

对于不告者，不告的情形就很严重。所谓的"不告"，就是知道实际情况而不去揭发，自己不一定是亲见者。按照商鞅制定的律法，触犯这种刑罚所受到的惩罚是很严重的，这就是腰斩。

不告者中还有另外一种，那就是藏匿者。商鞅对这种人更是深恶痛绝，因为这种人不仅使罪犯逍遥法外，而且在某种程度上间接鼓励犯罪。对于这种人，商鞅制定的惩罚措施也是很严重。按照当时的法律规定，不仅自己要身诛，而且还要将全部家产充公，家人一同受连累。

通过这种严密的方式，商鞅实际上是试图建立起一整套异常严密的网络，并且扩大入罪网，最大的作用就是使得民众对政府没有任何异议。商鞅的这种把连坐、告奸放在改革的第一部分，一方面表现出了他的独断专行，另一方面也显示出了改革必将面临障碍，他必须先发制人。

在传统中国，一项很重要的传统就是大家庭宗族制，这种以血缘关系组成的人数众多、组织庞大的"宗族集团"。在这个宗族集团内部，无论是采取什么样的方式结合，都有一个必不可少的人物，这个人物就是大家长，或者称之为族长。族长的地位和权力是重要的，他肩负起对整个集团负责的重任。在这个庞大的宗族集团内部，虽然可能会分成若干个分支家庭，但是往往它们并不是独立的，而是成为宗族集团系统中的一部分。

这种大家庭家长制的产生并不是一种偶然，它是当时生产力落后的必然协作方式。在这种形式下，单个家庭抵御自然灾害的风险可以降到最低，有利于人口的进一步繁衍。但是时间发展到了春秋时代，社会生产力的发展，工商经济的繁荣以及人口流动性加强，更加适应新时代、新挑战的小家庭逐渐出现了。这种小家庭不但运作力强，而且成员们更能"人尽所能"地发挥自己最大的才干。

在这样的历史背景之下，商鞅推出了改革的第二部分，也就是分户令。通过这样的法令，商鞅把家庭拆分到最小限度，各个单位不但经济独立，而且劳动力以及运作都自立门户。这项措施无疑推动了时代的前进，对生产力的促动无疑是巨大的。

商鞅分户令最大的目的是在经济利益上，这把以往大家庭里剩余的劳动力全部挖掘出来，使他们全部投身到农业耕作中，能够有效地增加家庭和国家的收入。在这个法令里，所有分散出来的小家庭，男的必须致力于农耕，而女性则要把主要精力放在桑织上，生产多的人可以免除国家劳役。通过这种方式，我们可以清晰地看出商鞅经济改革的思路，也就是说，在商鞅的规划中，每个小家庭都是积极生产的小单位，完全是依靠着经济的力量凝聚在一起，这和以往以血缘和宗族相连接是有着很大区别的。经过这样的重组以后，可以最大程度增大生产单位，生产效益也会有明显提高，国家的收入自然也就能够得到增长。

在西周分封制确立以后，爵位都是可以世袭的，也就是说，子孙对国家不必有功，就可以"世袭罔替"地继承下去。除此之外，土地和爵位是紧密相连的，按照正常的顺序，在赐予爵位的同时也都领有封土和封邑。有了封邑，也就等于有了子民，在经济上就可以独立，在社会和政治上也可以独立起来。换句话说，受封者除了荣誉之外，还有实实在在的土地、民众和财产。因此，如果说是要赐予爵位，几乎可以看作是小范围内的封疆裂土了。

商鞅的改革推出了爵位与封土脱钩的政策，至于这一部分的法令，今天已经没有明确的行文记载，但是在司马迁有限的记载中，我们可以窥探一二。

首先就是"宗室非有军功论，不得为属籍"。这句话实际上有两个意思。第一，收回贵族所有的爵秩，取消他们的特权，进行重新分配；那些只有在战场上立下功劳的贵族，才得以重新分配爵位，列籍贵族。换句话说，这项法令自从公布之日起，所有爵秩都全部收回，所有的贵族都沦为百姓，只有那些在战场上立下功劳的，才可以重新回到贵族的地位，领回爵秩。

在这种鼓励的措施之下，所有的贵族都是战场上的英雄。老百姓的积极性被广泛调动起来。最为重要的是，拥有军功的人可以实实在在享有爵位、田亩等赏赐。甚至在后世的材料中，我们还可以清楚地发现享有军功的人至少拥有"军事审判制"以及"死后表彰法"两项特权。其中，所谓的"军事审判制"实际上就是独立于平时司法系统以外的审判权力。至于"死后表彰法"说得更加清楚："小夫死，以上至大夫，其官级一等，其墓树级一树。"意思是说，从小夫至大夫，如果去世的话，他的官爵每高一级，墓地上就多种一棵树。简单来说，一个人军功的大小可以用墓地上植树的多少来衡量。这对当时的普通百姓而言无疑是一项巨大的刺激。

除此之外，拥有军功的人还享有退换两级爵位赎免罪人一名的待遇，政府同时也允许隶臣斩敌者退还爵位以买罪。所有的这些措施都说明军爵的运作具有一定的规则和程序，使军人有尊严，也能维持一定的荣誉。

商鞅既然以爵作为立功的诱饵，他当然对秦爵进行重新整理。在司马迁的记载中，商鞅"明尊卑、爵秩等级，各以差次名田宅，臣妾衣服以家次。有功者显荣，无功者虽富，无所芬华"。

根据史书记载，为了适应论功行赏的赐爵制度，秦国重新规划了自己的爵制，并且系统地发展为 20 个等级。在这之前，爵位是可以世袭的，子子孙孙在原则上可以世世代代继承。然而，经过商鞅改制以后，所有的爵位都止于一个人，不存在任何的延续性。这在一方面可以保证了爵位的绝对数量，另外一方面对下层也是一个心理上绝好的暗示。

执行与阻力

在基本的法令起草完毕后，商鞅进入到了一个犹豫的时期。商鞅的犹豫不决是可以理解的。对于一个政治家而言，变法是一个极大的冒险。甚至可以从某种程度上讲，这是一次只能成功、不许失败的冒险。这种冒险不仅仅体现在商鞅的个人政治生命中，对于整个秦国来讲，这也是赌注极大的博弈。在此时，无论是商鞅还是秦孝公都必须万分谨慎地行事。

为了使普通老百姓明白改革的势在必行，同时也使全国上下清楚政令赏罚必信，商鞅在政令草具而未公布之际，采用了徙木重赏的办法，和百姓们订立一个契约。对于这件事，《史记》记载如下：

令既具，未布，恐民之不信，已乃立三丈之木于国都市南门，募民有能徙置北门者予十金。民怪之，莫敢徙。复曰："能徙者予五十金。"有一人徙之，辄予五十金，以明不欺。卒下令。

事实上，商鞅的这套办法并非自己的首创。早些年吴起在魏国治理西河郡的时候，为了取信于民，就已经采用了类似的办法。商鞅只不过是将这一办法搬过来重新演示了一番而已。但是这对于秦人而言，无疑还是一件很新鲜的事情。就这件事情本身，商鞅就已经传达出了一个非常重要的信息——赏必重赏，罚必重罚。徙木而约给十金，应该是重赏，以至于普通百姓都不敢相信。而等到约改50金的时候，更是重赏中的重赏。事情的结果是商鞅践行了自己的约定。通过这件事情本身，已经透露出了商鞅推行新政的基本态度——重且必。

徙木重赏的事件过后，商鞅立刻颁布了政令，并且开始实行。

商鞅之所以要进行徙木立信，是建立在他对人们的心理和人性非凡的洞察之上。在前面说过，商鞅所面临的任务，是同秦国传统的一次决裂。想要达到这个目的，这就不仅仅是一次政治宣传或者一场道德说教所能解决的了。而调动起全国上下对变法的信心是至关重要的。这次政治表演的关键就是重赏是否能够兑现。这可以说是一种象征，象征着规则是不是能够被人接受并得以实施。

商鞅的新法改革以后，当然遭到了种种非议。根据司马迁的记载，最严重的事件有两个。

第一，"秦民之国都言初令之不便者以千数"。

这也就是说，栎阳城议论纷纷，反对变法的人数以千计。这其实是一件很严重的政治事件。按照当时的建都标准，首都是全国的政治经济中心，是人才最为集中的地方。如果一个政府所推行的新法在这里都无法得以实施的话，那么在全国的其他地方所遇到的阻力是显而易见的。往严重了说，甚至有可能发生多米诺骨牌效应。这无论是对商鞅还是秦王都是不可接受的。

就在这一十分紧要的关头，另外一件事情的发生让周围的形势变得更加错综复杂。这就是太子犯法。至于太子犯的是哪条法律，史书并无明确的记载，但是可以肯定的是，太子犯法这件事从发生的时间和性质来看，这件事不但是有意为之，而且是明显带有挑战的意味。这样的目的就是以此给商鞅带来极大的压力。

商鞅很清楚地意识到了这一点。他一开始就断定说："法之不行，自上犯之。"即刻准备惩罚太子。然而，"太子，君嗣也，不可施刑"，于是，"刑其傅公子虔，黥其师公孙贾"。

这件事可以看作商鞅和反对派斗争矛盾的触发点。在这一事件中，太子不惜以身试法，准备玉石俱焚，可见保守派负隅顽抗。而表面上说必"罚太子"，最后"刑其傅，黥其师"，刑罚也很重，不过，总算是让一小步。而太子以"君嗣"可以逍遥法外，说明法家依然受"刑不上大夫"的传统文化影响，开启了"法外有漏网之鱼"的大患，贻害后世。

经过商鞅严厉的镇压之后，这两件事终于也平息了下来。商鞅可以说是战胜了反对派。根据《史记》的记载，商鞅的新政推行十多年后，秦国完全变成了另外一个样子。

> 行之十年，秦民大说，道不拾遗，山无盗贼，家给人足。民勇于公战，怯于私斗，乡邑大治。

这段记载在历史上经常被人称道，认为是秦国"大治"的一个重要标志。实际上，就以秦国的情形而言，秦国之所以达到这样的阶段可以说是两个因素共同导致的。

首先，在商鞅分化大家族、遏制商业活动的前提下，普通民众做到了"家给人足"，家家户户基本上都达到了温饱的状态。其次就是商鞅制定的连坐制度开始发挥其重大作用。

至于"民勇于公战，怯于私斗"的原因和上述相差并不是太多。在法令发挥其最大功效的时候，普通百姓也都弃绝了私斗的念头。商鞅推行的军爵制度在最大程度上起到了推波助澜的作用，逼迫百姓都追逐军功。

用简单的话总结就是，商鞅推行的新政就像是一张大网，将秦国的百姓都驱赶到壳中，生活在安排妥当的规范内。

就当一切都按照商鞅预计的事项进行的时候，中间出现一些插曲。《史记》里是这么记载的：

> 秦民初言令不便者有来言令便者，卫鞅曰"此皆乱化之民也"，尽迁之于边城。其后民莫敢议令。

这件事在商鞅的政治生涯中看似是不起眼的，但是惜字如金的司马迁将这件事也详细地记录了下来，可以说是很有深意的。从表面上看，商鞅是在驱逐那些献媚的小民，将他们全部迁徙到边疆去，实际上，这是商鞅的一贯作风，无论是支持还是反对，只要是敢于议论，那就是"乱化之民"，都要加以禁绝。

商鞅的这种举动并不稀奇，他在御前大辩论的时候就已经很鲜明地指出了自己的观点："拘礼之人不足以言事，制法之人不足与人论变。"他早就把那些"言事"以及"论变"的其他声音置之度外。商鞅一向主张所有的百姓都弃绝思想、意志，把现在以及未来的一切都全部托付给政府。这其中也就包括了知识分子独立思考的人格和良心。

在商鞅铁血手段的推动下，秦国从落后迅速转为强大。《史记·商君列传》"太史公赞"后《集解》引《新序》语说：

卫鞅始自以为知霸王之德，原其事不喻也。昔周、召施善政，及其死也，后世思之。《蔽芾》《甘棠》之诗是也。尝舍于树下，后世思其德，不忍伐其树，况害其身乎。管仲夺仲氏邑三百户无怨言。今卫鞅内刻刀锯之刑，外深铁钺之诛，步过六尺者有罚，弃灰于道者被刑。一日临渭，而论囚七百馀人。渭水尽赤，号哭之声，动于天地，畜怨积仇，比于丘山。所逃莫之隐，所归莫之容。身死车裂，灭族无姓，其去霸王之佐亦远矣。

商鞅曾经在渭水边上一口气杀死了七百多人，"渭水尽赤，号哭之声，动于天地"，因而累积了很多的仇怨，而与召公、管仲相比，简直有着天壤之别。从后世刘向的这段评论而言，即知商鞅变法付出的代价实在是太大了，不但赔上了老百姓的性命，自己一家人的性命也失去了。

根据《史记·秦本纪》的记载，商鞅改革的第二年，也就是公元前355年，秦孝公与魏惠王在杜平相会。与其说这是一次相会，更多的是一种试探。秦孝公希望通过这次会面，了解魏国的虚实以及对秦的态度。

果然，公元前354年，也就是会谈后的第二年，秦孝公就出兵与魏国作战，斩首七千，夺取了少梁。

少梁地处河西，是秦国抵御魏国的重要前哨，极富战略意义。从某种程度上讲，它可以被看作国势强弱的寒暑表。商鞅推行改革不久，秦国就能斩首七千，占领少梁，说明改革已经取得了部分成效。

取得这样的成绩，商鞅的地位开始上升，秦孝公开始提升商鞅为"大良造"。秦国设立相国的时代比较晚，"大良造"是当时秦国最高的官职。事实上，这一职位比山东六国丞相的职位还要高一些，因为秦的"大良造"不但执掌国家政务，而且掌握军事，可以说是将文武兼为一身的领导人物了。

第三章
强国之路

变法的初步成功，不仅让秦孝公对商鞅更加器重，同时也让商鞅得到了莫大的自信，这就为他接下来的工作开展创造了有利条件。在秦孝公的支持下，他带领改革派冲破重重阻挠，帮助秦国成功完成迁都事宜，为秦国的称霸天下创造了更有利的条件。当然，在此过程当中，一个越来越真实和完整的商鞅也逐渐展现了出来。

迁都咸阳

商鞅受命成为大良造后，有了更大的权力，他接着就办了两件事情。首先就是出兵占领了魏国的固阳。

秦孝公十年，也就是公元前352年，商鞅带兵包围了魏国的固阳，一年后，占领固阳。关于这件事，史书上对其有详细的记载。

占领固阳从某种程度上说显示了商鞅作为一个战略家的优秀素质。

在《史记·魏世家》里说:"固阳有连山,东至黄河,西南至夏、会等州。"魏国曾经在这里修筑了长城,并且将固阳筑成关塞。而商鞅出兵将其占领,那么,魏长城就失去了应有的防御作用。而秦东部边疆的军事压力就会相应缓和。商鞅这样做的原因很简单,那就是只有保持一定的战略优势,秦才有宽松的时间进行改革。

商鞅做的第二件事就是将秦国都迁到了咸阳。

秦在占领魏国的少梁以及固阳之后,魏国所建立起来的防御体系基本上对秦已经失去了作用,河西之地基本上都在秦国的势力范围之内了。在这个时候,秦人的视线开始不断往东延伸,将未来的战场开辟到黄河以东。为了达到这样的目的,迁都是必然的选择。

商鞅为秦选定的新国都就是咸阳。与旧都栎阳相比,咸阳无论哪方面都有着无可比拟的优势。旧都栎阳在渭水的北面,并不处于赶赴函谷关的大路之上,以此东出是比较费劲的。但是咸阳并不一样,咸阳北面依仗着高原,南面靠近渭水,坐落于秦岭怀抱之内。沿着渭水而下,可以直接到达黄河,然后直奔函谷关,非常有利于出击,是秦国试图向东发展的不二选择。

从经济的角度出发,咸阳更加靠近水源,土地肥沃,交通方便,便于商品的交换。经过长达三年的经营,《史记·商君列传》说:"作为筑冀阙宫庭于咸阳,秦自雍徙都之。"

自秦孝公以后,秦就不再迁都了。而历史证明,这无疑是一个很成功的举动。在咸阳,秦完成了改革及消灭六国的大业。

完成这两件大事后,商鞅就开始着手布置第二次改革。如果说第一次改革是一块试金石的话,商鞅已经看到了这种改革所产生的巨大力量。同时，商鞅在这次改革中的有些构思并不是很严密，而是从其他地方借鉴而来。为了保证法家思想能够彻底实现，商鞅急需第二次的改革。

有了第一次改革的经验以及成绩，商鞅的信心急剧增长。这一次的改革，商鞅涉及的范围和层面比前一次更大，而改革的程度也更彻底和深邃。

这一次的改革大致上可以分为四个部分。

第一，禁大家制，行分户令。

这并不奇怪。商鞅在第一次改革的时候已经发布了分户令，规定一个家庭内如果有"两男以上"而"不分异"的，就必须加倍课税。按照商鞅法令的执行程度，秦国大部分的家族都应该已经被拆离为小家庭。然而，商鞅为什么还要在改革的时候重复一次呢？这就涉及了上面说到的那种政策上的漏洞。在第一次改革的时候，商鞅说的"不分异"者"倍其赋"，中产以下的人家无法承担加倍的税负，然而，中产以上的人家只需要多缴纳赋税，依然可以原封不动过其大家族的生活。因此，商鞅的第一条法令在某种程度上可以说只分了中产以下的家，中产以上的绝大部分家庭依然保留着初始的状态，每个家族内部依然滞留着过多的劳动力。

为了能够使这一部分的劳动力得到充分利用，商鞅在第二次改革中颁布了第二次分户令——"令民父子、兄弟同室内息者为禁"。根据司马迁的概括，这次法令的条文非常清楚，任何家族都严禁父子、兄弟同室而居。从一个大家族内挖出的闲散劳动力组成新家庭，为数一定很多。这些小家庭产生后所缴纳的赋税一定比他们组织成大家庭时要多。这笔账商鞅是非常清楚的，所以他才在第二次改革的时候强制实行。

商鞅之所以要对此项政策强制执行，除了有利于土地开发，增加国家税收之外，还有一个重要的目的就是为了扩大自己的兵源。这其中的缘由很简单，因为按照当时的规定，征兵是以户为单位的，户口增加的话，能够征到的士兵数量也就自然增加了。《商君书·境内》里规定全国的户籍都要进行登记，而登记的册子就是国家抽税和征兵的重要依据。经过这些事情，我们可以得知，商鞅强力推行小家庭制是多种目标的，因为它涉及了秦国的根本。

第二，统一度量衡。

统一度量衡并不是源于秦始皇，这是商鞅进行改革的一个重要措施。这不但显示了某一项标准在一个国家内必须完成统一，同时也昭示了在将来一个大一统的天下内，秦国所展现出的态度。对秦国而言，统一度量衡不过是这种态度的一种展现而已。

这一次统一度量衡的法令被司马迁概括为"平斗桶、权衡、丈尺"。斗桶，指的是计算容积的衡器；权衡，指的是重量的衡器；丈尺，指的是长度的衡器。除了容积、重量和长度之外，《战国策·秦策》还记载了蔡泽的话："夫商君为孝公平权衡、正度量、调轻重。"这里的"轻重"据后人考证应该指的是货币。这样一来，商鞅在此次改革中，所进行的内容就包括了全国的容积、重量、长度的度量标准以及货币制度。

商鞅进行这种改革并不是一时心血来潮，而是时势使然。就当时的情形而言，各个国家之间不仅度量衡以及货币存在相当大的差异，而且在同一国家内也有所不同，情形也是十分紊乱的。以工商业最为发达的齐国为例。齐国早期以四升为豆，四豆为区，四区为釜，十釜为钟。然而，齐国的田氏凭借着自己强大的家族势力，同时也为了收买人心，改作五升为豆，五豆为区，五区为釜，十釜为钟。这样一来，在同一个国家内，就存在两种计量标准。这样不仅为商品的交流带来不便，更重要的是给政府的税务制度带来很大的困扰。

第三，土地问题。

商鞅在进行第一次改革的时候，可以明显地看出并未涉及耕地的问题。这在当时或许是一个高度敏感的问题，他是不敢贸然触碰的。但是，在商鞅第一次改革成功以后，他开始敢于将矛头指向最根本的问题，那就是耕地。这部分的详细资料同样是处于亡佚的状态，只留下司马迁概括出的一句话"为田来阡陌、封疆"来推测当时的种种情形。

那什么叫作"为田开阡陌、封疆"呢？历史学家对此有着不同的解释。有人认为，商鞅此举是破除井田制，为耕地重新设置疆界，允许统一地私有以及买卖。而有人则认为商鞅在废除土地国有制的同时，又"承认土地的私有，而不必像以前那样在一定时候后将土地交还给国家"。这两种说法都有一定的道理，但是又有一些问题。如果说土地是允许私有以及买卖的，那政府如何扩大自己的土地，以充实授田制度下的农耕地呢？更何况，一旦允许土地私有并允许买卖，那和商鞅最初制定的抑制工商的政策就冲突了。

事实上，《通典》中有这样的记载："周制，步百为亩，百亩给一夫。商鞅佐秦，以为地力不尽，更以二百四十步为亩，百亩给一夫矣。"根据这段文字的记载，我们可以知道，按照周制以百步为一亩，一夫得田百亩，耕地实在是太少了。商鞅辅佐秦国，看到一夫耕种百亩之地，感觉有些浪费，无法尽最大力来挖掘民力，所以想到了一个办法，这个办法就是重新修订耕地的面积。商鞅改每亩为二百四十步，比周制整整大了一倍有余。

另外一方面，商鞅在第一次改革的时候就已经很明确地提出，所有人都是以军功授予田地，很明显地说明了当时田地的所有权都掌握在国家手中。而在进行第二次改革的时候，他借着重整耕地的机会，把那些"闲散"的耕地彻底收回，使政府能够完全掌握全国的土地。从这个角度上讲，所谓的"开阡陌、封疆"也就是重新整治耕地，令民力能够尽其用，同时又借此机会将田地收归国有，使军功授田这一制度能够发挥出更大的效用。

秦孝公十二年，也就是公元前350年推行第二次改革后，《史记》记载"初为赋"。后世学者普遍认为，此时的"赋"应当指的是"口赋"，也就是今天的人头税。秦孝公早年间命令商鞅草拟改革法令的时候，商鞅的初稿里就明确写道："禄厚而税多，食口众者，败农者也；则以其食口之数，赋而重使之，则辟淫游惰之民无所于食。"这段话的意思是，那些俸禄很高、田租收入很多的人家，为了避免家中游手好闲的人太多了，政府应该按照"食口"征收口赋，加重其徭役。这样一来，游荡懒散的人就没有地方吃饭了。这件事至少说明了一个问题，那就是商鞅很早就有了征收人口税的念头，只是这一念头一直到了他第二次改革的时候才真正意义上固定了下来。

秦孝公十四年，商鞅把人口税正式具体化，成为秦国以后的主要税源。

第四，郡县制度。

在秦孝公时代，秦就开始以郡县制替代封建世袭制，进一步加强中央对地方的控制，也进一步将地方官吏的任免大权集中在国君一人身上。在协助秦孝公推行改革的时候，商鞅的法令初稿内这么说："百县之治一行，则从；迁者不饰，代者不敢更其制，过而废者不能匿其举。"这句话的意思是，各县的政治制度如果是相同的形态，则人人都会遵从。邪僻的官吏就不敢玩弄手法，接任的官吏也都不敢更改制度，而那些由于错误而废弛职务的官吏更无法掩饰其错误行为。根据这段文字，可以知道商鞅很早就完全接纳这套制度，并且大力支持这套制度的推行。

鉴于这样的认识，在推行第二次改革的时候，商鞅很快就落实了这项政策，把他理想中的郡县制大力推广开来，并且使它成为秦国的治国基础。司马迁在《史记·商鞅列传》内是这么概括的："集小乡、邑聚为县，置令、丞，凡三十一县。"

在不实行封建制度的前提之下，对于最新占领的地区，秦必须构思出一套管治的办法，而郡县制度则最大限度地满足了这个需要。商鞅此时加以推行，说明秦国开始占领的区域正逐渐增多，另外一方面也是未雨绸缪，希望将自己的这套制度推行到全国。

在县级单位里，商鞅规定必须设置县令，为一县之长，掌治改县；其下有县丞，辅佐县令，组成县署。无论县令、县丞，其任免大权都在中央，非终身制，更不能世袭。《商君书·境内》说："爵吏而为县尉。"提高"县尉"这种官司由县吏调升，可见除了令、丞之外，商鞅改革编制中还有县尉一职务，专门司县内，为一县之长，掌治该县；其下有县丞，辅佐县令，组成县署。无论是县令、县丞，其任命大权都在中央，并非终身制，更不能世袭。在令、丞下配置定额的小吏，协助县署内进行工作。到了这个时候，县署的架构的编制才算完备周全。

检验成果

对于秦孝公而言，检验商鞅改革最简单和有效的办法就是看能否实现军事上的胜利。事实上，秦孝公之所以一直坚定不移地支持着商鞅，很重要的一点原因就是在商鞅的改革后，秦国取得了一连串的军事胜利。

商鞅改革的第二年，也就是秦孝公七年（公元前355年），秦孝公与魏惠王相会于杜平。这次相会，一则是秦国富兵强，国势增加，获得魏惠王的认同；另一方面就是秦孝公急欲打开向东的道路，所以借相会探虚实。相会后的第二年，也就是秦孝公八年，正当魏与赵大战于邯郸之际，秦乘机从背后攻打上来，最终斩首七千，夺取了魏的少梁，为商鞅第一次改革后在军事上的重大胜利。

秦孝公十年，商鞅升为大良造，完全掌握了秦国的军政大权。这个时候，魏、赵、齐、楚正进行大规模的激战。魏军攻克了赵的首都邯郸，魏国大部分军队都胶着在那里，但是楚国此时援救赵国，出兵攻打魏国。魏国腹背受敌。齐国见到有机可乘，也出兵与魏作战，在桂陵打败了魏军，大将庞涓被俘。掌握秦军政大权的商鞅见此情形，立刻带领军队长驱直入，直接赶赴魏国的旧都安邑，不费吹灰之力，就把安邑占领了下来。这个时候的魏惠王才感到非常后悔，只能徒自呼喊："寡人恨不用公叔座之言也。"

秦孝公二十年，也就是公元前342年，魏国又与齐、赵、宋等国进行大战，魏在马陵被齐打败。此时魏国太子申也被俘虏，魏国予以重用的大将庞涓选择自杀，魏国情势危急。在这个时候，商鞅向秦孝公给出了自己的建议：

秦之与魏，譬若人之有腹心疾，非魏并秦，秦即并魏。何者？魏居领阨之西，都安邑，与秦界河而独擅山东之利。利则西侵秦，病则东收地。今以君之贤圣，国赖以盛。而魏往年大破于齐，诸侯畔之，可因此时伐魏。魏不支秦，必东徙。东徙，秦据河山之固，东乡以制诸侯，此帝王之业也。

秦孝公接纳了商鞅的建议，立刻命商鞅为大将，准备出兵伐魏。此时魏的主将是公子卬。关于这场战争，《史记·商君列传》里有这样的记载：

军既相距，卫鞅遗魏将公子卬书曰："吾始与公子驩，今俱为两国将，不忍相攻，可与公子面相见，盟，乐饮而罢兵，以安秦魏。"魏公子卬以为然。会盟已，饮，而卫鞅伏甲士而袭虏魏公子卬，因攻其军，尽破之以归秦。

根据《史记》的记载，这场战争的事实很清楚。商鞅是以欺诈的手段骗了公子卬，而不是通过正道战胜魏兵。在后来的《吕氏春秋·无义》对此事也有详细的记载：

于是为秦将而攻魏。魏使公子卬将而当之。公孙鞅之居魏也，固善公子卬。使人谓公子卬曰："凡所为游而欲贵者，以公子之故也。今秦令鞅将，魏令公子当之，岂且忍相与战哉？公子言之公子之主，鞅请亦言之主，而皆罢军。"于是将归矣，使人谓公子曰："归未有时相见，愿与公子坐而相去别也。"公子曰："诺。"魏吏争之曰："不可。"公子不听，遂相与坐。公孙鞅因伏卒与车骑以取公子卬。

很显然的是，商鞅"将归矣"是虚假的，写信给公子卬更是虚假的。总而言之，商鞅采用了"兵不厌诈"的手段，骗走了魏国主将而赢得了这场战争的胜利，并且乘胜追击。

秦魏之间的这一战，秦国虽然生擒了公子卬，然而商鞅赢得可以说非常的不光彩。对于商鞅的做法，历史上一直存在多种非议。同商鞅时代最为接近的应候就说："夫公孙鞅事孝公，极身毋二……欺旧交，虏魏公子卬……"这里用了"欺"字，就已经很能反映问题了。而后世对商鞅此种做法的批评就更多了。

但从历史的记载中，商鞅却是一个不折不扣的军事家。在《谏逐客书》中，李斯就说："孝公用商鞅之法，移风易俗，民以殷盛……获楚魏之师，举地千里，至今治强。"由此可见商鞅是有一定战功的。除此之外，《汉书·刑法志》也有这样的记载："吴有孙武，齐有孙膑，魏有吴起，秦有商鞅，皆禽敌立胜，垂著篇籍。"在这里，后人将商鞅与孙武、吴起等人并列，可见商鞅必然拥有过人的战功，不然的话也不会被列为四大名将。可以这样说，商鞅为秦国带来一连串的军事胜利是可以肯定的，只是具体的功绩已经不可考了。

总之，自商鞅改革以后，秦国富兵强，加上商鞅出色的谋算能力，为秦国带来了成功。就在商鞅俘虏了魏公子卬以后，秦孝公封商鞅于商，人称为"商君"，个人事业可以说达到了巅峰状态。此时的秦国已经不再是一个区域性的国家，而是一个具备了向东扩张能力的强大国家了。

商鞅的第一次改革，一方面挖掘出了农耕劳动力，使农产品大量增长；一方面鼓励百姓争功，以军功为荣。而重新定爵秩，也与军功有关。换句话说，商鞅首次改革的眼光是着眼于国内，想的是如何整治国家，将国家"搞上去"。而第二次就不是如此了，统一度量衡、构建新县治等都是极富前瞻性的设想，而后来也得到证明并被推行到统一后的全中国去。

几年后，秦国已经富强起来，而且声名远播，取得山东各国的认同。这主要体现在以下两件事。

公元前343年，也就是秦孝公十九年，为了庆祝秦国的丰功伟业，"天子致伯"。根据其他史料的记载，周天子封秦孝公为霸，"兴兵约盟，以信义矫世"。

第二件事情就是诸侯来贺。《史记·秦本纪》里有这样的记载："诸侯毕贺，秦使公子少官率师，会诸侯逢泽，朝天子。"意思是说在诸侯纷纷派使者来贺之后，秦孝公还派公子少官为代表，带领军队会诸侯于逢泽，然后一路朝见周天子。

从这些事情中，我们可以得出两个信息：

第一，秦王室在很大程度上已经得到了认可，树立了自己在山东六国乃至周天子心目中的地位。

第二，此时的秦孝公不但已经达到了求贤令中的"西霸戎翟，广地千里，天子致伯，诸侯毕贺"的目标，而且以商鞅第二次改革的规模来看，秦王的野心显露无遗。

陌生人的拜访

经过将近20年的努力和拼搏，商鞅个人功业达到了顶峰，他也从一名不受重视的门客成了执掌一个国家命脉的强权人物。但是物极必反，身处巅峰的下一步往往就是下坡路。

以商鞅的才情，他清楚地明白自己身处的险境。史书记载，每当商鞅出门的时候"后车十数，从车载甲，多力而骈胁者为骖乘，持矛而操戟者旁车而趋"。意思是说他出行的时候，保镖、卫士以及随从可以说是一车一车地紧随其后。商鞅身处这种情形，不会没有任何觉悟的。

然而，商鞅却一直坚持如此。很明显，商鞅是为了自己的理想坚持下去的。

就在秦孝公逝世的前五个月，在史记里出现了另外一个人，名叫赵良。

很有意思的是，司马迁在记述这件事之前，曾经交代过这件事的背景："商君相秦十年，宗室贵戚多怨望者。"在司马迁的潜意识里，他或许还认为赵良和那些宗室有着千丝万缕的关系，是代表宗室的力量前来劝说秦国。

但司马迁可能没有想到的是，商鞅推行的改革此时已经进行了20年，秦国的政治、法律等制度可以说都已经相当完善了。至于秦国的宗室贵族还会在此时派人前去劝说商鞅吗？由此可以得知，赵良可能真的只是出于一片真诚，前去见商鞅并试图为商鞅解围。

商鞅见到赵良对他道:"我能见到你,是由于孟兰皋的介绍,现在我们交个朋友,可以吗?"

赵良道:"鄙人不敢奢望。孔子说过:'推贤而戴者进,聚不肖而王者退'。鄙人不才,所以不敢从命。鄙人听到过这样的说法,'非其位而居之曰贪位,非其名而有之曰贪名'。鄙人要是接受了您的情谊,恐怕那就是鄙人既贪位又贪名了。所以不敢从命。"

对话的一开始,商鞅向赵良表达了自己的倾慕之情,想与赵良建立良好的关系。但是赵良对于这位权倾朝野的大人物似乎没有多少兴趣。赵良也一再推辞"不敢"。从赵良的口气中,我们就已经可以大致揣摩出赵良的态度了,那就是对商鞅是有所不满的。但是赵良的这种不满并没有直接地表达,而是借用了两段话,这两段话其实是很有意思的。

首先,赵良借用了孔子的"推贤而戴者进,聚不肖而王者退"这句话。这句话的意思很明显,所谓推荐贤能的话,受民爱戴的就会自动进入到官场,而满朝都聚集不肖的话,那些主张王道的人就会自动退下。这其实是赵良对商鞅的一种暗示,意思是说自己是不肖者,不敢与有权势的人交往,以免主张王道的贤者自动离朝。

其次,赵良又引用了一句话"非其位而居之曰贪位,非其名而有之曰贪名",以此来表示,如果自己听从商鞅的建议,与商鞅进行结交的话,那自己就会被认定是一个贪图名位的人。

赵良之所以要这么说,表面是在说自己,实际上是对商鞅进行委婉的批评。看似所有的指责都是面向自己的,实际上却句句都是说给商鞅听的。商鞅是一个何等聪明的人,他很快就领悟到了赵良的弦外之音。于是就有了下面的这段对话。

商鞅道："您不满意我对秦国的治理吗？"

赵良道："能够听从别人的意见叫作聪，能够自我省察叫作明，能够自我克制叫作强。虞舜曾说过，'自我谦虚的人被人尊重'。您不如遵循虞舜的主张去做，无须问我了。"

商鞅自然知道赵良对他的不满。为了缓解当时的气氛，商鞅以一种试探性的口气反问了赵良一句。当然，赵良也不是轻易屈服的。他没有立刻正面回答问题，只是含含糊糊地对商鞅说要"反听"、要"内视"、要"自胜"，并且引用虞舜的言语说明自己的谦卑，并且向商鞅表示不如向虞舜之道学习，不要询问自己。

赵良的意思很清楚，相当于赵良对商鞅发出的第一次责问。他这样做的目的其实就是鼓动商鞅的情绪。

果不其然，在赵良的刺激之下，商鞅开始论证自己的治理秦国的各种业绩。商鞅道："当初，秦国的习俗和戎狄一样，父子不分开，男女老少同居一室。如今我改变了秦国的教化，使他们男女有别，分居而住，大造宫廷城阙，把秦国营建得像鲁国、魏国一样。您看我治理秦国，与五羖大夫比，谁更有才干？"

在这段话里，商鞅列举了两件事情来证明自己的功绩。第一件事就是使得秦"男女"有别。这乍一看是一个很奇怪的问题。男女的问题还用区分吗？事实上，这里的男女有别是另有深意的。按照史料记载，当时北方少数民族的习俗与中原地区有着很大的差异，儿子可以娶母亲，兄弟死，其妻其嫂也是可以继承的。正是因为当时秦国的习俗深受戎狄的影响，所以商鞅才改正了这种习俗。这种习俗的改变，商鞅认为是将秦国重新纳入到了中原文化圈之内。商鞅认为这是一件伟大的功绩。

商鞅认为自己第二项功业就是"大筑冀阙，营如鲁卫"。根据《三辅黄图》的记载：

咸阳北至九嵕甘泉，南至鄠、杜，东至河，西至汧、渭之交，东西八百里，南北四百里，离宫别馆，相望联属。木衣绨绣，土被朱紫，宫人不移，乐不改悬，穷年忘归，犹不能遍。

这里所描写的，自然包括了秦孝公以后所建造的。但是换个角度说，如果没有商鞅在初始建造时所设下雄伟的规模已经预留发展空间的话，后来秦宫殿的发展就没有太大的空间。后来的考古发现中，秦宫殿的规模也令人叹为观止。商鞅特意将此事列为自己的功业，可见商鞅对此还是相当自信的。

对于商鞅说起的这些功业，赵良并没有表现出多大的赞同。而面对志满意得的商鞅，赵良先是为自己预留了空间，以试探性的口吻继续说道："一千张羊皮比不上一领狐腋贵重，一千个随声附和的人比不上一个人仗义执言。武王允许大臣们直言谏诤，国家就昌盛，纣王的大臣不敢讲话，因而灭亡。您如果不反对武王的做法，那么，请允许鄙人终日直言而不受责备，可以吗？"

商鞅当然也客气了一番，纵然自己内心对赵良有所不满，但是也装出一副很喜悦的样子。商鞅继续说道："俗话说，外表上动听的话好比是花朵，真实至诚的话如同果实，苦口相劝、听来逆耳的话是治病的良药，献媚奉承的话是疾病。您果真肯终日仗义直言，那就是我治病的良药了。我将拜您为师，您为什么又拒绝和我交朋友呢！"

商鞅的固执

赵良以五羖大夫和百里奚来进行对比，主要是从"功"和"德"两个方面来说的。在"功"的方面，赵良强调："三置晋国之君，一救荆国之祸。发教封内，而巴人致贡；施德诸侯，而八戎来服。"秦国不但富强，而且德泽惠及四方。而在"德"方面，他处不设防，功不显耀，因而在逝世时，"秦国男女流涕，童子不歌谣，舂者不相杵"。赵良所举虽是"功"、"德"两点，实际上只落在一个"德"字之上。赵良所说的这一切其实都指向了一个人，那就是商鞅。

有了前面大段的分析之后，赵良开始说出了自己隐藏已久的话："如今您得以见秦王，靠的是秦王宠臣景监推荐介绍，这就说不上什么名声了。身为秦国国相不为百姓造福而大规模地营建宫阙，这就说不上为国家建立功业了。惩治太子的师傅，用严刑酷法残害百姓，这是积累怨恨、聚积祸患啊。教化百姓比命令百姓更深入人心，百姓模仿上边的行为比命令百姓更为迅速。如今您却违情悖理地建立权威、变更法度，这不是对百姓施行教化啊。您又在商於封地南面称君，天天用新法来逼迫秦国的贵族子弟。《经》上说，'相鼠有体，人而无礼，人而无礼，何不遄死'。照这句诗看来，实在是不能恭维您了。公子虔闭门不出已经八年了，您又杀死祝欢而用墨刑惩处公孙贾。《诗经》上说，'得人者兴，失人者崩'。这几件事，都不是得人心的呀。"

在这里，赵良开始认真数落商鞅的种种过失。

其一，依托嬖人景监晋见秦孝公，败坏自己的"名"。

其二，在自己掌权之后，大兴土木营造咸阳，败坏自己的"功"。

其三，惩罚太子的师傅，以酷刑伤残百姓，为自己种下怨祸。

其四，使得百姓重视政令高于君命，政府的法律取代国君的命令，败坏传统的"教"。

其五，自己受封于商，却又绳墨秦之贵公子，折损自己的"寿"。

其六，既惩罚公子虔，而后又惩罚公孙贾，败坏"人"心。

这总结出的六点，在赵良看来都是商鞅施政所犯下的错误，是不可被饶恕的。赵良继续道："您一出门，后边跟着数以十计的车辆，车上都是顶盔贯甲的卫士，身强力壮的人做贴身警卫，持矛操戟的人紧靠您的车子奔随。这些防卫缺少一样，您必定不敢出门。《尚书》上说，'凭靠施德的昌盛，凭靠武力的灭亡'。您的处境就好像早晨的露水，很快就会有消亡的危险，您还打算要延年益寿吗？"

此时商鞅的情形就是：在自己出入的时候，都必须要有保镖跟随着，否则便无法出行。在目前的情形之下，赵良紧接着指出：您的危险就像早晨的露珠，随时都可能消亡，还奢谈什么延年益寿呀。这仿佛是一根针，直刺变法者的心脏。

对于未来，赵良给出了自己的建议："为什么不把商予十五邑封地交还秦国，到偏僻荒远的地方浇园自耕，劝秦王重用那些隐居山林的贤才，赡养老人，抚育孤儿，使父兄相互敬重，依功序爵，尊崇有德之士，这样才可以稍保平安。您还要贪图商予的富有，以独揽秦国的政教为荣宠，聚集百姓的怨恨，秦王一旦舍弃宾客而不能当朝，秦

063

国所要拘捕您的人难道能少吗？您丧身的日子会像抬起足来那样迅速地到来。"

这个建议可以分为两个部分。第一部分是劝说商鞅退还自己的封地，并且对自己以后的行为进行克制，这样既可以保全自己的性命，也能够让秦国获得安定。而赵良劝说的第二部分是警告语，意思是说商鞅的权势和财富都建立在秦孝公依然存活的基础之上。如果秦孝公死去，商鞅的结局可想而知。在这种危险的境地中，商鞅与其战战兢兢地生活，不如将眼前的一切放下，对自己的未来进行一番筹划。

商鞅和秦国贵族之间的矛盾已经是水火不容了，这不仅仅是由于商鞅的法令权威已经大于国君的命令。但事实是，太子犯法，商鞅制定的法律就没有完全得到执行。公子虔犯约，受到的刑罚也是有限的，

商鞅制定的刑法从实际上并没有完全打破阶级的限定，使得法律的适用范围覆盖到所有的阶层。部分性的豁免权可以说是破坏了商鞅制定法律的初衷与神圣性。这是商鞅甚至是法家的致命伤。商鞅最终惨死，和这有着很大的关系。

在赵良看来，商鞅改革的另外一个错失就是自己接受了秦孝公的十五城的封地。虽然从贡献上看，商鞅是配得上这些封地的，但是商鞅改革的主体内容就是解散封建体制，收回贵族封地，使得爵秩与封土脱钩。当其他宗室贵族的封地逐一被收回，商鞅自己不但不能以身作则，反而带头破坏自己的法律。商鞅无法超越人治之外，使得秦法彻底成为一种并不完善的制度。

赵良在说完这一切后，司马迁记载后写下了"弗从"。从这一点看，为了秦国，为了自己心中的理想，商鞅已经抱定了必死的信念。

第四章
悲情末路

商鞅在秦国所主持的变法，虽然对整个秦国的发展贡献巨大，但是也不可避免地侵犯了一小部分人的利益。后来，当这小部分人的势力逐渐壮大以后，他们对于商鞅的怨恨也就逐步变成了实际行动。再加上商鞅失去了最高统治者作为保护伞，他的悲惨命运就悄然拉开了帷幕。值得庆幸的是，历史毕竟给了商鞅客观而正面的评价，这也让秦国由此进入了高速发展的轨道。

无处可逃

商鞅是一个绝顶聪明的人，从历史的记载上来看，商鞅也不是那种贪图富贵的人。他不是看不到自己的危险。事实上，商鞅的执着，同样也是法家的坚持。

在商鞅之前，我们基本上看不到任何一名法家成功地构架出相当完整的法家制度。在法家之后，我们也看不到任何一家能像法家一样构建出如此周密和完整的制度。商鞅执政18年，再加上三年的布衣生涯，总共21年。在秦统一天下之前，没有任何一名法家在单一的国家内有如此长时间的逗留并且一直掌握政权。

在商鞅执着的坚持下，他为法家创造了一个辉煌的时代。根据历史的记载和总结，在商鞅的执着以及坚持下，商鞅对秦国的改造初步是成功的。对于秦国来说，商鞅变法的内容是崭新的，它的精神是超越时代的。经过将近20年的坚持，它使得秦国国富兵强，为秦国奠定了强国的基础。商鞅受到了赞誉，实现了自己的政治理想，但是也即将为此付出沉重的代价，那就是自己的生命。而时间就在赵良与商鞅交谈后不久。

史书记载，就在赵良对商鞅进行劝说后的五个月，秦孝公病倒了。从资料上来看，这次病得还很严重。此时，秦国的政局开始发生变化。根据《战国策》中的记载，秦孝公在重病之下萌发了一个让所有人都没有想到的念头，那就是想要将王位传给商鞅，结果是"鞅辞，不受"。这件事的真伪现在已经无从考证了，其他史书也没有类似的记载。从历史上来看，在远古时期虽然有禅让的传说，但是到秦孝公时，天下各国并没有先例。秦孝公有这样的想法，在历史上也是很少见的。但是无论如何，秦孝公对商鞅的信赖早就已经超越了普通君臣之间应该有的界限。

公元前338年，秦孝公病逝，继位的是秦惠王。秦惠王做太子时，曾因触犯商鞅制定的新法而被治罪，如今当上国君，对商鞅自然不会有好感。秦惠王很少找商鞅商议国事，商鞅逐渐被排挤出中央核心权力圈。

商鞅知秦惠王与自己芥蒂很深，因此心存疑惧，越来越觉得赵良的话有道理，更觉得此时变法已经成功，秦国不需要自己了，便祈求回到封地养病。

有商鞅在身边，秦惠王也觉得非常不自在，但是他劳苦功高，不能轻易治罪，正好他自己请辞，便同意了商鞅的请求。

回到封地，商鞅也自知功高盖主，从此闭门谢客，轻车简从，不问政事，只想安心过几年舒服日子。

数次变法，商鞅打破了太多人的饭碗，得罪了太多人，怎么可能顺利颐养天年。很快，灾祸就落到了商鞅头上。

在这个时候，一直饱受商鞅打压的贵族开始向秦惠王进言，而这其中的代表就是曾经被商鞅惩罚的公子虔。公子虔说道："大臣权威太重，则国家危亡；左右侍臣太亲近则危机潜伏。如今秦国的妇人婴儿都在说商鞅制定的法令，没人说大王制定的法令。商鞅简直已经成为主人，大王反而为臣了。而且商鞅是您的仇敌，愿大王尽快杀掉他。"

这番话有着很煽情的一面。秦惠王属于保守的一方，公子虔又曾经受过商鞅的惩罚，所以才有了《史记》中的记载："公子虔之徒告商君欲反。"于是，商鞅无可奈何，只能出走逃亡。但是受制于自己定下的苛责的规则，商鞅无处可逃。

从这段话语来说，以公子虔为代表的贵族集团诛杀商鞅的理由有三点：

第一点就是"世人皆知商君之法，不知有国君之法"。意思是说商鞅的声望和权威远远超过了国君本人。

第二点就是说商鞅虽然原来对孝公忠诚，但却不可能忠诚于新国君。他居功自傲，却又从身份上惧怕新君。

第三点就是秦惠王在还是太子的时候就已经和商鞅结下了仇怨。秦惠王应该知道商鞅不可能谋反，但是这确实是杀掉商鞅的一个绝好理由。

尽管商鞅知道公子虔等人恨自己，但是没想到他们动作这么迅速。更没有想到，自己为秦国操劳这么多年，为秦国立下了汗马功劳，秦惠王居然不听秦孝公的遗嘱，仍然要对自己下毒手。商鞅这时候也没有办法，只好带着家属和几名随从，赶紧逃命。

商鞅等人一直逃到了边关，这时又累又饿想要找家旅店歇息。旅店主人不知道来的人就是商鞅，便叫他们出示官府所颁发的证件。商鞅等人走得非常匆忙，怎么会还记得带证件呢，只好央求店主帮帮忙。但是店主不敢让他们住店，只是对他们道："商君之法规定'舍人无验者连坐'，小人不敢触犯法律，你们还是到别处去吧。"

商鞅长长地叹息说："哎呀！制定新法的贻害竟然到了这样的地步！"

在走投无路之时，商鞅想到了魏国，也许魏国还能够收留一下他，便带着家眷和随从潜逃到了魏国。

但是魏国人憎恨商鞅当年以欺骗的手段俘获了公子卬，让魏国元气大伤。因此魏国拒绝商鞅进入魏国。无奈之下，商鞅退而求其次，准备通过魏国进入到其他国家，但是商鞅最后的希望也破灭了。魏国认定商鞅是秦国的逃犯，此时面对已经强大的秦国，如果将商鞅放走，那魏国就会和秦国结怨。所以，魏国拒绝了商鞅。

商鞅再回到秦国后，就潜逃到他的封地商邑，和他的部属发动邑中的士兵，向北攻击郑国谋求生路。秦国出兵攻打，在郑国黾池把他杀死。秦惠王把商鞅五马分尸示众，说"不要像商鞅那样谋反"，并诛灭了商鞅全家。

作茧自缚

秦惠王因为将秦国的功臣商鞅残忍杀害，而被后世视作毫无眼光的昏君。但事实真的是这样吗？透过历史的迷雾，我们可以看到，秦惠王是一个极富政治智慧的人。

首先，秦惠王选择杀掉商鞅，并不反反是因为商鞅在秦惠王做太子的时候冒犯了他，而是出于贵族集团整体的利益选择。当然，这在一定程度上说也是秦惠王不得已而为之的选择。秦惠王要杀掉商鞅的重要理由就是他要树立起自己的权威。秦惠王倒不是要在商鞅的面前树立权威，而是在宗室贵族面前树立权威。新君继位，最担心的状况恐怕就是自己的命令无人执行。尤其是商鞅在秦国的贡献和影响是其他人无法比拟的，作为新君，如果能够惩治商鞅，无疑可以起到极好的敲山震虎的作用。

其次，惩治商鞅也有利于缓解一下商鞅长期推行铁血政策所导致的紧张和高压的社会状态。因为在商鞅生活的后期，不仅是王公贵族，就连普通百姓也都开始抱怨商鞅实在是太过于严厉和苛刻了。

再者，秦惠王也明白一个道理，那就是即便惩治商鞅，也绝对不会给秦国带来动荡。这是因为两点，一是秦惠王严格限制了打击的范围，只是诛灭了商鞅家族，并不波及和株连整个支持变法的集团。其二，即便杀掉商鞅，也不会从根本上废除孝公和商鞅所建立起来的基本法律秩序，不会影响到社会的正常运转。

最后一点，商鞅死后，商鞅制定的基本国策将继续执行。这就让贵族集团既杀掉了商鞅解恨，但他制定的政策也得以完整保留。

综上可以得知，秦惠王确实是一个很有头脑和政治智慧的人，他选择了惩治商鞅，一是因为商鞅本人的性格，同时更重要的就是自我统治的需要。通过这样的方式，秦惠王完成了政治中心的转移，将这样一场政治变故的代价降到了最低。

看到史料中商鞅的结局，这的确让人唏嘘不已。在逃亡的路上，当他被那群复仇者逼得走投无路的时候，无奈之下的商鞅只好带着他寥寥的随从北上，希望做最后的困兽之斗，但是这种斗争很明显是徒劳无功的。此时偌大的秦国已经没有了他的容身之所，那些显赫的官衔和封号，甚至连同商予十五邑的封地早已经与他无关。商鞅想要逃到六国，但是山东各诸侯国却纷纷对这位变法的先行者关闭了大门。天下之大，国家之多，竟然没有一处可以容身，这对于名满天下的商鞅来说无疑是一种讽刺。更为讽刺的是，眼前这张看不见但是无处不在的网的编织者恰恰是商鞅本人。

当初商鞅在秦变法，所奉行的一个非常重要的政策就是提高社会的透明度，最好是能够消灭私人空间，形成一个完全透明的社会。在这样的社会里，每个人都处在国家和他人的监视之下。为了达到这样的目的，商鞅率先实行了一系列的制度，并且这些制度在中国的历史上获得了极强的生命力。这其中就包括了我们熟悉的户籍制度和连坐之法。他下令在全国范围内进行户籍登记，命令百姓不得擅自迁徙，这可以说是中国户口登记制度的滥觞。除此之外，商鞅还大力提倡告发之风。按照商鞅的规定，发现奸人如果不予告发同样是一种重罪；有告发官吏奸诈的，告发者可以承袭被告之官的职位。

这种举动在现代社会中看来都是很难理解的，但是这并没有结束。商鞅做事的风格是要么不做，要做的话就要做绝。商鞅甚至留下了这样的言语："至治，夫妻、交友不能相为弃恶盖非，而不害于亲，民人不能相为隐。"

这句话翻译过来就是治国的最高境界就是可以让夫妻、朋友不能相互掩盖罪行和错误，不因为彼此关系亲近就妨碍对国家的诚实，人民百姓不能相互隐瞒和遮盖。

读到这里，不知道有多少人会心头一颤。一个正常的社会，无论如何是不会出现这种情形的。但是这在商鞅眼里却是一种理所应当的举动。那商鞅为何要推崇这种行为呢？答案很简单，一个社会越是透明，对私人空间的挤占也就越严重，同时也就意味着对个人的控制也越发容易。

打一个比方，商鞅心目中完美的社会模型应该是一张巨大而敏感的蜘蛛网，帝王盘踞在中心，可以轻易触及任何微弱的信息。终其一生，商鞅都在打造这样的社会，但是最终的结果却是自己深陷其中无法自拔。

这看起来是一个悖论，实际上想要解释也并非难事。那就是商鞅太过于相信自己建立起来的那套富国强兵的体制，而忽略了基本的道德信条。聪明绝顶的商鞅并不是不知道这一点，但他面对着自己亲手建立起来的暴力机器依然是束手无策。早在商鞅被车裂前的五个月，赵良就警告过他："秦王一旦捐宾客而不立朝，秦国之所以收君者，岂其微哉？亡可翘足而待。"

但是商鞅却无处可逃。对于商鞅最后的结局，不同的史书上有着不同的记载，有记载说是被杀后车裂，有记载说是直接车裂。无论真实的历史是怎么样，商鞅的悲剧其实是早已经注定的了。

商鞅的悲剧既是个人性格的悲剧，比如孤傲、刻薄，不懂人情世故等，同时也是那个时代的悲剧。个人性格悲剧还比较容易理解，那时代悲剧又该如何解释呢？

商鞅所处的时代是一个变革的时代，商鞅选择当时还十分羸弱的秦国来施展自己的才华，可以说是贤君遇到良臣。但是这种微妙的关系是无法长久平衡的，在这种新旧势力的博弈中，秦孝公可以说是一个双方的缓冲器。而一旦失去这个缓冲器，商鞅即将面对的是传统和守旧势力的疯狂反扑。这样的情形之下，商鞅的悲剧在所难免。

那是一个最好的时代，各种学说和治国方略都能找到自己的生存土壤，但同时那也是一个最坏的时代。杀戮成为生活的一种常态，个人往往很难完全掌握住自己的命运。在那样的时代背景下，商鞅可以说是一个孤独的立法者。他订立了规矩，然后被自己所订立的规矩所累，最终身首异处。这大概是商鞅生前万万没有想到的吧。

人亡法未亡

在历史上，商鞅仿佛一个无法进入庙堂之上的幽灵。他的施政手段虽然有些暴烈，但是确确实实达到了强盛国家和统一天下的目的，事实也证明是相当可行的。苏轼在猛烈批评商鞅的同时也不得不承认一个事实，那就是："自汉以来，学者耻言商鞅、桑弘羊，而世主独甘心焉，皆阳讳其名而阴用其实。"后人提及商鞅变法，脑中想到就是让秦国从一个弱小之国变成了虎狼之师。事实上，商鞅可以说是彻底改变了当时战国乃至后来的政治和经济生态。即便在商鞅死后，他的基本治国理念依然顽强地延续了下来。这就有了一个问题，那商鞅树立的秦政法缘何会有如此强大的生命力呢？

首先这是当时生存环境所致。随着众多诸侯国消失和重组，生存是每个君主所要考虑的首要问题。秦孝公之所以发布求贤令，大胆任命商鞅进行变法，有一个非常重要的原因就是当时秦国如再不做改变，国将不国。尤其是对于一个没有多少传统观念束缚的君主而言，只要能够让家国富强，在战争中能够取得胜利，手段可以无所不用。在今天看来，这是彻彻底底的实用主义，但是有勇气这样做的君主并不是很多。

其次就是商鞅在秦所推行的种种政策从某种角度上来讲是暗合了整个时代的变迁。而这个时代就是中央集权的建立和完善。商鞅在秦推行变法之时，主政的秦孝公年方22岁，负责操盘的商鞅刚过而立之年，恰逢血气方刚的年龄。当这两个人在一起的时候，战争成为检验这场变法是否成功的唯一标准。

战争可以说是让一个国家强大和稳定的最好办法。这有点像游戏中的贪食蛇，战争往往是一个国家的起点，但也是终点。在商鞅眼中，一个国家贫穷就应该打仗，这样就可以把不好的东西输送到那里，就不会产生大量的文士和商人；当国家富足而不发动战争时，儒生和商人就会泛滥，国家就会变得羸弱。

商鞅的强国之术可以说是中国历史上的首创，虽然残酷而严厉，但是深得历代君主的认同。而这种认同的基础就是国家主义。

商鞅变法中所推行的众多制度，比如军衔制度和君爵制度，乃至在前文中提到的土地改革、统一度量衡和户籍制度等，这些制度的发明者并不都是商鞅，但是基本上是因商鞅而发扬光大。并且在这些制度的实施过程中，他进行了系统的、长期而有效的实验。单单从这个角度上来讲，商鞅可以算作中央集权制度的奠基人。

作为集权主义思想的推崇者，后世很少有人能够超过商鞅。商鞅由此遭受了后世的非议，但是他的这种精神并没有消亡。即便后世的政治家没有商鞅这般说得直白，干得坚决，但是商鞅的两个理念始终不曾被后世放弃。

第一个理念就是不能让民众太过富足，太有思想。这在后世就集体演化成一种系统的愚民政策，后世人们可以见到的舆论压制，尊崇一家学说，自我神化等诸多手段其实都已经是商鞅使用过的了。

商鞅的第二个理念就是将国家的强大远远放在民众富足之前，始终在强调"国强民安"而不是"国强民富"。而商鞅眼中的"安",也就是听话,不给国家捣乱,在年份好的时候能吃饱,饥荒的年份不被饿死,就已经可以称得上是善政了。

功过评说

说起商鞅,人们最容易联想到的词语有两个,一个是"徙木立信",另一个就是"作法自毙"。"徙木立信"标志着商鞅变法正式拉开了帷幕,它向秦国国民传达出的是一种变法的坚定决心和信心。而"作法自毙"则是商鞅变法的落幕,也标志着商鞅最后人生结局的悲剧。

提及"作法自毙"这个词,在大多数人的意识里,它已经成为一个贬义词,有种自作自受,搬起石头砸自己的脚的意思。从"徙木立信"到"作法自毙",这对商鞅来说甚至可以算作是一种绝妙的讽刺。

在中国的历史上,自汉代以来,人们大多是"耻与商韩为伍"。所谓"商韩"指的就是商鞅和韩非子。这句话的意思人们大多不愿被指责为法家,而那些政治中人尤其不愿意公开以法家自居。

在历史的记载中,商鞅被车裂后,并没有连坐其他人。按照当时的习俗,商鞅执政将近20年,其学生以及门生肯定不在少数。史书并没有记载他们在商鞅死后遭遇迫害,那就是说他们依然停留在秦国。也正是基于这样的原因,商鞅虽然被诛灭,但是他的学生以及追随他的人仍然在各个角落发挥着另外的作用,这就是后人所称的"商学派"

商学派所尊崇的人自然是商鞅，而商鞅在世的时候留下了自己一生中最为看重的著作，那就是《商君书》。自从秦孝公开始，秦国在政治方面基本上都遵从了商鞅及其学派的主导思想。商学派跨越的时间很长，所谓的商学派并不完全是商鞅亲自挑选的学生，也有很多并不是商鞅的直系弟子。从思想上说，只要认可商鞅所提出的农战思想，以秦孝公变法以后秦国强国主张为主要认同对象，就可以称作商学派。

《商君书》共二十余篇，除了部分可以确定是商鞅作品之外，其他作品的风格和写文笔很明显并非出自一人之手。总而言之，自从商鞅被车裂以后，他的门生和党属自成一个派系，一方面在政治上继续坚持商法，另外一方面则继续发挥商鞅思想，撰写商学派思想体系，最终形成了《商君书》。

商鞅及其学派对秦国以及整个中国的历史都产生了及其重大影响。在整个先秦的政治环境中，几乎没有一个学派对中国的历史发展有着如此深刻的影响，而这种影响不仅仅限于当时，也一直延续到了数千年之后。

第二篇

张仪
——舌尖上的天下

张仪学成之后首先到楚国谋事。一次饮宴，楚相忽然丢了一块玉璧，大家都以张仪最穷为由，诬陷是他偷了玉璧。楚相遂命人将他抓了起来，让他交出玉璧。张仪自然交不出，遭受酷刑拷打才被放掉。回到家之后，妻子也责怪他读书无用，张仪却问自己的舌头还在不在。妻子回答说在，张仪便不复多言了。后来，张仪出任秦国丞相，写信给楚相说："当时我在您的门下做宾客，您不能保护好自己的玉璧，反而让我蒙冤受罪；如今，我请您保护好自己的国家，因为我就要去偷您的城池了！"

第一章
捭阖策

如果说这个世界上绝大多数人都会说话，那么一个人想要把话说到最好，无疑就成了一件难比登天的事。但是张仪显然做到了这一点，他虽然出身卑微，却凭借一条三寸不烂之舌纵横天下。通过自己的努力，张仪不仅成功拜在当世俊杰鬼谷子门下为徒，而且出师之后立即一鸣惊人，闻名天下。

吾舌

随着兼并战争的日趋激烈，七雄并立的"国际"秩序很快被打破。此后各国之间"务在强兵并敌，谋诈用而从衡短长之说起。矫称蠭出，誓盟不信，虽置质剖符犹不能约束也"。

这里所说的"从横短长之说"，就是如今我们所说的合纵连横。此时，合纵连横打破了七雄并立的格局，成为各国军事外交的重要主题。

先秦典籍《韩非子》说："纵者，合众弱以攻一强也；横者，事一强以攻众弱也。"为了达到这样的目标，在先秦诸子中产生了一个特殊的群体——纵横家。纵横家可以说是我国最早的，同样也是最特殊的外交家。他们通过辩才，向各国推行自己的政治主张，成为左右国家前途和命运的纽带。他们本身也建功立业，名垂后世。

按照顾炎武的说法，当时"邦无定交，士无定主"。在这样格局纷争、不能稳固统一的情况下，士人阶层可以"择良木而息"，甚至可以"货卖多家"。他们的智慧迎合了当时诸国的需要，各诸侯国也给了他们施展才华的舞台，甚至一些出身贫寒的士子凭借智慧和三寸不烂之舌，就能执掌相印，左右天下的走向。

张仪、公孙衍、田文、苏秦等著名纵横家，游走于诸侯之间，连横合纵，顺势而为，不断操纵着复杂的天下格局。

如今普遍认为，合纵连横军事外交活动发端于马陵之战。公元前341年，魏国发兵攻打韩国，韩国向齐国求救。齐国应允救援，以促韩国竭力抗魏国。齐威王以田忌为主将，田婴、田盼为副将，孙膑为军师，运用"围魏救赵"战法，率军直趋魏都大梁（今河南开封），诱使魏军回救，以解韩国之困。魏国军队在大将庞涓的率领下，一步步走进了孙膑设计的圈套内，最终兵败自杀。

自齐魏马陵战争之后，魏国日益削弱，而相反的则是秦国实力日益强大，东进野心日益暴露，这就势必引起秦与东方国家的矛盾日益尖锐化。与此同时，由于东方六国之间存在着根本的矛盾冲突，以及东方各国与秦国的矛盾事实上存在着差别，即不同程度的利害冲突，因而也就反映为列国或纵或横的极其复杂、极其微妙的外交关系和军事行动。这就是战国年间合纵连横出现的基本形势，战国初期的争霸战争逐渐发展成为纵横战争的格局。

马陵之战后，魏国在河西之战、岸门之战中连遭秦的打击。面对强大的秦国，魏国不得不调整军事外交策略。

岸门之战后不久，魏惠王任命惠施为魏相。惠施提出了"魏合于齐、楚以案兵"的策略，魏国和齐国之间的军事外交活动逐渐展开。惠施建议魏惠王"变服折节而朝齐"，并由田婴策划顺利实施。

惠施联合齐国和楚国的最终目的是让楚国消耗齐国的国力，达到"以楚毁齐"的目的，从而坐收渔人之利。

魏惠王三十七年（前344年），魏惠王率领韩国和一些小国到徐州（山东滕县东南）朝见齐威王，尊齐威王为王。齐威王不敢独自称王，于是也承认魏的王号，史称"徐州相王"。惠王并改此年为后元年（前334年）。

齐、魏"徐州相王"后，楚国对此非常不满。本来楚国是唯一一个称王的国家，齐魏互相称王无疑挑战了楚国的权威。因此楚威王对此愤怒不已，"寝不寐，食不饱"。公元前333年，楚威王领大军伐齐，赵国、燕国也乘机出兵攻齐。

惠施作为魏、齐等国合纵的组织者，在诸侯间享有很高的声望。就在惠施大展拳脚的时候，合纵联横的重要人物张仪还只是一介寒士。

张仪是魏国人，但是并非名门之后，也不像惠施一样名满天下，因此受了很多苦。但是他坚信自己的才能终有得到施展的一天。

据说他曾经在楚国令尹（即楚相）昭阳门下担任门客，有一次，令尹昭阳大宴宾客，张仪因门客身份也得以参加。然而当宴会结束之后，令尹昭阳发现自己身上佩戴的一块玉璧不见了。在当时玉器价值很高，玉璧更是玉器中的极品，一般富裕的人家都佩戴不起。

令尹昭阳认为定是有人在宴会上趁机偷走了，就要搜查是谁偷了玉璧。门客们都一口咬定是张仪偷了玉璧，理由是："张仪这个人素来贫穷，因此行为不检点，玉璧一定是他偷的。"

张仪自然不会承认，但是他们已经咬定是张仪所为，无论怎么解释都没有用。后来气急败坏之下，他们索性将张仪抓起来，打了几百板子。张仪被打得皮开肉绽，血流满地。张仪死不开口，众人也没有办法，总不能没有证据将他打死，便将他放了。

回到家中，他的妻子又是心疼又是生气道："如果你不读书，又怎么会受到这番侮辱呢？"

张仪张开口，对着妻子道："你看我的舌头还在吗？"

妻子又气又好笑道："舌头当然还在。"

张仪叹口气道："只要舌头还在，这就够了。"

舌头不只用来吃饭，更重要的作用是说话。有了舌头就能将自己的想法表达出来，就能游说诸侯。舌头就是张仪的立身之木，在将来，搅动天下的不是精兵良将，而是辩士的三寸之舌。无论发生什么事，只要舌头还在，本领就能施展，其他的事就没有什么大不了的。

出了这样的事，楚国令尹昭阳府自然是待不下去了，张仪只好另想办法。在养病的时候，看着妻子为了粮食到处奔波，张仪的心里也非常不好受。

有一天，一个朋友从赵地回到楚国，告诉了张仪的一个消息："苏秦在赵国发迹了，受到了赵王重用。"

听到这个消息后，张仪非常高兴。苏秦是张仪的师弟，他便想到赵国都城邯郸投奔苏秦。凭借两人之间的关系，苏秦定能帮助自己，起码不至于经受那囊中羞涩之苦。

入秦

公元前322年，秦惠王任命公孙衍为大良造，出兵攻打魏国。此时魏国既无精兵，又缺少良将，根本抵挡不住秦国的攻势，只好割地求和，将魏国秦国交界处的尹晋（今陕西华阴东）割让给了秦国。此地正是公孙衍的家乡。

然而秦国仍旧不满意，还想继续向西占领河西之地。五十多年前，魏国名将白起率领七万士兵在此地打败了秦国50万大军，从而占据了河西之地。河西之地是秦国通向中原的门户，截断河西，就等于截断了秦国通向中原的大门，其意义怎么说都不为过。

这时候楚国也趁机派兵攻打魏国。这对于想要合纵的苏秦来说，无疑非常不利。如果魏国在楚国和秦国的夹击下灭亡，天下谁还敢响应合纵抗秦的主张呢！这时苏秦想到了自己的同门师兄——张仪。

当年张仪和苏秦同在鬼谷子门下学习时，对张仪的学问，苏秦自愧不如。

正在这时候，张仪来到了赵国都城邯郸，希望借助同门师弟苏秦的力量，混口饭吃。理想和现实间的差距非常大，张仪虽然来到了邯郸，也找到了苏秦的府第，但是当张仪前去求见时，竟得不到苏秦的接见。

在此之前，苏秦已经告诫门下之人，不许为张仪通告。落魄的张仪已经没有面目再次回到家乡了，只有继续徘徊在苏秦府第门前。如此数日之后，苏秦才接见了张仪。

面对昔日的同门，苏秦没有在堂上接见，而是让张仪坐在堂下，这是对待不重要的下级才会做的事。几句闲聊之后，苏秦不冷不热，让张仪分外难受。

到了吃饭的时候，苏秦自己吃的是山珍海味，摆在张仪面前的只是奴仆吃的食物。张仪有求于人不好发作，只好委婉道："如今我到您这里，希望您念在往日的情分上，帮我谋个一官半职。"

苏秦吃着美味，淡淡地道："以你的才能，却让自己穷困潦倒到这种地步。难道我不能举荐你，使你富贵吗？只是你实在是不值得录用罢了。"

张仪本指望苏秦念在往日的情分，能够帮助自己，没想到竟屡遭羞辱。盛怒之下，饭也不吃了，竟拂袖而去。

此时的张仪虽胸有大才，奈何正是落魄的时候。他想到只有秦国能够让赵国受辱，于是便要到秦国去。

不久之后，苏秦对身边一个亲近门客道："张仪才能卓绝，天下少有，我是比不上他的。我比他机遇好，先受到了重用，享受富贵。但是能够执掌秦国权柄的，只有张仪才行。但是，如今他生活困窘，没有进阶之路，我担心他为了小利而满足现状，不能成就大业，所以才将其招来，侮辱一番，希望能激发他的意志。你要替我暗中侍奉张仪，务必让他拜见秦惠王，掌握秦国权柄。"门客自是点头应诺。

苏秦不但派人跟着张仪，还禀明赵王，让赵王发给舍人财物和车，让这名门客暗中跟随张仪，和张仪同住一间客栈，逐渐接近张仪，并赠送给他金钱车马，凡是其所需，都要供给，但是不能告诉张仪实情。

在苏秦门客的帮助下，张仪顺利来到秦国，并见到了秦惠王。张仪将连横的想法对秦惠王托盘而出，因此受到了惠王的重用，并任用他为客卿。

正在张仪刚刚得志的时候，苏秦派来的门客便要告辞离开。

张仪不舍道："没有您的帮助就没有我的今天，如今我已经显贵，正是要报答您的恩情的时候，为什么要离开呢？"

那位门客这时候才对张仪说出实情："我不了解您，真正了解您的是苏先生。苏先生担心秦国攻打赵国，破坏合纵之盟，认为您最适合执掌秦国大权，所以才激您来秦国。我则是被派来暗中为您提供帮助的，这都是苏先生安排好的。如今您已经显贵，我也该回去复命了。"

张仪叹口气道："这些权术我都是学习过的，却没有想到，我不如苏君呀！如今我刚刚受到重用，哪敢图谋攻打赵国呢？请您替我感谢苏君，我不会图谋赵国。"

初见秦惠王

张仪的连横学说非常对秦惠王的胃口，他见到秦惠王后，对其道："我听人说过这么一句话：自己不懂的事情就随便发表议论，那是不聪明的做法；如果是自己看得非常明白的事情却不站出来讲清楚，那是不忠实的表现。为人臣子，如果不忠就应当处死，说话不谨慎也是应当处死的。虽然这样，我还是愿意把我所知道的情况全部讲出来，至于我是不是有罪就请大王裁决吧。我听说四海之内，北方的燕国和南方的魏国又在联络楚国与齐国结盟，继而收罗残余的韩国势力组成合纵的阵势，打算面对西方与秦国为敌。这件事我私下还是觉得可笑的，他们也太不自量力了。世界上有三种情况会使国家灭亡，如今天下诸侯攻秦的行为恰恰就是这三种情况。据我了解这三种情况大约就是'以纪律混乱的军队去攻打治理严明的军队必遭灭亡，以邪恶的军队去攻打作风正派的军队必遭灭亡，以违背道义的军队去攻打顺应民心的军队必遭灭亡'。现实的情况是天下诸侯储备财物的仓库并不充实，囤积粮食的仓库也已经空虚了，他们便强迫他们的人民入伍，以此来扩充自己的军队达到几百万，可是这样强迫组织起来的军队，在与敌军兵刃相见的时候，即使后面有自己的长官监督着，仍然会退缩逃跑，他们是不敢去拼命的。这种情况怎么可以怪罪人民不能拼死作战呢？其实是上面的统治者不能带头冲杀而已。他们只是口头上说有赏赐，但却不曾兑现过，口头上说要惩罚，却从未执行过。如此赏罚不明，所以导致人民都不肯为国拼命。

"再看咱们秦国的情况，可谓是号令鲜明，赏罚明确，都是根据实际情况对有功和无功的人进行奖罚。咱们秦国的老百姓，从离开父母的怀抱，就没有见过敌人，如今，一听说要打仗便立即袒胸露臂，踊跃参战，即使徒手空拳也敢与敌人的刀剑相拼，光着脚也敢从火炭上践踏过去，有如此决心与敌人决一死战的战士可谓比比皆是。我们都知道不畏战死与贪生怕死是截然不同的，但是咱们秦国的勇士情愿去死，这是因为他们将勇敢看成高贵品质的缘故。有这样的心态驱使，一个人就可以战胜对方十人，十人就可以战胜对方100个人了，那么100个战士就可以战胜对方1000人，千人就可以战胜万人，万人便可以战胜全天下的敌人了。现如今，秦国的疆土截长补短，方圆也有几千里了，军队也有几百万之多，再加上秦国的号令赏罚分明，地势险峻有利，这些都是天下各诸侯国所没有的。我们就利用这些优势去与各诸侯争雄，区区天下根本就不够秦国占有的。经过这么一番分析，就可以了解到秦军出战是不可能不取胜的，进攻也不会有占领不了的地方，前来迎战的敌人也没有不被击破的。这样一来，秦国就可以开拓数千里的土地，这将是多么伟大的功业。可是，现在的情况却是秦军疲顿，人民贫困，积蓄亏空，田园荒芜，粮仓空虚，四邻的诸侯都不肯臣服，秦国的霸主地位也没有树立起来，导致这一切的原因没有别的，就是谋臣不能尽忠的缘故。

"请让我再举几个过去的例子来证明一下。从前齐国向南攻破了楚国，向东击破了宋国，在西边征服了秦国，在北边打败了燕国，在中原地带又指使韩、魏两国的国君。齐国于是得以土地辽阔、兵力强盛，攻无不克，战无不胜，甚至可以号令天下，号令各国诸侯。齐国边上的清清济水和混浊黄河，都是齐国军事上的障碍，那长城和钜坊则完全可以作为自己的城墙。齐国是一连五次战争都获得胜利的强国，但是只打了一次败仗就灭亡了。所以这么看来，战争是足以决定一个万乘大国的生死存亡的。

"我还听说'斩草要除根，做事不可以留下祸端，这样灾祸就能杜绝了'。曾经，秦国与楚国开战，一举将楚国攻破，不仅袭取了它的郢都，还占领了洞庭湖、五渚、江南等地，迫使楚王一直向东逃亡而藏身陈地。如果那个时候，秦军能继续向楚地进军的话，那么一定就可以完全占领楚国了。只要占领了楚国，即使人民再贪婪，楚国土地上的物产也足可以满足他们的需要。这样还能在东面削弱齐国和燕国，中部又可以凌驾于韩、赵、魏三国之上。如果这一行动能够实现，就可以成就您的霸主地位，四邻诸侯国就一定会前来俯首称臣了。可是，大王，您的手下的谋臣却不肯这样做，反而引兵退却，去与楚人讲和。现在楚国收复了已经失去的土地，聚集逃散的民众，并重新修建了祭祀社稷和供奉土神、谷神的庙宇，然后他们又与天下诸侯结盟面向西面来与秦国为敌。这样一来，秦国便失去了一次称霸天下的机会。

"天下诸侯联合起来进攻秦国，并已经在华阳城下驻军了，所幸大王用计策击败了他们，而且一直进兵到大梁城外。如果当时能够继续围困它几十天，那么大梁就一定能够占取了。如果占取了大梁，那么魏国也自然就可以全部吞下了。如果占领了魏国，那么楚赵两国的联盟就会被拆散。楚、赵联盟一旦截断，赵国的处境就会非常危险了。只要赵国处于危境之中，楚国也就变得孤立无援了。这样的话，秦国在东面就可以削弱齐国和燕国，在中间又能抑制韩、赵、魏三国。如果这样的话，秦国也早就一举成为天下霸主，四邻的诸侯也一定前来朝贺了。可是，大王的谋臣们还是没有这样做，又领着兵士退却了，并与魏国讲和了事，于是又使得魏国有机会收复失去的土地，收集流散的百姓，并重新修建祭祀社稷和供奉土神、谷神的宗庙。这是秦国第二次失去成为霸主的机会。

"前不久您任命穰侯担任相国，治理秦国，可是他却想用一国的军队，去完成两个国家才能成就的功业。虽然让士兵在国外终日承受风吹雨淋，人民在国内也疲惫劳苦，可秦国的霸主名声终未成就，这是秦国第三次失去称霸天下的机会了。

"赵国的地理位置正是处在燕、齐、韩、魏这几个国家的中间，各国人民在此杂居的比较多，而且那里的人都非常轻浮不好驾驭，导致赵国的法律无法贯彻实施，赏罚也不守信用，地形更是不利于防守，统治者又不能充分调动人民的全部力量。这一切都暗示了赵国亡国的形势，再加上他们不懂得关心百姓疾苦，就知道招募全国的百姓征配到长平城下，去和韩国争夺上党。大王这时完全可以用计谋去攻破赵国，然后再攻陷武安。在这个时候，赵国君臣上下彼此之间不能同心同德，官员与百姓也失去信任，这样邯郸就不能保住了。如果秦军攻陷邯郸，然后在河间整顿军队，再继续率兵西进，攻占修武，越过羊肠险塞，就能降服代和上党。代有三十六县，上党有十七县，这两个地方可以说不用一兵甲、不劳一战士，就能全归秦国所有了。

"您想，代和上党不经过战争就能被秦国占有，赵国的东阳和河外等地方不经过战争就能划归齐国，中呼池以北的地方不经过战争也将属于燕国了。既然如此，攻陷赵国之后，韩国必然也会灭亡。韩国灭亡了，楚、魏自然就不能独立了。既然楚、魏不能独立，就能消灭韩国并损害魏国、接下来再挟制楚国，往东去削弱齐国和燕国，最后挖掘开白马津的渡口淹没魏国。这一举措完全可以使三晋灭亡，而且六国的合纵势力也将会彻底瓦解，大王就只坐在那里等着接管天下就可以了。到时诸侯各国会接连不断地向您降服，您的霸主之名也可以大功告成了。可是您的谋臣们还是没有这么去做,依旧是引兵退却,继而与赵国讲和。如今,就凭大王的英明、秦国的强大,不但连霸主的至尊地位没有得到,竟然被显露亡国迹象的赵国所欺骗,这一切都是因为谋臣们的愚昧笨拙所造成的。

"再说,赵国本该灭亡却没有灭亡,秦国本该称霸天下却没能称霸天下,天下人当然就都看清楚了秦国谋臣的水平高低,这是其一。秦国在全国征召士兵去攻打邯郸,却未能攻下来,以至于士兵们有的竟愤怒地丢弃了铠甲,有的却吓得直打哆嗦并往后退,天下人当然就看透了秦国的军队的实力,这是其二。军队退却下来以后,都在李城之下集结,大王却想再次整顿军队奋力征战,那是根本不可能会取得胜利的。双方战士都疲惫不堪,便纷纷罢兵退却,天下人当然又看透了秦国军队的战斗力,这是其三。于国内,人家看透了我们的谋臣;于国外,人家看清了我们的军队。这么看,天下合纵的力量岂不是更难对付了吗?秦国军队疲惫不堪,人民贫病交迫,再加上国家的积蓄亏空,田地荒芜,粮仓空虚,可是国外诸侯的合纵却团结牢固,一致对秦,望大王对目前的危急有所考虑才是。

"'小心翼翼,每天都要谨小慎微,如果谨慎得法,天下就能为我们所有。'我们怎么知道一定是这样的呢?从前商纣王当天子的时候,率领全国的百万将士,左边的军队还在淇谷饮马,右边的军队就已到恒河去喝水了,最后竟然将淇谷的水喝干了,恒河水也出现了断流,以如此雄壮众多的兵力去与周武王作战。可是武王却只带领了3000名身穿简陋盔甲的战士,只用了一天的时间,就将纣王的军队给打败了,不仅占领了殷商的国都,还抓住了纣王本人,因此武王得到了他的土地，还获得了他的人民，然而普天之下却没有人为他感到同情的。智伯率领韩赵魏三国的军队，前去晋阳去攻打赵襄子的时候，他曾挖开晋水的河堤想要淹了晋阳。经过三年的时间，晋阳城终于快撑不住了，于是赵襄子便用龟壳占卜的方法给自己算了一卦。他打算看看自己国家的命运到底如何，究竟谁会投降。然后他又派张孟谈偷偷出城，利用反间计去破坏韩、魏与智伯的联盟，在取得了韩魏两国的结盟后，又一起反攻智伯的军队，并抓住了智伯本人，以此才完成了赵襄王的功业。

"现如今，秦国的疆土截长补短，方圆也有几千里了，军队也有几百万之多，再加上秦国的号令赏罚分明，地势险峻有利，这些都是天下各诸侯国所没有的。我们就利用这些优势去与各诸侯争雄，以这种形势与天下诸侯争雄，整个天下一定可以被秦国兼并占有。

"我今天冒着死罪，就是希望能见到大王，来谈论如何破坏当今天下的合纵势力，然后去打击赵国，灭掉韩国，使楚、魏两国都俯首称臣，使齐、燕两国可以加盟，来完成大王的霸主大业，可以让四邻的诸侯都前来朝拜大王。大王姑且请试着听听我的策略，如果我的办法不能一举瓦解天下的合纵势力，赵国没有被攻陷，韩国也没有灭亡，楚、魏没有臣服，齐、燕也没有结盟，大王的霸主之名没有成功，四邻的诸侯也都没有前来朝拜，大王您就砍下我的头颅在全国游街示众，以此来警戒那些为大王谋划却不尽忠的人。"

这番奏对让张仪获得了秦惠王的信任。秦惠王和张仪交谈了一整天，便任命张仪为客卿，留在朝中担任参谋。

建功封相

张仪不只有条能说会道的三寸之舌，同样拥有卓越的行政能力。获得秦惠王的信任后，建功立业的机会很快就来了。

惠文王七年（前331年），义渠国发生内乱，张仪以庶长之职，被派往义渠平定内乱。"庶长"是秦国设置的官职，掌握军政大权，相当于各国的卿。商鞅变法，制定了二十等爵制度，第十级爵位到第十八级爵位都为"庶长"。张仪能够担任庶长，表明在秦国已经拥有了一定地位，很快他就会在平定义渠内乱中展现自己的才能了。

义渠国虽然不太有名，但在春秋战国时期是有名的少数民族强国，甚至能够与秦、魏抗衡，参与到中原强国的战争中。

义渠国在今天甘肃庆阳西南，在秦国西北边境。在商朝和周王朝两代千余年时间里，义渠民族就居住在庆阳地区。春秋战国时期，义渠建立起了强大的郡国，成为诸侯之一。义渠国有属于羌族和狄族两种说法，是由北方少数民族部落组成的部落，从未臣服于周王朝。

公元前444年，秦国大举讨伐义渠，俘虏了义渠王。但是在公元前430年，正是秦躁公十三年，义渠进攻秦国，深入秦国中心地区，甚至一直打到渭河以南。秦国和义渠常常在洛水流域交战，但是秦国仍然处于下风。

如果不能解决义渠国的威胁，那么秦国东进就会备受掣肘，横扫六合更是无从谈起。

惠文王七年，机会终于到来，义渠国发生内乱，张仪带兵进入义渠国，迅速平定了内乱。张仪首战告捷，义渠臣服于秦国。秦国西北方向的隐患被彻底清除了。惠文王更加看重张仪了。

解除义渠内乱之后，秦国已无后顾之忧，在停战两年之后，继续兴兵伐魏。秦惠王八年、魏惠王后元五年，秦国分南北两路向魏国大举进攻。北路由大良造公孙衍统率，直攻魏国雕阴（今陕西甘泉南），击败有4.5万人之众的魏军，俘获主将龙贾，攻克雕阴。南路则包围曲沃（今河南三门峡市西南）、焦（今三门峡市西）。魏国迫于军事压力，献河西之地向秦国求和。秦不仅未减缓攻势，反而于次年乘势渡过黄河，攻占魏国的汾阴（今山西万荣西南）、皮氏（今山西河津西），曲沃和焦也被攻克。

大良造公孙衍顾私利而忘公义，让秦国继续进攻西面的游牧民族。但是张仪告诉秦惠王，此时魏国四面受敌，应该继续攻打魏国，以扩大战果。魏国有霸主的根基，如果等到魏国重新缓过劲来，全力攻打秦国，秦国必然难以对付。

张仪的话让秦惠王如梦初醒，于是更加信任张仪。大良造公孙衍受到排斥，不得不离开秦国，到魏国做了将军。

公元前329年，楚威王熊商去世，楚怀王熊槐即位。魏国趁楚国举丧，发兵攻楚。魏国害怕在与楚国交战之时，秦国从后方攻打，遂许诺战胜楚国后将河西地区上郡（今陕西北部）献给秦，以换取秦的支持。

面对这样的情况，张仪对秦惠王说："咱们不如帮助魏国变得强大起来吧,如果魏国胜利了,它一定会再继续听命于秦国的,到时大王就能够得到靠近秦国的西河之地;如果不能取胜,那魏国自然也就守不住西河之地,大王便可以亲自将西河抢过来。"秦惠王便采纳了张仪的意见,从皮氏地区调派士兵一万人,战车100辆,就去援助魏国了。魏以公孙衍为将,率魏秦联军与楚军在陉山(今河南漯河东)交战,击败楚军,占领陉山。然而在对楚国的战争取得胜利后,魏国竟有反悔的意思。

这时,如果秦国强行攻打魏国,不是没有可能夺回河西之地,但是如果这样做,秦国不但得罪了楚国,连魏国一起得罪了。张仪便劝说秦惠王,将蒲阳与焦、曲沃归还给魏国,并让秦公子繇为"质"到魏国,以与魏修好。

春秋战国时期,战乱频繁,一些国家缔结盟约之时,常常将自己亲近的人派遣到对方国家作为"人质"。一旦合约撕毁,最先遭殃的就是人质了。两国也往往迫于有人质在对方手上,不会轻易撕毁盟约。往往是战败国,或者是弱小国家派遣人质到强国,很少有战胜国派遣人质到战败国的。

秦国将公子繇派遣到魏国为人质,自然获得了魏国的好感。之所以这么做,并不是真的想要两国交好,而是放长线钓大鱼。此时张仪已经开始施展其连横策略了。

不久之后,张仪出使魏国,找到合适的机会,便对魏王道:"秦国对待魏国如此宽厚,魏国不可不以礼相报。"

魏王虽然知道这是秦国的计谋,但是此时秦国势力正盛,魏国无力再与之开战。而且四面受敌的魏国也需要一个像秦国这样强大的盟友，以避免成为众国之敌。另一方面，秦惠王同时派人出使楚国，去游说楚怀王与秦国联合。使者对楚怀王道："楚国与秦国联合，既有德于秦国，又能削弱魏国。"楚怀王听后，自然应允，于是宣扬已经与秦国联合。

魏国得到消息后非常惊恐，终于将上郡十五县和少梁献给秦国，用以答谢秦惠王。

这片地方处于黄河以西，自此魏国在黄河以西的领土全部归属于秦。此时的魏国已经不能对秦国构成威胁了。

此时赵国西部临近上郡的地区对秦国的安全构成了威胁。张仪劝说秦惠王采取连横韩魏的策略，停止攻打魏国，联合魏国的力量，攻打赵国的西部地区。秦国在河西之地战胜了赵国，杀死了赵国将领赵疵，并渡河攻战离石（今属山西）、蔺（今离石西）。

拥有了河西之地，秦国便打通了东进中原的大门，为日后统一六国、扫平天下创造了条件。秦国将少梁更名为夏阳。魏国设立了河东郡，所辖今山西沁水以西、霍山以南地区，以防范秦国的进攻。

张仪凭借收回河西之地的功绩，被秦惠王封为相国。本来在秦国的官吏体制中，没有相国的职位，大良造这个职位就相当于其他国家的相国之职。秦惠王为了平衡政局，设立相国一职，与大良造同级。

张仪在实现自己人生目标的过程中，自然惹得一些人不满意，其中就有大良造公孙衍。公孙衍在商鞅死后，便担任大良造职务，为秦国立下了汗马功劳。他不满秦惠王对张仪的重用，便回到了魏国。

第二章
搅动天下

  一个人的能力到底有多大，不仅取决于他的个人能力，更取决于他所处的时代环境。张仪正式登上历史舞台，就兼具了以上两方面因素，这就让他以一己之力左右了时局发展，甚至改变了历史进程。可以说，张仪对秦国的贡献空前绝后，因为再也没有人能够具有他那样的才华，也再不会有那样的时代环境适合纵横家们施展自己合纵连横的策略。

张仪相魏

  公元前323年的五国相王，是魏惠王的第四次称王。此时魏惠文王已经执政47年，是个77岁的老人了。如果回顾他历次称王，就会发现，他每次称王，魏国的势力都是在下降的。

  魏惠王第一次称王是在彭泽之会，魏惠文王自封为王，魏国仍然非常强盛。第二次称王是徐州相王，这时马陵之战，魏国战败，颇有向齐王讨好的意味。第三次是秦惠王称王，魏惠文王和韩宣王前去道贺，秦惠王承认他的王位。第四次五国相王，是为了合纵抗衡秦国。但是实力强大的齐国和楚国都没有参加。甚至楚国还攻占了魏国八座城池，此时魏国的国力已经大不如以前了。

魏惠王开始反思自己的所作所为，同时"卑礼厚币"，招揽天下贤士。一时间天下贤士纷纷来到魏国，诸子百家争相兜售自己的治国学说。其中邹衍、淳于髡、孟轲等人都先后来到了魏国都城大梁。

作为儒家亚圣的孟子与魏惠王的会见最为著名，在《孟子》中详细描写了他们会面的场景。但是魏惠王没有接受孟子的观点，始终对他敬而远之。

公元前 322 年，一个人来到了魏国，这次魏惠王以崇高的礼节迎接这个人到来。与孟轲的落寞不同，这个人是真正能左右天下局势，甚至能改变一国命运的人，这人就是张仪。

张仪来到魏国是肩负着使命的，《史记》中记载得非常清楚："免相，相魏以为秦，欲令魏先事秦而诸侯效之。"张仪之所以到魏国是为了秦国的利益，自愿辞去相位，到魏国做相，是为了让魏国依附于秦国，从而让天下各国效仿魏国，以便和秦国结成联盟。

张仪本来就是魏国人，当年在落魄之时不能受到重用，此时已经是名满天下了，回到魏国任官完成秦惠王交代的任务再合适不过了。当时诸国混战，"贤士择良主而侍"的情况非常普遍。一个人到其他国家去做官的情况非常普遍，甚至有的人游说诸国，只要国君能接受自己的执政理念便为之服务，最有名的就是孔子周游列国以求取官位了。

例如公孙衍曾经是秦国的大良造，相当于宰相，后来到魏国为将，为魏国立下了不少功劳。因此对于贤士，各国莫不是争相邀请到自己的国家来。张仪愿意到魏国，魏惠王自然是欣喜万分，丝毫不觉得有什么不妥，并让张仪做了魏相。

魏国的地理位置非常特殊，正好挡在秦国东进的路上，正因如此，魏国对秦国的态度就非常重要。如果韩、赵、魏三晋结为一体，那么就能压制秦国，但是他们三国中的任何一个国家都不是秦国的对手。三晋之间并非铁板一块，他们之间同样存在着利益纠葛。因此魏国对秦国的态度非常暧昧，时而疏远，时而亲近。之所以这么频繁地连横合纵，就是希望在诸国复杂的关系间，寻找一个平衡点，以期获得最大的利益，起码尽量减少自己的损失。

对于秦国来说，只要争取到魏国，那么就能争取到韩国，这样一来赵国也就不足为虑了，便可以从容布局，有条不紊的施行自己的计划。因此，为了秦国的未来，张仪不惜以身犯险到魏国为相。

魏国原来的丞相惠施人称惠子，是战国时期著名的政治家和哲学家，是"名家"的创始人。他与庄子为友，常常在一起辩论。惠施向来主张合纵以抗击秦国，主张联合齐国和楚国，按兵等待秦国的攻击。

张仪和惠施的主张截然相反，张仪想要魏国与秦、韩两国联合起来，一起去攻打齐国和楚国。惠施却想让魏国与齐、楚两国联合起来，再一起去对抗秦国和韩国，从而制止天下诸侯之间的战争。魏王身边的大臣们大都从张仪那里得到了好处，便站在了张仪一边，不同意惠施的意见。

两人都是当时贤士，一山难容二虎，《战国策》中记载张仪在魏国用计谋赶走了惠施。惠施来到楚国后，楚怀王便接纳了他。被张仪排挤的惠施，在楚国也难以安身。

楚国大臣冯郝对楚怀王道："挤走惠施的可是张仪呀，可是大王您又与惠施结交，这等于是蔑视张仪，微臣觉得大王的做法不太可取。而惠施是因为张仪的陷害才来到楚国的，他一定也不喜欢您与张仪有交情，如果惠施知道了这个情况，他也一定不会来楚国。况且宋王一直很赏识惠施，诸侯中没有人不知道。如今惠施与张仪有过节，诸侯中也没有人不知道。现在您为了惠施的事情，就抛弃了张仪，微臣实在不能理解大王的做法。您是真的有些轻率呢，还是为了国家的大事？依微臣之见，大王最好帮助惠施到宋国去。然后，您可以对张仪说'寡人正是因为先生您才没有接纳惠施的'。张仪听了以后，一定会感激大王。对惠施而言，他如今是个遭人驱逐、境遇困窘的人，大王却如此帮助他，并把他送到宋国去，惠施也一定会感激大王。您这样做的话，既不失为张仪着想，又能使惠施感恩戴德。"

楚怀王觉得有道理，便将惠施礼送到了宋国。

后来惠施找机会又回到了魏国，对魏王道："一件小事，相同意见的人和不同意见的人都能各占一半，何况是一件大事呢？主张魏国联合秦、韩两国，去进攻齐、楚，这算得上是大事了吧，可大王的群臣意见都能如此统一，不知道这件事情真的是如此明显的可以去做呢，还是群臣的智谋真的就恰好完全一致了？其实这件事情真的是否能够去做，还没有达到如此明显的程度吧。所以群臣中应该会有另一半不同的声音出现，而群臣的认识一致，并不是因为他们的智谋恰好一致，而是因为君主已经被架空，从而听不到另一半的声音。有一半人的意见不能听到，就是所谓偏听偏信，这可是可以丧失国家的大祸啊！"

魏王恍然大悟，觉得还是大哲学家惠施说的有道理，就将张仪赶回了秦国，并重用公孙衍，让他游说楚、齐、燕、赵、韩等国，以合纵抗秦。

张仪回到秦国后，秦惠王恼羞成怒，便派兵攻打魏国河东地区，企图以武力推行其连横战略。

五国攻秦

公元前319年，魏惠王去世，魏襄王即位，使本来就非常复杂的局面更添变数。魏襄王即位的第二年，公孙衍发起"五国伐秦"，即魏、楚、韩、赵、燕五国联合出兵攻打秦国。五国之中楚国的实力最强，因此推举楚怀王为纵长，这也是楚国第一次担任纵长。五国合纵局面形成，他们的目的很明确就是反抗秦国。但是五国之间各有打算，楚国虽然为纵长，但是为了本国的利益并不轻举妄动；燕国距离秦国很远，更不会轻易出兵。实际上"五国伐秦"参战的只有三晋，韩、赵、魏三国。即使是这三国也没有用尽全力，三晋联军打到函谷关，秦军一反击，三晋联军便匆匆退去了。

公元前317年，秦国开始反击，派遣庶长樗里疾率秦军迎击。秦军出函谷关（今河南灵宝北），在修鱼（今河南原阳西南）与魏、赵、韩三国联军决战，联军大败，伤亡8.2万余人，韩将申差等被俘，第一次五国合纵抗秦以失败告终。此后，秦不断进攻韩、赵、魏三国，迫使韩国屈服，将太子仓押到秦国向秦求和。

为了争取魏国与秦国合纵，张仪便再次到魏国游说魏襄王。

张仪对魏襄王道："如今魏国的领土方圆还不到1000里，士兵也不超过30万人。而且贵国四周的地势平坦，没有高山深川的阻隔，与天下诸侯交往非常便利，就像是车轮的辐条聚集在车轴上一样。从郑国到魏国，不过一百里的路程；从陈国到魏国，也只有二百来里。人奔马驰，还没有感到疲倦就已经到了魏国。南边与楚国搭界，西边是韩国，北边是赵国，东边与齐国相邻，这种地势，以至于魏国的士兵要守卫四方的边界。戍守边境的小亭和屏障接连排列着。而且贵国运粮的河道和储米的粮仓也不少于十万。魏国的这种地势，真的是很容易发生战争。如果魏国向南友善楚国而冷落齐国，那齐国就会进攻你们的东面；如果是向东友善齐国而冷落赵国，那赵国就会从北面进攻你们；如果不与韩国友善，那韩国就会攻打你们的西面；如果不和楚国亲善，那南面就会陷入险境。这就是人们所说的国家容易四分五裂的地理位置。

现在已经加入合纵联盟的国家便联合天下诸侯，结为友好兄弟，并在洹水之滨宰杀白马，歃血为盟，以表明自己坚守信约。可即使是一母同胞的兄弟，也有因争权夺利而反目成仇的，何况是依靠欺诈虚伪、反复无常的苏秦所残留的策略而结成的同盟，更加不可能靠得住了，这很明显是不可能成功的。如果大王不向秦国臣服，那秦国就会举兵进攻魏国的河外，占领卷、衍、南燕、酸枣等地，同时胁迫卫国夺取晋阳，这样，赵国就不能南下来救援魏国了。既然赵国不能南下，那魏国也就不能北上去联合赵国。魏国无法联合赵国，那么合纵联盟的策略自然就瓦解了。合纵联盟的策略一旦瓦解，那大王的国家想要不再危险就是不可能的了。再者说，秦国若是胁迫韩国攻打魏国，韩国迫于秦国的压力，一定不敢不听从的。秦国和韩国结为一体，那魏国灭亡的日子也就不远了，这正是微臣担心大王的原因所在。微臣站在大王的角度考虑，您还是归顺秦国为上策。归顺秦国之后，楚韩两国必定不敢轻举妄动。没有了楚韩的骚扰，大王您就可以高枕无忧了，国家一定不会再有什么忧患了。

"再说，秦国最想要削弱的其实就是楚国，如今能抑制楚国的也就只有魏国了。楚国虽然背负着富足强大的盛名，但实际上却空虚得很。它的士兵虽然众多，但大部分都善于逃跑败退，不敢打硬仗。如果魏国出动军队向南去讨伐楚国，一定能大获全胜。这样看来，却是让楚国吃了大亏而魏国尽得便宜，既能攻打楚国获取利益，又能取悦秦国，既将灾祸转嫁给别人，又安定了自己的国家，这可是件极大的好事啊。大王如果不听从微臣的建议，等到秦兵出动的时候，您后悔可就来不及了。而且主张合纵联盟的人总是善于夸大其词、不足为信，他们游说哪个君主，出来的时候就会乘坐哪个君主赏赐给他的车子。只要能成功地联合一个诸侯，返回故国之后就具备了封侯的资本。所以天下的游说之士，没有谁不是日夜握紧手腕、瞪着眼睛、咬牙切齿地大加谈论合纵的好处，以此博得君主的欢心。君主们一旦被他们的言辞洗脑，就会受到他们的牵制，到时候还怎么不会头昏目眩呢？微臣可是听说即使是羽毛，多了也可以压沉船只；即使是很轻的东西，装得多了同样能将车轴压断；众人全都口出一词，即使是金子也足以将其融化。所以恳请大王能认真考虑一下这个问题。"

军事上遭到了惨败，在魏襄王看来，合纵政策已经失败了，只好接受张仪的意见，便对他道："寡人实在是太愚蠢了，导致以前的策略全部错误。如今，微臣愿意成为秦国东方的藩臣，并给秦王修建行宫，接受秦国的封赏，春秋两季会定时贡献祭品，并献上河外的土地。"

经过五国攻秦和修鱼之战，三晋的问题已经基本解决，秦国开始寻找下一个目标。

龙虎斗

在秦国南方与之接壤的除了强大的楚国外，还有巴国和蜀国。巴蜀地区农业发达，物产丰富，但是巴国和蜀国的军事实力都远远不如秦国。

巴蜀地区除了有巴国和蜀国，还有一个苴国，苴国是蜀国分封的侯国，但是却和巴国交好，常常和巴国联合起来抗击蜀国。同时苴国对内积极发展生产，逐渐成长为西南强国。虽然其国君为"汉中侯"，但是其势力范围远没有囊括整个汉中地区。

公元前316年，蜀国击败了来犯的巴国军队。此时蜀王势力正盛，决定讨伐苴国，另立苴侯。苴侯无奈之下向秦国求救，而蜀国也派人带着礼物到了秦国，目的是不让秦国帮助苴国。

然而对于秦国来说，些许礼物不算什么，道义也不算什么，秦惠王希望占领巴蜀地区。秦惠王要出动军队讨伐蜀国,又认为道路艰险狭窄,不容易到达。这时韩国又来侵犯秦国。秦惠王要先攻打韩国,然后再讨伐蜀国,恐怕有所不利;要先攻打蜀国,又恐怕韩国趁着久战疲惫之机来偷袭,犹豫不能决断。

秦国著名将领司马错认为应该先攻打蜀国,而张仪则对秦惠王道:"不如先讨伐韩国。"司马错和张仪在惠王面前争论不休,秦惠王对他们道:"那你们就请说说各自的理由,让我听一听。"

张仪先说道:"我们先去和魏国、楚国搞好关系,然后从三川这里出兵,占领辕辕、缑氏两地的关口要道,然后再挡住屯留的天险道路,同时让魏国去隔断甫阳,让楚国去迫近南郑,然后我们秦国就可以趁机攻下新城和宜阳,并一直进攻到西周东周的城郊,这时我们再去声讨周王的罪孽,然后再去占领楚国和魏国的土地。这时周王知道自己已经无路可逃,一定会献出九鼎这个传国之宝的。我们拥有了九鼎这个宝贝,然后再按照地图和户籍,就可以假借周天子之名向天下发号施令了,这样的话,天下还有谁敢不听从我们的呢?这可是成就霸主的伟大功业呢。可现在的蜀国只不过是西方的一个偏远国家,而且还是戎狄部落这样的野蛮人作为首领,我们去攻打它,不仅疲兵劳民,还不能因此而称霸天下,就是夺取了那块土地,我们也不能获得什么实际的利益。我经常听人这么说,'要想争名,就要到朝廷去,要想争利,就得到市场去'。现在的三川、周室,就好比是天下的朝廷和市场,大王您不去争夺这些地方,反而想去争夺戎狄这样偏远落后的小国,这与建立帝王大业也实在离得太远了。"

司马错反驳道:"不是这样的。我曾听说过这样的话,'要想使国家变得富强的，一定得先扩大自己的土地；要想加强军事力量，就一定得先让他的百姓富足起来；要想称霸天下，就一定要先广施他的仁政。这三个条件都具备了，称霸天下的事业自然就会随之而来'。现在咱们秦国的疆土小，百姓也不富裕，所以我还是觉得咱们先收拾比较容易对付的国家。蜀国是西方的偏僻小国，还是戎狄等野蛮部落的首领，而且他们正是处在夏桀、商纣时期的祸乱中，这种情况下，用我们秦国的兵力去攻打它，就好像是豺狼虎豹驱赶羊群一样，轻而易举地就能取得胜利。我们取得了他们的土地，就可以扩大疆土；得到了他们的财物，就能使百姓变得富足；剩下的就是管理好我们的军队，保证士兵一定不去打扰伤害民众，蜀国就会彻底降服的。所以我们吞并这样一个小国，天下的人也不会认为我们残暴；占有了蜀国的全部财富，各国诸侯也不会认为我们贪婪。所以说，我们只要这样的一次战斗，就可以实现名利双收，还能顺便获得一个制止蜀国暴虐并平息骚乱的好名声。可是，如果我们现在去攻打韩国，就是劫持天子，这可是很坏的名声了啊！这件事情我们不敢保证一定会有好处，反而还会落个不义的名声。去攻打天下人都不愿意攻打的国家，这是很危险的一件事！请让我来说明原因是什么：周王室如今还是天下名义上的宗主，而齐国、韩国则是周室的友好国家。如果我们发起进攻，周室肯定知道自己会失去九鼎，韩国也知道自己将失去三川，因此两国一定会通力合作，还会同齐国和赵国联合起来，然后就会向楚国和魏国求救。为了自保，周室肯定会把九鼎给楚国，韩国也会把三川给魏国，他们这样做，大王您是不能制止的。这就是我所说危险的原因，所以，我认为攻打韩国不如攻打蜀国稳妥。"

张仪实际上是看不起这些偏远小国的，主张攻打大国，以获取利益。而司马错主张先扩张自己的实力，然后再一举平定天下。如果直接吞并大国的话，难免让诸国警觉，从而合纵抗秦。况且巴蜀地域广阔，物产丰富，只要能够灭掉巴蜀，就能大大加强秦国的实力。而且巴蜀位于长江上游，拥有巴蜀之后秦国就对楚国的战争中占据更多优势。一面能够依靠武关，以武关外商予之地为进攻楚国的基地，沿丹水、汉水而下；另一方面于巴蜀顺长江而下，就能对楚国形成合围之势。于是秦惠王决定先伐蜀。

统一了意见之后，秦惠王派遣张仪和司马错率军南下，仅用十个月的时间就将蜀国和苴国打败，司马错被任命为新设置的蜀郡郡守。不久之后又灭掉巴国，这样秦国西南秦岭以外的广大地区纳入了秦国的版图。

楚怀王之殇

蜀国归属秦国之后，秦国变得更加强大富足，就更加轻视各诸侯国了。秦国占领蜀地后，最不能接受的就是楚国了，这时候楚国面对着两方面受敌的压力。

楚国必须尽快消灭秦国的威胁，于是楚国和齐国联合攻打秦国，将秦国的曲沃地区抢了过去。后来，秦国便想要讨伐齐国，以报复失去曲沃的仇怨，但是却苦于齐国和楚国的互相亲善，秦惠王非常苦恼。

秦惠王对张仪道："我想要讨伐齐国，可是齐楚两国现在正是友好的时候，你倒是替我谋划一下，看看到底该怎么办呢？"

张仪对秦惠王道："大王不必为此烦恼了，请您为我预备好车马和礼物，我出使楚国试试看吧。"

没有更好的办法，秦惠王同意了张仪的意见，便派遣他前往南方去见楚怀王。

张仪见到楚怀王后，献上礼物，对楚怀王道："我们秦王最喜欢的人就是大王您了，而我最愿意做的臣子也是莫过于大王您了。我们秦王最憎恶的人，却是齐威王，而我最憎恶的人，也莫过于齐威王了。现在的齐威王可以说是罪恶滔天，尤其对于我们秦国来说，是最为深重的。我秦国想要讨伐他，只是碍于他与贵国友好，所以我们大王就不能听从您的吩咐了，而我也就不能做您的臣子了。如果大王您能关闭关卡并与齐国断绝关系，我便请秦王献出方圆600里的商予之地。这样一来，齐国就会因为失去援助而受到削弱，齐国一旦衰弱了，就可以被大王您所驱使了。这样您在北面就可以使齐国衰弱，在西面则可以接受秦国的恩惠，还可以私自获得商予地区的利益，这一计策可以同时获得三种好处，何乐而不为呢？"

楚怀王听了张仪的一番分析之后，心里非常高兴，觉得不费一兵一卒就能得到600里的土地，是很划算的。很快他就在朝廷上宣布了："我很轻松地就得到了商予这个地区，方圆总共有600里呢。"

大臣们也都得到了张仪的好处，况且也不想忤逆楚怀王的意见，便纷纷向楚怀王表示道贺。然而有一个人非但没有向楚怀王道贺，反而认为这是祸患。因为他对张仪太了解了，同时对秦国的政策也非常了解，这个人名叫陈轸。

前面提到过，陈轸是当时著名的纵横家，这个人周游列国，为很多国家出谋划策。陈轸曾经为齐国劝说楚国令尹昭阳放弃攻打齐国。他还受到秦惠王的赏识，为秦国出谋划策、正因如此，他和张仪之间的关系并不好。张仪为了保住自己在秦国的权势，曾经数次向秦惠王构陷过陈轸。

陈轸也知道张仪对自己不满，便派遣田莘替自己去游说秦惠王。田莘见到秦惠王后对他道："我担心大王将要犯郭君那样的错误了。当年，晋献公想要攻打郭地，然而他却害怕舟之侨的存在。苟息给晋献公献计说'《周书》上有记载，美女可以破坏谏臣的进谏'。于是，晋献公就送给郭君漂亮的女歌伎，让她去干扰对方的政治。后来舟之侨进谏，郭君不听，于是就愤然离郭而去。晋献公便赶紧趁机前去讨伐郭君，终于攻破了郭地。接下来，晋献公又想要攻打虞国，但是他又害怕宫之奇的存在。苟息就又给晋献公献计说'《周书》上还有记载，外宠之臣可以打败国家元老'。于是晋献公就送给虞国君王外宠之臣，让他去中伤宫之奇。后来宫之奇进谏，虞君果然不听，也愤然离开了虞国。于是晋献公又趁机讨伐虞国，终于夺取了虞国。现在秦国国盛兵强，已经自封为王了，能对大王您造成威胁的就只有楚国了。楚国知道横门君善于用兵作战，同时也知道陈轸足智多谋，所以就重用张仪出使韩、魏、赵、燕、齐五国，让张仪骄傲自大、忘乎所以。等到张仪回到秦国后，就一定会中伤横门君和陈轸，我希望大王您不要听信于他。"

不久之后，张仪回到秦国，果真向秦惠王说了陈轸的坏话，秦惠王听了以后大怒，没有听信他的话。

张仪前一次中伤陈轸失败后，又一次在秦惠王面前中伤他，张仪说道："陈轸整天在楚国与秦国之间奔走，现在楚国对秦国的态度不友善，但却对陈轸个人很友好，这说明陈轸只是为他自己与楚国友善，并没有为整个秦国谋利。而且我还听说陈轸想离开秦国到楚国去，大王您为什么不去考察一下呢？"

于是秦惠王就找陈轸谈话："我听说你想离开秦国到楚国去，这是真的吗？"

陈轸道："是这样的。"

秦惠王有点生气地道："张仪说的话果然是真的。"

陈轸道："不只是张仪知道我要到楚国去，就是连大马路上的人也都知道我要去楚国。"陈轸继续道："古人孝己（人名）非常孝敬他的父母，天下的父母都想有他那样的儿子；伍子胥非常忠于他的国君，所以天下的国君也都想有他那样的臣子。被卖的小妾如果能卖到邻里的，就说明是个好仆妾；被丈夫遗弃的妻子如果能嫁到她自己乡里的，就一定是个好女子。我如果不忠于大王您，楚怀王又凭什么会认为我是忠臣呢？我忠于大王您，却遭到遗弃，我若是不去楚国，还能到哪里去呢？"

秦惠王道："你说的确实有道理。"

于是秦惠王就将陈轸挽留了下来，命他做使者处理秦楚之间的事务。

张仪仍然对陈轸不放心，有一次陈轸离开楚国回到了秦国，张仪为此又对秦惠王道："陈轸虽然是大王您的臣子，却常常将秦国的国情告诉楚国。我不想和这样的人一起做事，希望大王能够将他撵走。

如果他真的想回到楚国去，大王最好是把他杀掉。"

秦惠王道："陈轸怎么敢回到楚国去呢。"于是秦惠王就召见陈轸，并对他说："我愿意尊重你的意见，你想要到哪里去，我都可以替你准备好车马。"

陈轸道："我想到楚国去。"

惠王道："张仪也认为你想到楚国去，我也知道你想到楚国去的。你若是不去楚国，还能到哪去呢！"

陈轸道："我若是离开秦国，就一定会到楚国去的，这样既能顺着大王和张仪的计策，也能证明我并没有为楚国出卖秦国。从前，有个楚国人，他娶了两个妻子，有一天，有个人就去勾引他的大老婆，他的大老婆就对那人破口大骂；于是这个人又去勾引他的小老婆，小老婆便答应了他。不久之后，娶两个老婆的那个人突然死了。这时有个客人就问那个勾引的人说'你是想娶他的大老婆呢，还是想娶他的小老婆'。这人回答说'我娶大老婆'。那位客人就说'大老婆可是骂过你的呀，小老婆却很喜欢你，你为什么要娶大老婆呢'。勾引者说'当时她的位置是别人的妻子，我当然希望她能背叛自己的丈夫应许我。如果她现在做了我的妻子，那她一定会替我去骂别人了'。现在的楚怀王算得上是个精明的君主，昭阳也是一个贤能的相国。如果我作为别人的臣子，却常常把别国的国情告诉楚怀王，楚怀王一定不肯收留我的，昭阳也一定不愿意和我一起共事。所以楚国是不是会收留我就能够证明我是不是忠诚于您了。"

陈轸走了以后，张仪就进来问秦惠王，道："陈轸到底想要往哪里去呢？"

秦惠王道："陈轸不愧是天下的辩士呀，他两只眼睛仔细地盯着我看，然后说'我陈轸一定要到楚国去'。我对他实在是无可奈何，对他道'如果你一定要到楚国去，那么张仪的话就是真的了'。陈轸说'不但张仪这么说，就是路人也都知道这件事。从前伍子胥尽忠于吴王，以致天下的国君都想要他做臣子；孝己敬爱自己的父亲，天下的父母也都想要他做儿子。卖给别人做仆妾的人，还没出巷就有人要了，一定会是好仆妾；被遗弃的妇人，仍然能在娘家的乡里嫁人，也定是好女人。我陈轸如果没有忠于大王您，那楚国还要我做什么呢？忠心的人即将被人攫走，我不到楚国，还能到哪里去呢'。本王觉得陈轸说得很有道理，所以我以后应该好好地对待他了。"

但是事到如今，陈轸也知道争不过张仪，便离开了秦国，在楚国安顿下来。

张仪戏楚

张仪一再排挤陈轸，说明他是非常忌惮陈轸的。果不其然，这次张仪打算让楚国和齐国交恶，陈轸便是最后一个去见楚怀王的。他不是去向楚怀王道贺的，而是去揭穿张仪的。

楚怀王见到陈轸前来，便向他夸耀道："我没有费一兵一卒，就得到了商予的600里土地，我自己觉得，我够聪明的了，各位士大夫都前来道贺，只有你不道贺，为什么这样呢？"

陈轸回答道："依我来看，商予这地方您是得不到的，而且祸害还会找上门来的，所以我不敢随便向您道贺。"

楚怀王道："你倒是说说为什么呀？"

陈轸回答道："秦王之所以看重大王您，是因为大王和齐国交好。您现在还没有得到土地就先和齐国绝交了，这样就使楚国陷入孤立了。您想，秦国还会看重一个受到孤立的国家吗？但是如果您让秦国先交出土地，然后再与齐国绝交，那按照秦国的计策，他们一定不会这样做的。如果我们先和齐国绝交，然后再去向秦国索要土地，张仪一定会想办法欺骗我们的。您受到了张仪的欺骗，就一定会非常悔恨的了。这样一来，咱们在西边就会多了秦国这个敌人，在北边又与齐国断交了，到时，秦齐两国的兵力就会来攻打我们了。"

楚怀王这时已经听不进陈轸的话了，就对他道："我觉得我办的事很好！你就闭住你的嘴巴，别再多说话了，你就看我如何把这件事处理好吧。"

于是，楚怀王就派出使者去与齐国谈断交的事，使者还没有回来，楚怀王又派了一伙人去谈绝交的事。

张仪回到秦国以后，秦国就派人出使齐国了，于是齐、秦两国私下就结交在了一起。楚怀王依照张仪的承诺，派出一位将军前去接受土地，但是张仪回到秦国以后，就一直假装有病不见楚国的大将。

楚怀王道："张仪是不是觉得我不会和齐国绝交呀？"于是就派了一名勇士前去大骂齐王。

张仪知道了以后，觉得楚国和齐国绝交的事情已经差不多了，便出来会见楚国的使臣说："从某个地方到某个地方，横六里，直六里，就请贵使臣接收吧。"

楚国的使者道:"我怎么听说的是600里,而不是六里呢。"

张仪耍无赖道:"我本来就是一个卑微贫贱的人,哪有600里的土地可以献给贵国呀?"

楚怀王听了大怒,于是就想出兵讨伐秦国。

陈轸道:"您能允许我说话了吗?"

楚怀王道:"你说吧。"

陈轸道:"讨伐秦国可不是什么好计策,大王您不如趁机送给他一块大的地方,让他与您一同去讨伐齐国,这样,我国虽然丢了一块土地给秦国,但是却可以从齐国这里补回来。这样对楚国来说并没有什么损失不是吗?大王现在已经和齐国绝了交,接着又要讨伐秦国,这样的话,咱们就促使齐秦两国联合起来了,到时候我国就一定会遭受大的损失了。"

可楚怀王这时在气头上,已经听不进陈轸的劝言,于是就发兵去讨伐秦国了。

秦国与齐国果然联合起来对抗楚国,韩国也跟着这两国来凑热闹。楚军在杜陵打了个大败仗,秦、齐两国联军消灭了楚军八万人,并杀死屈匄,于是夺取了丹阳、汉中的土地。楚国又派出更多的军队去袭击秦国,到蓝田,展开大规模的战斗。楚军大败,于是楚国又割让两座城池和秦国媾和。

这次战争导致楚国的土地和军民都被削弱了,还差一点被灭亡了,这都是因为没有采用陈轸的计策,反而错误地听信了张仪的花言巧语所致。

秦国占了便宜，仍然不满意，便要挟楚国，想得到黔中一带的土地。秦惠王派出使者，面见楚怀王，声称要用武关以外的土地作为交换。

楚怀王对使者道："我不愿意交换土地，只要得到张仪，愿献出黔中地区。"

秦惠王想要用张仪换取黔中的土地，但是又不知该如何开口。这时候，张仪却去面见秦惠王。

秦惠王对他道："那楚王恼恨先生背弃奉送商於土地的承诺，这是存心报复您。"

张仪却对秦惠王道："秦国强大，楚国弱小，我和楚国大夫靳尚关系亲善，靳尚能够去奉承楚国夫人郑袖，而郑袖的话楚王是全部听从的。况且我是奉大王的命令出使楚国的，楚王怎么敢杀我。假如杀死我而替秦国取得黔中的土地，这也是我的最高愿望。"

这样，张仪便离开了秦国，前往楚国换取土地。

果然，一到楚国，楚怀王将张仪囚禁起来，想要杀了他。

张仪之所以如此大胆，敢于直闯楚国，因为他早已安排下了后手，可以保自己无忧。这个人就是楚国大夫靳尚。这个人是楚怀王的侍臣，又深得楚怀王夫人郑袖的信任。

张仪被囚禁之后，靳尚就对怀王道："大王将张仪囚禁下狱，秦王一定会非常愤怒，就会与楚国断绝邦交关系。天下诸侯看到楚国与秦国失去邦交关系，就不会再重视楚国了。"

然后靳尚又去对怀王的宠妃郑袖道："夫人可知道自己马上要在大王的面前失宠了？"

郑袖说："为什么？"

靳尚说："张仪可是秦王看重的有功之臣，如今大王却把他囚禁下狱了，秦国要求楚国释放张仪。秦王有一个心爱的女儿，非常漂亮，本想将她嫁于楚王，还选择了许多美貌善玩懂音乐的美女佳丽陪侍左右。为了使公主高兴，秦王还打算陪嫁各种金玉宝器，并将上庸六县送给公主，让她作为自己的享乐之地。想必大王一定会很喜爱这位秦国公主的，会将她立为自己的正妻来君临楚国了。大王自此每天都会沉迷于公主所带来的声色犬马之中，而将您忘掉了。您被忘掉以后，宫中上下还会有谁来尊重讨好您呢？"

郑袖说："我愿意将这一切事情都拜托您来办理，您说我该怎么办才好？"

靳尚说："您为何不赶快劝说大王将张仪释放了，如果张仪能够获得释放，一定会对您感激不尽的。张仪为了报答您的恩德，一定会阻止秦国的公主前来，而秦国也会因此而更加尊重您。到时候，您在国内拥有崇高的地位，在国外有强大的秦国之交，还有张仪愿意为您效劳，那您的子孙就一定会成为楚国的太子，这绝对不是轻易就能获取的利益呀。"

于是郑袖赶紧去说服楚怀王释放了张仪。

第三章
功成身退

在我国的历史长河当中,著名人物可谓灿若繁星,他们创造了辉煌无比的功绩,同时也留下了彪炳史册的名字。但是,无论他们创造了怎样的传奇,最终的下场都是衡量其人生智慧的重要标准。更多的时候,越是创造了丰功伟绩的人越是难以全身而退。张仪以一己之力搅动天下,却懂得在关键时刻急流勇退,足以证明他的智慧之深。

说楚怀王

被释放之后,张仪没有马上离开楚国,而是为了秦国瓦解合纵联盟、组织连横策略,去游说楚怀王。

张仪对楚怀王道:"如今,秦国的土地广阔,已经占有半个天下;兵力强大,足以对抗四方诸侯;山河围绕东边靠着黄河,四周的险山要阻坚不可摧;勇猛的将士百余万人,战车千辆,战马万匹,粮食堆积如山；国家法令严明，战士们毫不畏战，赴汤蹈火，视死如归；大王英明神武，将帅睿智神勇。如果秦国出兵作战，瞬间就可以夺取恒山的险隘，如此轻易地就能折断天下诸侯的脊梁，控制要害之地，即使他们顽强抵抗，最终也逃不过灭亡的结局。再说，那些热衷于合纵联盟的人，就如同组织羊群去进攻猛虎，弱羊怎么可能敌得过猛虎呢，这是多么显而易见的事情。可是大王却不与猛虎为伍，反而与羊群为伴，在下认为大王的计划是错误的。

"如今天下的强国，不是秦国就是楚国，不是楚国就是秦国，两国的实力不相上下，互相交战则势均力敌。如果大王不与秦国联合起来，秦国出兵讨伐的时候，一定会先占据宜阳，将韩国的上党要道切断，接着进军河东，占据成皋，这时韩国无力反抗，就必然会投降于秦国了。韩国投降秦国，魏国无奈，也只能跟着韩国归顺秦国。这样一来，秦国就会攻打楚国的西边，然后指使韩、魏两国去进攻楚国的北边，楚国这时还会平安无事吗？况且那支持合纵联盟的国家，不过都是一些势力弱小的国家，用他们来与强大的秦国对抗，怎么会有战胜的可能呢？以弱国去进攻强国，没有详细分析强敌就轻易发动战争，国家本来就贫困弱小，还频繁经受战事，这是自取灭亡的节奏呀。常言道，兵力不够强大的，就不要主动挑衅敌人；粮草不充足的，就不要打持久战。那些支持合纵联盟的人，只知道夸夸其谈，用虚假浮夸的言辞去赞美君主的节操品行。他们只谈好处，不谈坏处，等到楚国真的大祸临头，就来不及了，所以在下劝大王斟酌行事。

"秦国的西边占有巴蜀，若是两船相并装满粮食，从岷山出发，沿着长江顺流东下，到达郢都也不过是三千多里。如果两船相并运载士兵，一只这样的船，可以运载50个士兵，加三个月的粮食，如此顺流两下，一天就可前进三百多里，虽然距离郢都较远，却不费舟马劳顿，大约十天的时间就能到达楚国的扞关。扞关受到惊扰，那么竟陵以东的所有城邑便都会设兵防守，然而扞关以西的黔中、巫郡大王便不能拥有了。如果秦国继续派兵从武关出发，向南进攻，那楚国北部边境的交通要道就会被切断。秦军攻打楚国，生死危急的时刻也就三个月的时间，而楚国要等待诸侯的援军，则要等到半年之后，到时楚国行将灭亡，什么援助也于事无补了。楚国愿意依靠弱国的救援，却忽略了强秦迫在眉睫的灾难，这正是在下为大王所担忧的。

"而且大王与吴国交战的时候，经历五战三胜才将其灭亡，虽然楚国取得胜利，但是楚国的兵士伤亡惨重，所剩战士寥寥无几，如今将士们又要驻守新得的城市，这让百姓的生活苦不堪言。我听说，进攻强大的敌人容易遭遇危险；人民疲惫穷困就容易抱怨君主。所以，大王守护容易出现危难的功业，却违背大秦国的意愿，在下认为大王这么做是非常危险的。

"再说，秦国15年来都不曾冲出函谷关进攻天下诸侯，就是因为他在养精蓄锐，策划吞并天下诸侯一统天下的阴谋。楚国秦国曾经交战于汉中，楚国战败，当时的楚国将士死伤惨重，单单是通侯、执圭以上的官爵就死了有七十多人，付出如此惨重的代价，终究还是失掉了汉中。楚王盛怒之下又出兵攻打秦国，双方在蓝田交战，可是再次战败。这就是人们所说的'两虎相斗必有一伤'啊！秦国和楚国在交战中互相削弱，韩、魏两国却得以保存实力，到时一定会趁楚国衰弱之际偷袭楚国的后方。相信没有比这样的出谋划策更错误的了，大王一定要深思熟虑呀。

"可是秦国与楚国一旦结盟，秦国就会出兵进攻卫国的阳晋，到时就将各诸侯间的交通要道卡住，大王便可以全力进攻宋国，相信用不了几个月的时间，就可以将宋国拿下了。到时候，若是大王还想继续向东进攻，那泗上的12个诸侯国家就全都属于大王所有了。普天之下，坚信合纵联盟坚不可摧的就是苏秦了。他被封为武安君，出任燕国的相国，却暗中与燕王合谋如何进攻齐国，来瓜分齐国的土地。于是他便假装获罪于燕国，然后逃到了齐国。齐王被他的言辞说服，就任命他为齐国的相国，不曾想两年之后，与燕王密谋的事情败露，齐王大为震怒，便判处苏秦车裂的刑罚。像苏秦这种欺诈诓骗、反复无常之人，竟然想要左右天下，统一诸侯，那肯定是不可能成功的。

"现在秦楚两国的领土相邻，本来就应该是友好的邻里之国。如果大王愿意听从在下的劝诫，那在下可以让秦太子到楚国来做人质，让楚太子到秦国做人质，并让秦国最美的佳丽来做大王的小妾，为大王洒扫尘土，还会献上万户的大邑，作为大王汤沐之地。从此以后，秦、楚两国就将结为永久的兄弟之邦，互不侵犯。如果真能促成此事，在下认为将没有比这对楚国更为有利的了。"

楚怀王已经被张仪说动了，便对他道："楚国地处穷乡僻壤，又靠近东海之滨。寡人自己也因年幼无知，而不懂得为国家的长远利益考虑。有幸承蒙先生的英明教导，我愿意接受您的意见，参加连横阵线，那以后楚国的国事就委托给您。"

张仪为了连横秦国，一度想让秦国将汉中让给楚国，这件事楚怀王也是知道的。在秦国的时候，张仪对楚国谋臣昭雎道："楚国失去鄢郢、汉中，还会有像鄢郢、汉中那样的城邑吗？"

昭睢道："不会再有了。"

张仪问："楚国失去了昭过、陈轸，还会有像他们那样的谋臣吗？"

昭睢道："不会再有了。"

张仪道："请您帮我告诉楚王，若赶走昭过、陈轸，我可以让秦王把鄢郢、汉中归还给楚国。"

昭睢回到楚国，把这件事告诉了楚怀王，楚怀王自然是非常高兴。张仪确实曾经为此劝说过秦惠王。

为了将汉中让给楚国，张仪对秦惠王道："汉中这个地方就是一个大祸害呀，就如同一棵树种得不是地方，将来一定会有人要除掉它的，又如同家里得来的不义之财，也一定会遭受损害。如今，汉中南边是关乎楚国利益的关键所在，所以楚国肯定不会善罢甘休的，这就给秦国的将来留下了祸患。"

名将甘茂对秦惠王道："国家领土大了，操心自然就会多，如今汉中在我们的手中，如果天下真的大乱，在我们需要援助的时候，我们再将汉中还给楚国，那时候楚国一定会不顾天下诸侯的反对与大王亲善的。可是如果大王今天就拿出汉中向楚国求和，以后若是天下再出现什么祸乱，大王您到时候再拿什么去与楚国做交易呢？"

甘茂的话让秦惠王没有听从张仪的话，正因如此秦国没有将汉中让给楚国。

楚王释放了张仪后，楚国大夫屈原向楚王道："上一次大王被张仪欺骗，这次张仪来到楚国，我认为应该杀死他。如今释放了他，不忍杀死他，还听信他的邪妄之言，这是不对的。"

楚怀王对屈原道："释放张仪可以保住黔中土地，这是美好有利的事情。我已经答应他了，又怎么能背弃他呢？"

这次张仪离开的时候，楚大夫靳尚主动要求送张仪一程。楚王自然应允，同时命令靳尚监视张仪的一举一动。

楚王的身边有个侍从小臣，与靳尚是仇人，他对来自魏国的大臣张旄说："凭张仪那样的聪明才智，如今又被秦、楚两国所重用，您的处境就会陷入穷困并无计可施了。您不如派人偷偷拦截靳尚，并杀他了，楚王一定以为这是张仪干的，就会大为恼怒，怨恨张仪。这样一来，张仪就会陷入困境，您就会受到尊重而身份显贵了。这样还会让秦、楚两国成为仇敌，那魏国自然就不会有什么祸患了。"

张旄果然派人拦截靳尚，把他杀了。

游说诸国

张仪离开楚国之后，没有马上回到秦国，而是开始了华丽的连横之举，他先后去了韩国、齐国、赵国和燕国，凭借三寸之舌，游说诸侯，开始了一场最华丽的旅行。

他对韩王道："韩国地形险恶，很多百姓都住在山里面，国内生产的粮食只有麦子和豆子，所以百姓们吃的食物，以豆饭或豆叶羹居多；如果年景不好，收成欠缺，老百姓连酒糟和谷皮都吃不到。韩国只有不到900里的土地，积攒的粮食不足以支撑两年。估计大王军队士兵的总人数，连同杂兵和苦力在内也不会超过30万，而守卫边关的士兵更不会超过30万。而秦国装备精良的部队人数就达一百多万，还有一千多辆战车，一万多匹战马。士兵们也异常勇猛，他们蜂拥而上，高举武器，甚至不穿铠甲，面对着铺天盖地的弓箭也会向前冲锋的将士不可胜数。

"秦国兵强马壮，抬起前蹄蹬起后腿，跳跃起来可达21尺的战马不可胜数。崤山东侧的诸侯军队，如果披甲戴盔去战斗，秦兵即使赤身裸体，也能够攻击敌人，秦兵会左手提着人头，右臂挟着俘虏，大胜而回。秦国的士兵和山东诸侯的士兵对战，就是用勇士孟贲对付懦夫一样；如果再用重兵相压，就如同用大力士乌获对付婴儿。凭借乌获和孟贲这样的勇士去攻打那些不投降的弱国，就如同在鸟蛋上施加了千钧重的力量，鸟蛋必定会粉碎。

"各国诸侯不考虑自己兵弱粮少，却听信那些主张合纵联盟的游说之士的话，他们互相勾结，自吹自大，都说'依照我的计谋，就可以称霸于天下'。他们完全不考虑国家的长远利益，而偏信于一时的空话，欺骗君王，没有比这更过分的事情了。如果大王不臣服秦国，秦国就会发兵攻取宜阳，斩断韩国上党的交通，然后向东面占据成皋、荥阳。如果这样，鸿台离宫、桑林御苑，就不再是大王的财产了。如果秦国围攻成皋，占据了上党要道，那么，大王的国家就四分五裂了。先一步臣服秦国就可以太平无事，不臣服秦国就会随时被攻打。

"在灾难中寻找幸福，这是目光短浅的行为，而且会结下很多的冤仇，与秦国为敌而和楚国结盟，势必灭亡。因此，替大王考虑，不如臣服于秦国。秦国的目的很明确，无非就是要削弱楚国，而能削弱楚国的国家，非韩国莫属。这并非因为韩国强于楚国，而是韩国占据着地形的优势。如今，大王如果往西臣服于秦国并且派兵去攻打楚国，秦王肯定会大喜。到时候，进攻楚国并且夺取他们的土地，没有了祸患，并且也能让秦王高兴，任何计谋也不会比这个计谋更有利了。所以，秦王派使臣把书信呈献给大王，恭敬地等候大王的决断。"

韩王道："多亏有贵客的指教，我愿让韩国成为秦国的一个郡县，为秦王筑行宫，供奉春、秋祭品，成为秦国东边的藩国，同时我敬献宜阳给秦国。"

张仪回到秦国后，向秦惠文王报告成果，秦惠王便封赏了他五座城，并封其为武信君。

随后，秦惠王又派张仪向东去游说齐湣王。见到齐湣王后，张仪对其道："天下最强大的国家是齐国，齐国人口众多，富足安乐。然而，齐国的臣子却各有心思，都只为了暂时的快乐，不顾国家长远利益。大臣们主张合纵，必对大王道'齐国西面有强大的赵国，南面有韩国和魏国，齐国是背靠大海的国家，土地广阔，人口众多，军队强大，士兵勇敢，即使有100个秦国，对齐国也将无可奈何'。大王以为他们的话正确，是没有考虑实际情况的缘故。

"那些主张合纵的人，结党营私，排斥异己，都认为合纵是可行的。我听说齐国和鲁国打了三次仗，每次都是鲁国胜利，然而鲁国随后百年灭亡了。即便能够打胜仗，也难免遭受灭亡的命运，这是为什么呢？是因为齐国太强大而鲁国太弱小的缘故。如今秦国和齐国相比就如同齐国和鲁国一样。秦国和赵国在漳河边上交战，两次交战两次打败了秦国；在番吾城下交战，两次交战又两次打败了秦国。四次战役之后，赵国的士兵阵亡了几十万，才仅仅保住了邯郸。即使赵国有战胜的名声，国家却残破不堪了。这是为什么呢？秦国强大而赵国弱小。

"如今秦、楚两国嫁女娶妇，结成兄弟盟国。韩国献出宜阳，魏国献出河外，赵国在渑池朝拜秦王，割让河间来侍奉秦国。假如大王不臣事秦国，秦国就会驱使韩国、魏国进攻齐国的南方，赵国的军队全部出动，渡过清河，直指博关、临菑，即墨就不再为大王所拥有了。国家一旦被进攻，即使是想要臣事秦国，也不可能了，因此希望大王仔细地考虑它。"

齐王说"齐国偏僻落后，僻处东海边上，不曾听到过国家长远利益的道理"，就答应了张仪的建议。

张仪离开齐国后又到了赵国，他对赵王道："秦王派我来向您递交一封国书。赵国联合天下的诸侯共同对抗秦国，使秦国的军队不敢走出函谷关半步已经有15年之久了。大王的威严遍布天下和山东六国，敝国因为恐惧而屈服，于是便修缮铠甲、磨砺兵器，整顿战车，苦练骑射，勤于耕作，聚积粮食，严守四面边疆，过着忧愁恐惧的日子，不敢轻举妄动，唯恐大王责备我们有什么过错。如今敝国借着大王的威严，西面攻下巴蜀兼并汉中，东面则征服两周，将九鼎西迁至秦国，并驻守白马渡口。秦国虽然地处偏远，但是心中积满愤恨恼怒已经很长时间了。如今敝国有些敝甲钝兵在渑池驻扎，希望可以渡过黄河、越过漳水、占据番吾，在邯郸城下与贵军决一死战。希望可以在甲子日的时候展开战争，就像当初武王伐纣那样。因此先派我前来通知大王的左右。

"大王之所以相信合纵能成就一番大事，无非是仰仗苏秦的计策。苏秦的计策其实不过是蛊惑天下诸侯，颠倒世间黑白的荒唐言论。他阴谋颠覆齐国却没有取得成功，自己反被车裂于齐国的街市之上。由此看来，天下诸侯不可能真正统一于合纵联盟的大旗之下，这是很明显的事情。如今秦国与楚国已经结成兄弟之国，而韩国和魏国也早已在东方俯首称臣，齐国已经将盛产鱼盐的地方贡献出来，这等于是砍断了赵国的右臂。砍断了右臂却还要与人继续争斗，失去了朋友却还要孤军作战，您还想没有危险，这能做得到吗？现在秦国已经派出三路大军，一路阻断午道，要求齐国的军队渡过清河，在邯郸东面驻扎；一路驻扎韩国的成皋，驱使韩、魏两国的军队驻守在黄河以外；一路驻军在渑池。彼此之间相互约定'四国必将团结一致以共同讨伐赵国。赵国被攻下以后，便四分其地'。所以，微臣对于事情的真相不敢有丝毫隐瞒，特意先来通知大王的左右。微臣私下替大王考虑，您不如与秦王在渑池碰个头，见面之后便可以结成友好邻邦。微臣可先请求秦王暂时按兵不动，希望大王能够早做决定，应对变化。"

赵惠文王对张仪道："先王在位的时候，奉阳君是国家的相国，他为人专权跋扈，蒙蔽先王，独揽朝政。寡人当时还深居宫中，跟着师父读书学习，并不能参与国事。如今先王驾崩，弃群臣而去，而寡人年纪尚轻，不谙世事，亲政理事的时间还不算长，寡人内心也对合纵抗秦的事情有所疑虑，认为合纵联盟抗击秦国并不是治国安邦的长久之计。寡人正要重新考虑此事，现在愿意改变主意，以割地为证向秦国表示谢罪，并愿意与秦国联合起来。如今正准备车马出使秦国，而先生已经先到一步来下达诏令。"

于是赵王便率领300辆战车去渑池拜见秦王，并将河间之地割与秦国。

在赵王这里得到满意的答复，张仪又马不停蹄地赶向了燕国。

张仪对燕王道："大王您所亲善的国家，再没有比得上赵国的了。过去赵王把自己的姐姐嫁给代王做妻子，一心想着要兼并代地，然后约定代王在句注的边塞会晤。在此之前他就命令工匠制作一樽金斗，将它的尾部加长，可以用来攻击别人。在与代王饮酒时，赵王暗地里告诉厨子'等酒喝到兴头上，就端上热汤来，那时就趁机掉过金斗打死代王'。等酒喝到兴头上，厨子去取热汤。厨子送来热汤，趁机掉过金斗攻击代王，代王被打得脑浆都涂了满地。赵王的姐姐听闻这件事后，用磨尖的簪子自杀而死。因此到了今天还有摩笄山，天下人没有谁不知道。

"赵王像狼一样凶狠暴戾，六亲不认，大王您明明知道的。况且大王您认为赵王为人可亲吗？赵国曾经起兵攻打燕国，两次围困燕国国都胁持大王，大王您割让十座城以此谢罪，赵国才退兵。现在赵王已经到渑池朝见秦王，献出河间来归顺秦国。大王您若不归顺秦国，秦国出兵云中、九原，驱使赵国来攻打燕国，那么易水、长城两地就不归大王您所有了。并且如今的赵国对于秦国来说，就如同郡县一样，不敢妄自兴兵讨伐其他国家。如今大王您归顺秦国，秦王一定非常高兴，并且赵国也不敢轻举妄动。这样的话，燕国西面有强大的秦国支援，并且南面没有齐、赵两国的侵犯，因此希望大王您仔细考虑考虑这件事。"

燕王说："我居住在蛮荒偏僻的地方，即使是这里的成年男子也仅像小孩子一般，他们讲话没有正确的看法，他们的智谋不足以用来决断事情。如今有幸承蒙您的教诲，我愿意献出我的国家，向西归顺秦国，并献上常山尾端的五座城池。"

功成身退

公元前310年，张仪完成任务后，兴高采烈地回到秦国。然而还没有到咸阳，便听到一个噩耗，秦惠文王去世了。继承秦王位子的是秦惠文王的儿子嬴荡，也就是历史上的秦武王。

秦武王身材高大，力大无穷，武艺高强，特别喜欢武人，因此一上台之后便提拔了一批武人做高官。他向来不喜欢张仪这种靠嘴皮子混饭吃的人，认为他们除了会说之外，一无是处，早在做太子的时候，就看张仪不顺眼，如今继承皇位更是对张仪没有好感。

为了利益，张仪在朝中也是尔虞我诈、明争暗斗，因此得罪了不少人。这些人在秦惠文王死后自然常常向秦武王说张仪的坏话。这些人对秦武王道："张仪这个人不讲信用，反复无定，出卖国家，以谋图国君的恩宠。秦国一定要再任用他，恐怕被天下人耻笑。"

诸侯们听说张仪在秦国被群臣排挤，和秦武王的关系也不好，便纷纷背叛了与张仪的连横协定，又开始恢复合纵联盟。

张仪在咸阳，自然能觉察到很不对劲。张仪推荐和提拔的一些人渐渐受到了冷遇。如丹阳之战的有功之臣魏章，原本也是魏国人，张仪将其推荐给了秦惠王。魏章向来和张仪交好，但是最近总是不顺。而且张仪的宿敌公孙衍又回到了秦国，常常出入王宫，和秦武王的关系非常好。张仪担心公孙衍在背后向秦武王说对自己不利的话。原本一些对张仪毕恭毕敬的人也渐渐不那么尊敬他了。

这些都让张仪意识到，自己已经失宠了，必须另想办法，不然就会落得商鞅一样的下场。当年秦惠文王刚一上台，就将先帝的宠臣商鞅处死。张仪非常担心秦武王也找个机会将自己处死。

正在这个时候，齐国派来了使者。使者没有带来齐王的问候，反而是来指责张仪的。到了这个地步，秦国已经不能待下去了，必须尽快离开秦国了。

找到机会，张仪对秦武王道："我有个不成熟的计策，希望献给大王。"

秦武王道："什么计策呢？"

张仪回答道："为秦国国家着想，必须使东方各国发生改变，大王才能得到更多土地。臣听说齐王特别憎恨我，只要我在哪个国家，他就会出动军队讨伐。所以臣希望让我这个不成才的人到魏国去，齐国必然要出动军队攻打魏国。魏国和齐国的军队在城下混战而谁都没法回师离开的时候，大王利用这个间隙攻打韩国，打进三川，军队开出函谷关而不要攻打别的国家，直接临周都城，逼迫周天子交出九鼎。大王就可以挟持天子，掌握天下的权柄，这是成就帝业的契机。"

按照张仪所说，能带给秦国莫大的好处。秦武王早就不想让张仪在身边了，见他要离开，自然应允。便对张仪道："如此，就劳烦你辛苦一趟吧。"

为了让张仪离开秦国，秦武王为他准备了30辆战车，还派遣魏章作为护卫。这样不但将张仪送走了，还把碍眼的魏章也弄走了。

张仪如愿以偿，平安离开了秦国，带着卫队和30辆战车，以秦国特使的身份风风光光地到了魏国。张仪本就是魏国人，还曾在魏国任相，虽然算计过魏国，但是魏王也是非常欢迎张仪的。

齐王听说张仪离开了秦国到了魏国，果然出动军队攻打魏国。

魏王只希望利用张仪来治理国家，可不想引来齐国的敌视，面对敌国的进攻非常害怕。

张仪却非常淡定，对魏王道："大王不要担忧，臣自有办法让齐国罢兵。"

于是张仪派遣门客冯喜到楚国，再和楚国的使臣一起到齐国，假装也是楚国的使臣。冯喜见到齐王后，对他道："臣知道大王特别憎恨张仪，可是大王却让张仪重新获得秦王的信任，这是臣看不明白的。"

齐王道："我憎恨张仪，张仪在什么地方，我一定出兵攻打什么地方，这事天下共知。我怎么会帮助张仪呢？"

冯喜回答道："正是您这样做，才使张仪渡过难关的。张仪在秦国不受秦武王的信任，本来已经朝不保夕了，这才想办法尽快离开秦国。他在离开秦国时和秦王约定道'为秦国国家着想，必须使东方各国发生改变，大王才能得到更多土地。臣听说齐王特别憎恨我，只要我在哪个国家，他就会出动军队讨伐。所以臣希望让我这个不成才的人到魏国去，齐国必然要出动军队攻打魏国。魏国和齐国的军队在城下混战而谁都没法回师离开的时候，大王利用这个间隙攻打韩国，打进三川，军队开出函谷关而不要攻打别的国家，直接临周都城，逼迫周天子交出九鼎。大王就可以挟持天子，掌握天下的权柄，这是成就帝业的契机'。听了张仪的这番话，秦怀王认为他说的有道理，这才为他准备了30辆战车，派遣他到魏国。如今，张仪去了魏国，大王果然攻打它，这正中了张仪的计策。这样一来，就会使齐国疲于作战，而且还会广泛地树立敌人，不但得不到好处，还会祸患殃及自身。这样做非但不能伤害张仪，还会让他得到秦国的信任。"

齐王听了冯喜的话道："幸好你提醒了我，差点就上张仪的当了。"这样一来就结束了对魏国的战争。

魏王见张仪只派遣了一名门客，便让一场战争消灭于无形，从此对张仪更加佩服，于是又任命张仪当了丞相。

就这样，张仪在魏国度过了生命中的最后一段时间。一年之后，公元前309年，张仪就在魏国去世了。

第三篇
范雎——快意恩仇

范雎出使齐国，凭空得到齐襄王的馈赠，回到魏国后被人忌妒而遭诬告。魏国丞相信以为真，命人将范雎打得遍体鳞伤，肋骨被打断，牙齿脱落。范雎无力反抗，只能装死。魏相又命人把他的"尸身"用草席裹了扔到厕所里，让大家轮番往范雎的"尸身"上撒尿，以此来杀一儆百。等到魏相等人喝得烂醉如泥，范雎才爬出来请求看守放自己走。看守可怜范雎的遭遇，请求魏相允许他把范雎的"尸身"扔掉，如此才让范雎逃命。后来，范雎出任秦国丞相，始终把报仇雪耻当作自己的使命。

第一章
良禽择木

不可否认，范雎是一个胸怀天下的人，可惜越是这样的人，其命运之坎坷越是让人唏嘘慨叹。为了实现自己的政治抱负，范雎原本想在魏国崭露头角，可惜卑微的出身让他备受歧视，最终还因此险些丧命。还好，范雎命不该绝，或者说天将降大任于他，因而范雎虽然受了辱，最终却还是找到了实现自己人生理想的政治舞台。

天下大势

在范雎入秦之前，秦国虽然在与中原各国的争斗中逐渐强大，但是还不是十分强大。当时国家形势风云变幻，强国之间的战争胜负难料。尤其是秦国一系列错误的政策，使自己的优势不能发挥，因此屡屡受挫，发展受到很大的限制。

继承秦惠王的秦武王是秦国历史上死得最窝囊的大王，在位只有三年时间。秦武王孔武有力，喜欢任用武人为大臣，在国家政策上也更加激进。公元前309年，在张仪去世的同一年，秦武王为了与其他诸侯国相区分，在秦国设丞相的官位，任命甘茂为左丞相兼领上将军，樗里疾为右丞相。甘茂和樗里疾都是秦国有名的武将，加上热衷武力的秦武王，这套组合自然不甘心缓慢地发展国力。

在即位后的第三年，秦武王对甘茂道："我想派兵打通通往三川地区的道路，以代替周王室来管辖它。如果能够成功，就算是我死了，我的功业也会永垂不朽的。"

打通三川地区，是想到周都城去参观代表天下权柄的九鼎，实际上就是想获得周天子的权势。这样一来不但能打击韩国，还能实现秦国向中原地区发展的愿望。

甘茂闻言，正合他的心意，但也知道要将危险降到最低，便对秦武王道："请大王您允许我到魏国走一趟，我们可以约魏国一同去讨伐韩国。"秦武王觉得他说的有道理，便派遣向寿作为副手，和甘茂一起出使魏国，并且争取到了魏国的支持。

想要打通三川，必须攻打宜阳。宜阳是个大县，实际上和郡差不多，积聚了上党、南阳两郡财富，是军事重镇。韩国自然不会对这样的地方置之不理，常年有重兵在此地把守，担心的就是秦国的进攻。

秦王派遣甘茂带兵攻打宜阳，这一打就是五个月。经过长时间的连续作战，终于攻占中原重镇宜阳，取得一个大胜利。

宜阳之战的胜利，对秦国来说意义重大。从此秦国的疆域扩展到了中原地区，完全控制了崤、函之险。

取得了宜阳之后，秦武王便带着一班亲信到了周都雒阳。周郝王非常重视秦武王的到来，以隆重的礼节到郊外去迎接秦武王。但是秦武王拒绝了周郝王的接见，他非常迫切地想见识象征周王朝权力的九鼎。他早已派人探明，九鼎被供奉在周王室太庙的一侧，于是便率领着众人直闯周王室太庙。

传说九鼎是当年大禹王收集天下九州贡金铸造的九口大鼎，九鼎上刻着当时天下九州的山川人物，以及贡赋田士之数，足耳都有龙文，又称之为"九龙神鼎"。夏王朝被灭之后，九鼎就被商王朝王室所收藏。等到周王朝取代了商王朝，九鼎就成了商王朝的镇国之宝。

秦武王见到了代表秦国地区雍州的大鼎，便想带回秦国，指着道："此雍州之鼎，乃秦鼎也，寡人当携归咸阳。"

看守九鼎的官吏道："此武王定鼎于此，未曾移动，每鼎有千钧之重，无人能举。"

秦武王对跟随他一起来的任鄙、孟贲道："你二人试试看能不能举起此鼎。"

任鄙自觉力气不够，便没有尝试，孟贲勉强使鼎离地半尺，但是巨鼎重重地砸在地上。秦武王亲自上前，抱住大鼎，大声喝道："起。"竟也将大鼎举起了半尺，正要移步，只听咔嚓一声，竟将胫骨压断了。秦武王流血不止，疼痛难忍，到了半夜，气绝身亡。

秦武王没有留下子嗣，他的弟弟纷纷起了心思，争夺帝位。最后在宣太后和她弟弟魏冉的拥立下，公子稷登位，即为秦昭王。

由于秦昭王是被宣太后拥立的，因此在其即位后，宣太后干预朝政，魏冉在宣太后的支持下，先后五次被封为丞相，长达25年之久。秦国在很长一段时间内，形成了魏冉集团专权的局面，一度引发了秦国内乱，因此对秦国的发展有重大的影响。

魏冉对秦国的影响主要体现在三个方面。第一，魏冉集团削弱了王权，妨碍了中央集权制度的成长。第二，魏冉集团大力推行封君制，实际上是为了扩大自己的权势，和当时社会的发展是相违背的。第三，魏冉集团为了保障自己的权势，排斥外来人员。此前秦国广泛招揽天下贤才，然而魏冉大肆选用本族亲信，以至于大量的人才被拒之门外。受到魏冉的影响，秦昭王在很长时间内也非常厌恶天下辩士。

魏冉集团在对外政策上提出了远攻近交的策略，使秦国处于被动地位。

秦昭王八年（前299年），秦国以和解为由，将楚怀王骗到了秦国，并扣留起来，勒令楚国割地以作交换。秦国这一背信弃义的行为激怒了山东六国。楚国朝野上下更是群情激愤，很快另立新君，与秦国对抗。

第二年，楚怀王在秦国病死，这使天下诸国更加怨恨秦国。山东六国借此机会，由齐国发起，第二次合纵攻秦。齐、魏、赵、韩、宋，五国联军攻势迅猛，秦国出师不利，退守函谷关。五国联军合力西进，秦军战败，函谷关也被攻破，秦国不得已只好割地求和。

此战之后，秦昭王任命白起为将，整顿军事。公元前290年，秦国出兵攻打韩国和魏国。双方军队相持了两年时间，谁都奈何不了谁。后来白起各个击破，在伊阙（今河南洛阳龙门）大败魏韩联军，斩首24万，迫使两国割地求和，秦国的被动局面才得以扭转。

伊阙之战后，秦昭王自立为西帝，引起山东诸国的不满。当时齐国和秦国是当世两大强国。齐国为山东六国的盟主，是秦国的强劲对手。齐国号召赵、燕、韩、魏等国，发起第三次合纵攻秦。这次秦国不敢出战，秦昭王宣布废去帝号，把之前夺得的魏国和赵国的土地归还，六国这才罢兵。

公元前284年，燕国乐毅，联合赵国、魏国和秦国，合纵攻齐。

燕国军队一直攻入齐国都城临淄，从此齐国一蹶不振。六年之后，秦昭王派遣白起率军攻楚，攻占了楚国都城郢（今湖北江陵），在此地设置南郡。楚被迫迁都到陈（今河南濮阳）。公元前277年，秦国又夺取了楚国的巫郡和黔中郡，秦国势力已经发展到湖南地区了。

秦国攻破楚国之后，随后转攻魏国，魏国联合赵国抗击秦军，秦军一无所获。公元前270年，秦国越过韩国攻打赵国，被赵国将领赵奢打败。秦军遭受到了从没有过的惨败，锋芒一时受挫。

秦国的对手齐国虽然遭受重创，但是秦国也没有得到多少好处。秦国虽然屡次在战争中获胜，但是敌国也没遭受到毁灭性打击。反而使得诸国的合纵更多，因此秦国失利之处也不少。总体来看，秦国的发展暂时处于停滞状态。不过这样的情况很快就会改变，因为一个叫范雎的人进入了秦国。

落魄

范雎是魏国人，又名且，字叔。什么时候出生的，已不可考，史书记载其逝世于公元前255年。

他和其他士子一样，希望通过游说诸侯，贩卖自己的智慧，以期建功立业。范雎学成之后，也曾周游列国，希望那里的国君接受自己的主张而有所作为，但没有成功。无奈之下，范雎只好回到魏国。但是他出身贫寒，甚至连魏王的面都见不到，只好投身于中大夫须贾门下，作为其门客。须贾是魏国重臣，深受魏王信任，因此范雎耐心等待时机，希望有机会受到魏王的重视。

魏国和齐国的关系素来很好，齐国和魏国常常互相帮助。但是进入到战国中期之后，齐国和魏国之间，有过几次大战，关系一度非常紧张。在局势趋于缓和之后，魏王便派须贾出使齐国。由于范雎在须贾门下表现还不错，便随须贾一起到齐国了。

须贾、范雎一行人来到齐国，觐见过齐襄王之后，便在齐国住了下来，等待接下来的安排。但是他们一直等了好几个月，齐襄王仿佛忘了他们，一直没有给他们答复。须贾等人没有办法，只好就这样一直等了下去。

齐襄王没有理会须贾，却听说范雎是个人才，口才非常好，是天下有名的辩士，就派人给范雎送去了一只牛和美酒，同时还赏赐给范雎十斤金。范雎不知道怎么回事，但是齐襄王没有赏赐须贾，却赏赐了范雎，他感觉非常不安，便一再推辞，表示不敢接受赏赐。

这次反常的赏赐哪里瞒得住人，很快就传开了，须贾自然也得到了消息。须贾认为范雎只不过是一名小小的门客，尊贵的齐襄王怎么可能知道这种人的消息，一定是范雎向齐国出卖了魏国的情报，才得到的赏赐。

须贾怒从心头起，但知道在齐国不能发作，心中暗想，回到魏国再收拾范雎，于是须贾稳住心头怒气，将范雎叫来，强迫他收下了牛和酒，但是退回了黄金。

回到魏国之后，须贾心中怒火难平，这次出使完全被范雎抢了风头，而且成果不是很显著，便找到了魏国的相国魏齐，向魏齐状告范雎出卖魏国的情报给齐国，以换得了齐王的赏识。

魏齐是魏昭王的儿子，而且身为相国，在魏国的权势非常大。魏齐听说出使的人中，居然有人出卖魏国的情报，不禁勃然大怒，心中暗想，如果这件事不加以惩处，难免会有人效仿，如此一来对魏国的伤害是非常大的。盛怒之下，魏齐派人将范雎捉来，命令力士，用板子打，越打越生气，便又让人用长满尖刺的荆条抽打。

范雎只是个文弱书生，哪受得了这番毒打，一再求饶。可是魏齐正在气头上，又有须贾在旁边添油加醋数落范雎的罪行，哪能饶了他。武士们将范雎的肋骨打断了好几根，牙齿也打掉了不少。范雎自知难逃这一劫，索性也不说话了，闭上眼睛装死。

眼看将范雎打死，魏齐仍不解气，命人用席子将范雎卷起来扔到厕所里，然后召集宾客，举行宴饮。在宴饮的时候魏齐公布了范雎的罪行，并告诉他们，此时范雎已经被打死扔进厕所里了，谁上厕所，就要在范雎身上撒尿。魏齐警告众人道："谁要是敢出卖魏国的情报给其他国家，下场就像范雎一样，即便死了也要受到侮辱。"

在魏齐的要求下，宾客们都到厕所里，轮番向范雎身上撒尿。虽然有些人为范雎的遭遇表示同情，但是不敢表露出来，也和众人一样做了。至于须贾可以说是主谋，见到众人如此，也是一番唏嘘。当时人命贱如草，须贾见有人为自己的失职顶罪，自然有一番唏嘘。

然而此时范雎并没像别人以为的那样死去了，当宴席散了，旁边没人的时候，范雎睁开了眼睛。此时已经顾及不到屎尿的臭味，他有更重要的事情要做，就是要想办法逃过一劫。范雎开始了人生中最重要的一次公关活动，他艰难地移动身体，对看守厕所的人道："这位壮士……"还没等范雎说完话，看守厕所的人已经吓得跳了起来。他以为范雎已经死了，这是诈尸呢。

范雎苦笑道："不用害怕，我还没死。"

看守恶狠狠地道："你这样的人早晚也要死，却三更半夜吓人。"

范雎道："谁也不想死呀，如果您放我走，日后定有重谢。"

看守道:"你还有什么来谢我呢?"

范雎道:"虽然此时落魄,却也有些家当,若能逃出生天,自然感激不尽。"

在看守眼里,范雎作为门客,是能够给自己厚报的,便决定帮范雎一把。

此时魏齐已经大醉,看守见到魏齐,小心问道:"那个人已经死了,全身都是屎尿,扔掉可以吗?"

魏齐正在迷迷糊糊的状态里,随口道:"可以。"于是看守就把范雎给放了。

第二天,魏齐酒醒了,才突然想到已经把范雎扔了,不由后悔起来,忙派人去寻找,此时范雎已经远走高飞,哪里还找得到。

逃过这一劫,范雎等于是捡了一条命。家是不能回了,只能投靠自己的好友。魏国人郑安平素来与范雎交好,得知范雎蒙难,愿意帮助他渡过难关。

范雎这个名字不能用了,郑安平便让范雎改名叫张禄。两人不敢大意,只好四处逃窜,亡命天涯。

惊险逃亡

虽然短时间内不至于有危险,但是范雎和郑安平两人也知道,这样躲藏下去不是办法,一定要想办法离开魏国。

这时候，秦昭王派出的使者到了，这对两人看来无疑是个机会，只要跟随秦昭王的使臣就能顺利离开魏国到秦国去。

为了接近秦国使臣，郑安平来到了当地的馆驿，装扮成馆驿的工作人员混了进去，并且想办法接近了王稽，希望找机会向王稽推荐范雎。

秦国素来有征召天下贤士的习惯，即便不能使之服务秦国，与之交好总是有好处的。有一次，王稽问身边的人道："魏国可有不得志的贤士，愿意和我到秦国建功立业吗？"

早就等待机会的郑安平按捺住激动的心情，平静道："我们乡里，有一位张禄先生，素有大才，早就想求见您了。"

王稽高兴道："那就叫他过来吧。"

郑安平道："只是他有仇人，不敢白天出来。"

王稽道："既然如此，那就晚上你将他带来。"

这天夜里，郑安平带着化名为张禄的范雎来到了王稽居住的馆驿。范雎对王稽解说天下形势，诸国利弊，直听得王稽热血沸腾，倾心不已。奈何很快天就要亮了，范雎必须在天亮前离开，王稽这才依依不舍地对范雎道："先生大才，与您相交是鄙人的福气，请您在魏国边境的三亭南边等我，到时候和我一起到秦国去。"

说完，两人定下了日期，约定了暗号，范雎就回去了。范雎也没有多少东西可准备，收拾妥当后，便到三亭去等待王稽。三亭是魏国边境的三座亭子，是离人休息之所，也做辞别之用，正是理想的接头地点。

不久之后，王稽完成在魏国的外交活动。这时候他还意识不到，这次外交的成果远远比不上他要带走的那个人的价值。此时此刻，范雎一身寒酸的衣服，偷偷等在三亭南边，何其落魄。然而范雎时刻准备着，默默学习和等待机会。

王稽辞别的魏王，按照约定在三亭南边接上了范雎，带他进入了秦国。越过边境的那一刻，范雎突然感觉到一阵轻松，终于逃出虎口了。然而马上他的脑袋又飞速地转了起来，进入秦国，很难说不是又入狼群。自己没有放松的资本，只有最冷静的人才实现人生的价值。

一行人到了秦国的湖城县，远远望见一队车骑，由西向东而来。范雎问王稽道："这是什么人，好大的排场？"

王稽道："这是穰侯出行时的仪仗，正要去东边巡视诸县邑。"

穰侯就是宣太后的弟弟，推举秦昭王即位的魏冉。魏冉被封在穰地，后来又将陶地封给了他，因此号称穰侯。穰侯成为秦国的丞相，权势滔天任人唯亲，嫉贤妒能，因此对外来游说的士子非常反感。

范雎既然有意来到秦国，自然对秦国的情况做过一番详细的分析。他知道魏冉的几个兄弟也各有封邑，同时掌握着国家的军队。魏冉集团比皇室还要富有，更有超越皇室的恐怖武力。这对别人来说，是发展的阻碍，然而对范雎来说，这正是建功立业、大有可为的时候。但是此时，首要任务是保全自己，不能和魏冉有冲突，便对王稽道："我听说穰侯独揽秦国大权，他最讨厌收纳各国的说客，这样见面恐怕要侮辱我的，我宁可暂在车里躲藏一下。"

王稽道："这样也好。"

不一会儿，魏冉的队伍就和王稽的队伍相遇了。互道问候之后，魏冉便下车询问道："关东的局势可有什么变化？"

王稽道："没有。"

魏冉又对王稽道："使臣先生该不会带着那班说客一起来吧？这

种人一点好处也没有，只会扰乱别人的国家罢了。"

王稽赶快回答道："臣下不敢。"

问完话，魏冉便坐上车子，继续东行。王稽叹了口气，心道，可算躲过一劫，被魏冉发现范雎躲着自己车里，定然性命难保。

正在王稽庆幸的时候，范雎道："我听说穰侯是个智谋之士，处理事情多有疑惑，刚才他怀疑车中藏着人，可是忘记搜查了。绝不能掉以轻心。"

说完，范雎就跳下车子，随着侍卫奔走，并对王稽道："这件事穰侯不会甘休，必定后悔没有搜查车子。"

大约走了十几里路，魏冉果然派骑兵追上了王稽一行人，并要搜查他的车子。发现车子里没有人，魏冉的骑兵这才作罢。

经历了千辛万苦，终于来到了咸阳。

王稽向秦昭王汇报完工作后，便对秦昭王道："臣在魏国发现了个贤士，有经天纬地之才。他说'秦国的处境已经到了危若累卵的地步，能采用我的方略便可安全。但需面谈不能用书信传达'。所以我把他载到秦国来了，还请大王见一见。"

秦昭王虽然已经即位 36 年，但是国家权柄基本全在穰侯魏冉和宣太后手里。受到魏冉的影响，秦昭王对外来的游说之士，没有什么好感。因此在很长一段时间，天下的有识之士都不愿意来秦国做官。听王稽带回了个人才，秦昭王并无好感，只是淡淡地道："寡人知道了。"然后让范雎住在客舍，给他最粗劣的饭食，而召见之事却绝口不提。

上书

来到秦国后,范雎并没有闲着,而是四处游走,考察秦国的风土人情,思索秦国的政治形势。就这样过了一年多的时间,秦昭王仿佛已经忘了有这样一个人。既然秦昭王不召见,那么就上书吧。

通过王稽的关系,很快范雎的书函就被放到了秦昭王的面前。秦昭王只以为是一般的书函,便漫不经心地看了起来。

只见范雎写道:"我听说英明的君主在位执政都会遵循这样的原则,有功劳的人不应不给奖赏,有才能的人不应不给官职;功劳大的人得到的俸禄丰厚,功劳多的人被封的爵位尊贵;懂得管理百姓的人被授的官职就大,所以没有才能的人就不敢担任官职,有才能的人也不会被埋没。如果大王认为我的意见还行,希望您能加以推行,以便有利于您的政治措施得以实施;如果您认为我的意见不行,那么长久地留在您这里也没有什么作用。"

看完这一段,秦昭王心想,这人好大的口气呀。这时候范雎用的名字仍然是张禄,便想张禄这个名字好像在哪里听过,记起来了,王稽带回的那个人就叫张禄,且看他有什么真知灼见。

范雎继续写道:"老话说得好,普通的君主一般都是奖赏他自己喜爱的人,惩罚他自己厌恶的人;而英明的君主却不这样做,他的奖赏一定给予有功劳的人,刑罚一定是判给有罪的人。现在,我的胸膛不能抵挡杀人的砧板，腰部也不能够抵挡砍头用的斧钺，所以，我怎么有胆子敢拿自己对结果毫无把握的事情来挑战大王的刑罚呢？我出身卑贱，大王您轻视侮辱我并不重要，但是您难道会认为推荐我来的人敢对大王不忠诚吗？我听说周朝的砥厄、宋国的结绿、梁国的悬黎、楚国的和璞，这四块宝玉都是曾经被优秀的工匠给丢掉的，可是后来它们却都成为天下的名贵宝物。既然如此，那么被圣王所抛弃过的人中，难道就没有可以使国家富强的人才吗？

"我还听说，士大夫中善于治理自家封地并使其富足的，一定会从国家窃取财富；一国之君中善于使国家变得富强的，一定会从各分封的诸侯国中夺取财富。正因为天下有英明的天子，所以各分封的诸侯国就不能独自霸占利益了。这是为什么呢？因为诸侯中有人强大，就会破坏天下的共同繁荣。高明的医生可以预知病人的生死，圣明的君主可以明鉴事业的成败，对于大臣提出的意见，有利的就会去执行它，有害的就抛弃它，如果是抱有怀疑的就会稍微尝试一下，即使是尧、舜、禹、汤再生，也不能改变这种做事的态度！我的肺腑之言不敢写在书面之上，浅薄之言又不值得劳烦大王听取。

"我的内心一直在忐忑不安，猜想是因为我愚蠢而没有符合大王的心愿呢，还是因为推荐我的人地位卑贱而使大王不足以相信呢？如果不是这样的话，那我当然是希望大王能稍微抽出点游览观赏的空暇时间，让我可以瞻仰大王的威仪。"

范雎的这封自荐信被呈上去之后，秦昭王看了十分高兴，这是有真才实学才能写出的文章，一定要见见这是个什么样的人。秦昭王在以前奉行的都是排斥诸国贤才的政策，范雎委婉地劝谏秦昭王，使其认识到了人才的重要性。

秦昭王随后将王稽召来，向他表达了举荐贤才的谢意，并派人用专车将范雎接道秦宫里。范雎知道，从踏入秦宫的那一刻起，自己的命运就将彻底改变了。他已经想好了说辞，有信心让秦昭王重用自己。

这样，范雎才得以去离宫拜见秦昭王，到了宫门口，他假装不知道是内宫的通道，就往里走。这时恰巧秦昭王出来，宦官发了怒，驱赶范雎，呵斥道："大王来了！"

范雎故意乱嚷着说："秦国哪里有王？秦国只有太后和穰侯罢了。"他想用这些话激怒秦昭王。

秦昭王走过来，听到范雎正在与宦官争吵，便上前去迎接范雎，并对范雎行礼，范雎客气地还了礼。

秦昭王对范雎道："我很久之前应当亲自去接受您的教导的，刚巧遇上义渠国的战事很紧急，我天天忙着向太后请命了。现在义渠国的战事终于结束了，我才能有时间来亲自请教。我本人私底下对没能早日接见你而深感内疚呀，现在我用接待宾客的礼节来接见你。"

这一天凡是看到范雎谒见昭王情况的文武百官，没有一个不是肃然起敬的。

秦昭王支开了左右的随从人员，等到宫廷里空无一人的时候，秦昭王便跪在地上向范雎请教道："先生，您用什么来指教我呢？"

范雎道："嗯嗯。"

停了一会儿，秦王再次请教他道："先生，您用什么来指教我呢？"

范雎又道："嗯嗯。"

秦昭王反复三次询问，范雎也做了三次这样的回答。

第二章
初露锋芒

凭借渊博的学识,以及长期的宦海沉浮之经验,范雎逐渐形成了成熟的政治见解,尤其对于当时的天下大势有着独特的分析,这让他的政治价值越来越巨大,并且最终淋漓尽致地表现了出来。在此过程中,范雎也表现出了一个政客的局限性,他奉行"来而不往非礼也"的做事原则,不仅时刻将自己的恩人记在心间,而且也从来没有忘记自己的仇人。

远交近攻

这时秦昭王长跪着道:"先生您还是不肯指教我吗?"

范雎深表歉意地道:"臣不敢这样。我听说以前姜太公遇见文王的时候,太公不过是一个在渭水河边钓鱼的老头罢了。如果真是这样的话,那他们的交情是很浅的。但后来文王与姜太公进行了一番谈话,文王便立刻拜他为太师，用车子拉着他一起回家了，原因就是因为姜太公言谈恳切的缘故。后来文王果然在姜太公的帮助下建立功业，最终得到了整个天下并自立为帝王。如果文王当时因为姜太公身份低贱而疏远他，不愿与他深入地交谈，那只能说是周朝没有做天子的德量，文王、武王也就不可能成为帝王了。现在，我不过是一个客居秦国的小臣，按说与大王您的交情也不是很深，但我下面所要对您说的，都是一些对大王治理国家有帮助的事情，甚至还会牵扯到您的骨肉亲情，但我仍然愿意诉说出自己鄙陋的一片忠心。只是我还不太了解大王您的心意，所以大王三次问我，我三次都没有回答，就是这个原因。并不是我害怕什么而不敢说，就算是我已经知道今天在大王面前说了，明天就会遭到诛杀，我也不会因为贪生怕死而不敢说。

"如果大王相信我说的话，就是死了我也不觉得忧患；就是被赶走，我也不觉得忧愁；身上涂满油漆长出毒疮，披头散发像个疯子，我也不觉得羞耻。五帝那么圣德不是也死了，三王那么仁德也死了，五霸那么贤能也死了，乌获那么有力气也死了，孟奔、夏育那么勇敢也都死了。任何人都避免不了一死，这是大自然的自然规律，如果能在我的有生之年可以做些稍稍有益于秦国的事，这就是我最大的心愿了，我还有什么好怕的呢？伍子胥因为躲在口袋里才得以逃出昭关，之后他便晚上走路白天躲藏，到了蓬水，因为没有食物吃，就在吴国的大街上爬着乞讨，后来他却帮助吴王阖庐振兴了吴国，使阖庐在诸侯中建立霸业。

"如果大王能够允许我像伍子胥一样呈现计策，即使把我幽禁起来，终身不能再见大王，只要我的言论能够得到实施，我还有什么可担忧的呢？箕子和接舆都因为身上涂满油漆而长出毒疮，披头散发的像个疯子，但他们却对殷朝和楚国没有任何帮助。如果我和箕子、接舆一样，身上也被涂满油漆生疮，变为疯子，但是却能对贤明的大王有所帮助，这将是我最大的光荣，怎么还会感到羞耻呢？我所担心的，是等我死了以后，天下的贤能之人看到我为秦国尽了忠，却反而被杀死，大家就都会因此而闭紧嘴巴、裹足不出，到时就没有人敢到秦国来了。

"如今，大王您上面害怕太后的威严，下面被奸佞之臣迷惑；久居深宫之中，离不开保姆侍从的服侍，整天过得迷迷糊糊，还会有谁帮您明察奸诈之事。那些奸诈之事，大的会使国家灭亡，小的也会让您变得孤立无援。这才是我最担心的事情！至于那些穷困羞辱之事，还有死亡的威胁，都不是我所害怕的。我死了，只要秦国能政治清明，人民安定，那就比我活着有意义得多了。"

秦昭王长跪着道："先生说的这是什么话，我知道秦国偏僻遥远，我这个人又愚笨又缺乏才能，有幸先生能来到这里，这是上天让我来打扰先生的，希望可以因此而保存我先王的宗庙。我能得到先生的指教，这是上天宠爱先王，所以没有遗弃我啊！先生您怎么会说出这样的话来？现在所有的事情不论大小，上至太后，下至群臣，希望先生能够全心全意地指导我，就不要再怀疑我的真诚了。"于是范雎拜了两拜，秦王也拜了两拜。

范雎道："大王的国土，北面有甘泉、谷口，南面有泾水、渭水，右面是陇坻、蜀道，左面是函谷关、陇坂；军事力量上拥有战车千辆，勇敢的士兵近百万人，凭着秦国士兵的勇敢，以及车马的众多，去攻打天下诸侯，就像凶猛的猎犬追捕跛脚的兔子一样，称霸天下的大业一定会实现的。可如今秦国却闭关自守，不敢向太行山以东的各国用兵，这是因为穰侯为国家的谋划没有尽职尽责，也是大王您的计策出现有失误的地方。"

自己身为秦王，却处处受到魏冉的掣肘，秦昭王其实早就不满了，然而苦于没有对付魏冉的借口和能力，这时候听到有人说魏冉的政策有误，暗想确实如此，魏冉常常为了自己的利益罔顾国家的利益。

秦昭王说道："我希望能听您给我指出失误的地方。"

范雎知道此时两人身边虽然没有其他人，但是对付魏冉的时机远远没到。这时候直接谈宫中的事，难免会带来麻烦。不如从外事说起，这样循序渐进，逐渐树立君王的权威。

想到这里，范雎对秦昭王道："大王您越过韩国和魏国出兵去攻打强大的齐国，这就是失算的地方。如果您出兵少了，根本不可能伤害齐国，出兵多了，又会对秦国不利。我料想大王的计策一定是想让秦国少出兵，然后尽量让韩国和魏国出兵去攻打齐国，这是不合适的。现在您也看出与您联合的国家是靠不住的，您还经过别的国家去攻打远方的齐国，这能行吗？这很明显就是计谋上的疏忽了！

"从前，齐国派兵去攻打楚国，虽然当时打了胜仗，攻破楚国的军队，还杀了楚国的大将，得到了1000里地，可是后来呢？齐国连半寸土地也没有得到，难道是齐国不想要土地吗？肯定是因为形势不允许呀。这时，天下诸侯看到齐国军队疲乏不堪，君臣又不和睦，就趁此机会出兵攻打齐国，弄得齐军大败，齐滑王不得不逃走，成为天下人耻笑的笑柄。之所以会这样，就是因为齐国攻打楚国，却恰恰是便宜了韩、魏两国的缘故。这就是大家所说的'借给强盗兵器，送给小偷粮食'吧。现在最好的选择就是大王采用远交近攻的办法，那样得一寸土地就是大王的一寸土地，得一尺土地就是大王的一尺土地了。可是您却不用这个办法而是选择远攻，您说这不是错误了吗？况且，当初中山国的土地有方圆500里，都被赵国独自占有，所以功成名就，声势大涨，天下没有一个国家敢去侵害它。现在韩、魏两国的地势正好处于中原地区，就好比是天下的枢纽。大王如果想称霸诸侯，就一定要亲近中原的各诸侯国，将它们作为天下的枢纽，去威慑楚国和赵国。赵国强大了，楚国就会来附和它；楚国强大了，赵国也会来归附它。楚、赵两国都强大了，齐国自然就会害怕，齐国一害怕就一定会卑躬屈膝并带着贵重的财物来巴结秦国了，齐国既然来附和秦国，那么韩、魏两国就一定会灭亡了。"

昭王道："我本来是想亲近魏国的，但魏国总是变来变去，让人没法相信，所以我不敢去亲近它。您说我怎样去亲近魏国呢？"

范雎道："您可以先用谦逊的言辞和贵重的财物去讨好它，如果不行的话，您再割土地献给它，要是再不行，您就出兵去讨伐它。"

秦昭王闻言非常高兴道："寡人知道怎么做了。"

为了完成针对魏国的军事行动，秦昭王任命范雎为客卿，专门计划秦国的军事行动。公元前268年，秦国出兵占领了魏国的怀地，两年之后又占领了魏国军事重镇邢丘。

此时的秦国军队制度已经非常成熟，二十等爵制度被完美地实施。秦军战士斩获的首级越多，获得的军功越多，随之爵位就会提升。爵位提升之后，拥有众多特权。为了以军功换取爵位，秦军将士们作战非常勇猛。

邢丘攻下来后，很快魏国就请求要归附秦国。

解决完魏国后，范雎又将目光投向了韩国。他对秦王道："秦国和韩国的地形就像刺绣一样互相交错。秦国的旁边有韩国的存在，就好比树木有了虫子、人患了心腹之病一样，只要天下一有变动，韩国就会成为秦国最大的祸患，大王不如先将韩国拿下。"

这时秦昭王对范雎的才能已经有了充分的认识，便问道："我是想拿下韩国，可是韩国不听我的，我该怎么办呢？"

范雎道："只要大王派兵去攻打荥阳，那么通往成皋的道路便不通了，北面就会截断通往太行山的道路，上党的兵力就下不来了。一举攻下荥阳，韩国就被分成三段了，韩国看到国家即将灭亡，哪里还敢不依附于秦国呢？韩国一旦顺从了，大王的霸业就可以成功了。"

秦昭王喜道："太好了。"

按照范雎所说的计划，很快韩国就臣服于秦国了。

铲除异己

为秦国立下了大功，范雎越来越受到秦昭王的重视。然而他觉得秦国最大的问题不是外事，而是内患。内患解决之后，对外战争就能事半功倍。然而范雎没有贸然行动，而是循序渐进用了数年时间，慢慢像秦昭王劝谏。

有一次范雎对秦昭王道："您也应该听说过恒思那里的丛林中有一座神奇的祠庙吧？当时恒思有一个凶悍的少年要求与祠庙的主子掷

骰子，他说'我如果胜了你，你就把神位借给我用三天；如果不能胜你，你就可以将我困在这里'。于是，他就用自己的左手替祠庙的主子掷骰子，用自己的右手为自己投骰子，最后果真是他取胜了，于是就将祠庙的神位借给了少年。三天之后，祠庙的主子派人去取神位，却没有取回来。五天以后，这片树林就开始干枯了，七天之后，这片树林就全死了。放在现在来看，国家就好比是大王的丛林，而权力就好比是大王的神位。如果您把这些东西借给了别人，您能没有危险吗？我可从来没有听说过有手指比胳膊粗的，更没有听说过胳膊会比大腿粗的，若是真有这种事，那一定是得了不治之症了。假如有100个人驮着一只瓢跑，肯定不如一个拿着瓢跑得快。现在的秦国，有华阳君掌政，穰侯掌政，太后掌政，还有大王您掌政。不把国家比作盛水的瓢也就算了，如果真要是把国家比作盛水的瓢，那国家自然也会四分五裂的了。我曾经听到过这样一句话，'树木结的果实多了就会压断树枝，树枝断了一定会伤害树木的根本；封给臣子的土地如果过大，国家必然就会遭遇危险；臣子的地位太过尊贵，君王的地位就必然会受到轻视'。现在秦国城邑中，从领一斗俸禄的小官吏以上，一直到军尉、内史以及大王左右的近臣，有哪一个不是穰侯的亲信呢？国家没有发生什么战乱还好，如果万一发生点什么战乱，我想大王一定会在朝廷上受到孤立。我私下里非常替大王担心，恐怕万世之后掌握国家大权的将不是大王的子孙了。

"我听说古代那些善于治理国家的君主，他的威权总是掌握在自己的手中，他的亲信会遍布全国各处，国家政局安定，没有祸乱也没有叛逆，国家的使臣办事也是按照政策来执行，不敢私自为非作歹。现在太后派出的使臣却擅自分封各地诸侯,分封的证据天下到处都是。他们操纵着国家的权力,征聚强壮的兵士,到处诛伐诸侯,每次战胜获取的物品、财物全部都归到陶地所有,国家征收上来的财物,全都送往了太后的私室,国家境内可以掠夺的资产,也都被华阳君把持起来。古人所说的'使君主陷于危难、让国家走向灭亡的道路'就是从这里开始的。太后、穰侯、华阳君这三大显贵之人刮取国家的财富塞进了自己的腰包,这样一来,国家的政令还怎么从大王这里发出呢?权力怎么能不分散?大王确实处在了三贵包围一王的尴尬位置了。"

宣太后有两个弟弟,一个是穰侯魏冉,另一个弟弟名叫芈戎,被封为华阳君。宣太后、穰侯魏冉、华阳君,这三个人窃取了国家权柄,使秦昭王的势力备受打击。除了这三人外,还有一个人在秦国势力庞大,这个人就是秦昭王的亲弟弟泾阳君嬴芾。泾阳君在宣太后等人的支持和纵容下,非常骄横。对于秦昭王来说,宣太后、魏冉、华阳君或许只想获得更多的个人利益,扩张自己的封地,而泾阳君却是有资格继承王位的。

在来到秦国数年之后,范雎才开始总攻势,他对秦昭王道:"我在崤山以东居住的时候,只听齐国人都在议论一个叫田单的如何如何,却从来没有听到有人议论君王如何。说到秦国的时候只听大家议论太后和穰侯、泾阳君、华阳君等人,却没有听到大家议论君王。只有能独自掌管国家大事的人才会被称为王,只有能专断独行的人才会被称为王,也只有能控制生杀大权的人才会被称为王。现在,太后做事独断专行,不顾一切,穰侯出使各国,回来以后也不向您禀报,泾阳君、华阳君随意处治犯人也丝毫不顾忌法令,这样的四位权贵在国家待着,没有哪个国家不存在危险的。正是因为这四位权贵,下面的人才说秦国没有君王了。既然如此，大王的权威又怎么会不倒，国家的号令又怎么会从大王您那里发出来呢？

"我听说'善于治理国家的君王，对内会加强树立自己的威严，对外则充分展示自己的权力'。如今穰侯手中握着大王的外交权力，随意割裂诸侯的土地，擅自用兵封爵，讨伐敌人，以至于没有人敢不听他的。打了胜仗，他就把好处全部都归到他自己的封地陶国去了；国家出现危难的时候，他就让诸侯们去承担；他若打了败仗，老百姓就只会埋怨大王您，战争的后果也都得由国家来承担。《诗经》上说，'树木结的果实多了就会压断树枝，树枝断了一定会伤害树木的根本；封给臣子的土地如果过大，国家必然就会遭遇危险；臣子的地位太过尊贵，君王的地位就必然会受到轻视'。楚国大将淖齿在齐国专权，他抽掉齐闵王的筋，并将闵王吊在房梁上，闵王哀号一夜终于惨死。李兑控制赵国之后，将赵武灵王围困起来，只用了100天的工夫，就将他活活饿死了。现在秦国有太后、穰侯专权，再加上有高陵君和泾阳君来帮助他们，将来是否还会有秦王的存在就很难说了，这些人早晚会成为淖齿、李兑那样的人。今天我看到大王您在朝廷中非常孤立，恐怕以后的秦国将不会属于大王您的子孙了。"

这段话总结起来只有一句"天下只知有宣太后集团，而不知有秦昭王"。历朝历代，大臣想要扳倒一个人，这是最好用的一句话。并非是这句话有什么强大的魔力，而是告诉国君一个事实，权臣的势力已经强大到了足以动摇国君统治的地步。

秦昭王听了心中非常害怕，短暂地害怕之后，秦昭王便开始暗中准备，于是不久之后就废了宣太后，将穰侯驱逐出境，罢免高陵君的官职，把泾阳君撵出了关外。

考虑到穰侯魏冉为国当丞相这么多年，秦昭王也不想赶尽杀绝，便让沿途各县派人帮魏冉拉行李。魏冉的行李竟装了一千多车，在关口检查时，里面的奇珍异宝比王室的还多。

解决完宣太后集团，朝中权柄终于攥到手里了。秦昭王对范雎非常感激，便对他道："从前齐桓公有幸遇到管仲，便尊称他为仲父，现在我有幸得到了您，也尊敬您为我的父辈吧。"

范雎连称不敢，他自然知道权臣覆灭只在君王一念之间，怎敢以秦昭王父辈自居。秦昭王收回穰侯魏冉的相印之后，便拜范雎为相。

睚眦必报

秦昭王四十一年（前266年），将应地封给了范雎，并封其为应侯。回想到当时的苦难，一切都过去了。

范雎是个懂得报恩的人，史书上记载他"一饭之德必偿，睚眦之怨必报"。意思是凡是给过他一顿饭吃的小恩小惠他都会报答，但是瞪过他一眼的小仇怨他也不会忘记。这和他当年受过的屈辱不无关系。

此时范雎已经封侯拜相了，当初带他逃过魏相魏齐的追捕，并一起来到秦国的王稽还只是小小的传令官。王稽心里自然不是滋味，希望曾经患难与共的范雎能够帮助他，便找了个机会去拜会范雎。

王稽对范雎道："您可知道有三件事情是不可预知的？"

范雎问道："哪三件呢？"

王稽道："秦昭王说不定哪一天就会去世，这是第一件。您说不定哪一天去世，这是第二件。我说不定哪一天去世，这是第三件。如果秦王去世了，您因我没有受到秦王重用而感到遗憾，这是没有办法的。如果您去世了，您因无法报答我而感到遗憾，这也是没有办法的。我突然去世了，您因没有及时推荐我而感到遗憾，这更是没有办法的事。"

范雎听了这话不太高兴，但也明白王稽的意思。转过天来，范雎入宫对秦王道："如果王稽对秦国不忠诚，就不会将臣带到秦国。如果不是大王贤明，就不会重用臣。臣虽然已经是丞相了，而且被封为列侯，但是王稽还只是个传令官，希望您重用于他。"

秦昭王听了范雎的话，也觉得应该重赏王稽，便召他入宫。一番奏对之后，秦昭王觉得这人也还不错，便命他做河东郡郡守，并且允许他三年之内可以不向朝廷汇报郡内的政治、经济情况。

范雎又向秦昭王推举保护他到秦国的郑安平。郑安平本就是秦国的大臣，秦昭王自然应允，便封其为将军。

接着，范雎四处寻访曾经帮助过他的人，散发家中财物，以报答那些给过他帮助的人。

对于曾经侮辱过自己的人，范雎绝不手软。现在他已经有了足够的实力，对当初羞辱他的大人物下手了。

范雎进秦国之时，用的名字是张禄，纵然已经封侯拜相，秦国人仍然称他为张禄，而魏国对此竟一无所知。在魏人看来，范雎已经死了，或许很少有人记忆中还有这个名字吧。

魏王听说秦国要向东攻打韩、魏两国，便派遣须贾出使秦国，试图劝秦王放弃这个计划。

范雎得知须贾作为魏国的使臣到了秦国，便隐瞒了相国的身份改装出行，想要戏弄他一番。范雎穿上破旧的衣服，步行到了馆驿中，很快就见到了须贾。

须贾早就以为范雎已经死了，对他的怨恨早没了，一见到范雎，只剩下惊愕，便对范雎道："范叔原来没有灾祸啊！""叔"是范雎的字，对平辈或尊辈称字是出于礼貌和尊敬。见到范雎没有死，须贾也是有点高兴的。

范雎道："是啊。"

须贾笑着道："范叔是来秦国游说的吧？"

范雎答道："不是的，我前时得罪了魏相，所以逃出魏国，来到这里，怎么能还敢游说呢！"

须贾问道："如今你在做什么的呢？"

范雎答道："我在当差役。"

须贾听了有些怜悯他，须贾是知道范雎有才能的，沦落到当差役也是时运不济，便留下范雎一起坐下吃饭，又不无同情地对他道："范叔怎么竟贫寒到这个样子！"

须贾见范雎穿的衣服破烂，便取出自己的一件粗丝袍送给了他。

须贾趁便问道："秦国的丞相张君，你应该知道他。我听说他深受秦王宠信，天下大事都由丞相张君决定。如今我要办的事，取决于张君的意思。你这小子认识和丞相张君相熟的人吗？"范雎只是随口一问，也不指望范雎能帮上忙。

范雎道："我主人和他很熟悉，就是我也能求见，就让我把您引见给张君吧。"

须贾很不以为然地道："我的马病了，车轴也断了，不是四匹马拉的大车，我是决不出门的。"

范雎对须贾道："我能向主人借来四匹马拉的大车。"

范雎回到府中，弄来四匹马拉的大车，并亲自为须贾驾车，就这样驾车直进了秦国相府。相府里的人看到范雎亲自驾着车子，心道谁有这么大的威风，敢让丞相驾车。自然不会有人前来阻拦，府中的使者见状纷纷回避离开了。

须贾也是魏国重臣，自然知道出入相府，有一定的礼节，见到这般情景感到很奇怪。到了范雎办公地方的门口，范雎对须贾道："等等我，我替您先进去向相国张君通报一声。"

须贾闻言，就在门口等着。然而他拽着马缰绳，等了很久不见范雎出来，只好问门卒道："范叔进去很长时间了，怎么还不出来？"

门卒道："这里没有人叫范叔。"

须贾惊诧道："就是和我一起乘车来，刚刚进去的那个人。"

门卒道："那是我们相国张君，不是什么范叔。"

须贾闻言，大吃一惊，这才知道范雎就是秦国丞相张禄，回想起当年对范雎做的事，又回想今天的情况，便知道是范雎来报复自己了。想到这里，须贾赶紧脱掉上衣光着膀子双膝跪地而行，请门卒向范雎禀报，自己愿意认罪。

于是范雎派人挂上一张非常大的帐幕，召来许多侍从，摆足了阵势，这才命人将须贾带上堂来相见。

须贾见到范雎，连忙叩头认罪，对范雎道："我罪该万死，没想到您能靠自己的努力，达到这样尊贵的地位。我不敢再读书，也不该再议论天下之事了。我犯下了的大罪，您把我扔到荒凉野蛮的胡貉地区我也心甘情愿，如今我是生是死，全凭您处置。"

范雎不听他的认罪，对他道："既然知道自己犯罪了，那你说说犯了多少罪呀？"

须贾连忙答道："拔下我的头发来数我的罪过，也数不清。"

范雎道："不用你拔光头发，你的罪状有三条。楚昭王时申包胥为楚国谋划打退了吴国军队，楚王把楚地的五千户封给他作食邑，申包胥推辞不肯接受，因为他的祖坟安葬在楚国，打退吴军也可保住他的祖坟。现在我的祖坟在魏国，可是你却认为我对魏国不忠，暗中向齐国出卖情报，为此还在魏齐面前说我的坏话，这是你的第一条罪状。当时魏齐把我扔到厕所里肆意侮辱，你不加制止，这是第二条罪状。你喝醉之后还向我身上撒尿，你怎么忍心啊？这是第三条罪状。之所以现在还没有把你处死，是因为今天你赠我一件粗丝袍，还请我吃了顿饭。看在还有点老朋友的交情上，我给你一条生路。"说罢，命人将须贾赶出了相府。

随后，范雎进宫，把和魏国的恩怨报告给了秦昭王。秦昭王听后非常盛情，便决定不接受魏国使臣的生气，命令须贾等人离开秦国。

临别之前，须贾去向范雎辞行。范雎大摆宴席，请来了诸国使臣，命他们和自己一起坐在大堂之上，只允许须贾坐在堂下。范雎等人的饭菜非常丰盛，而须贾面前只放了一份马吃的草料，并令两个脸上刺字、受过外罚的人，喂他吃马料。

范雎吃完了一生中最美味的饭菜后，责令须贾道："给我告诉魏王，赶快把魏齐的脑袋拿来！不然的话，我就要挥兵直进魏国都城大梁。"

须贾离开秦国，回到魏国后，把范雎的话告诉了魏齐。魏齐大为惊恐，担心魏国为了避难而杀掉自己，便逃到了赵国，躲藏在平原君的家里。

平原君名叫赵胜，是赵国贵族，赫赫有名的战国四公子之一。他是赵武灵王之子，赵惠文王的弟弟。平原君礼贤下士，门下有食客数千人，以贤能闻名天下。他不但国事处理得非常好，和朋友们的关系也非常好。因此魏齐有难，第一想到的不是魏王，而是威名正盛的平原君。

范雎成为丞相的第二年，秦昭王听说魏齐藏在平原君家里，为了替范雎报仇，秦昭王假装和赵国交好，便给平原君写了一封信。在信中，秦昭王写道："我久闻您为人有高尚的道德情义，希望跟您交个像平民百姓一样无拘无束的知心朋友。您肯光临我这里小住几日的话，我愿同您开怀畅饮十天。"

赵国本来就惧怕秦国，平原君认为秦昭王有意和赵国交好，便很高兴地到秦国去见秦昭王。

秦昭王陪着平原君宴饮了几天，便露出了爪牙，对平原君道："从前周文王得到吕尚尊他为太公，齐桓公得到管夷吾尊他为仲父，如今范先生也是我的叔父啊。范先生的仇人住在您家里，希望您派人把他的脑袋取来，不然的话，我就不让您出函谷关。"

平原君听这话，终于明白了秦昭王的意思，但是绝不会妥协，便对秦昭王道："显贵了还要交低贱的朋友，是为了不忘低贱时的情谊；豪富了还要交贫困的朋友，是为了不忘贫困时的友情。魏齐是我的朋友，即使他在我家，我也绝不会把他交出来，何况现在他根本不在我家。"

秦昭王也知道平原君的为人，便不再逼他，转而给赵国国君赵孝成王写了一封信，在信中写道："平原君在秦国，范先生的仇人魏齐就在平原君家里。大王派人赶快拿他的脑袋来，不然的话，我要发动军队攻打赵国，而且平原君也别想出函谷关。"

赵孝成王是赵惠文王的儿子，平原君的侄子，公元前266年才登基。登基两年的君王还没有信心和秦国硬碰，能够以魏齐的人头换取和平，自然非常愿意，哪怕在平原君家里也要揪出来，于是派人将平原君家包围了起来。

魏齐知道赵孝成王要用自己的人头换平原君，危急中，连夜逃出了平原君家。他知道还有一个人能帮到自己，这个人就是赵相虞卿。虞卿估计赵王不能被说服，二话不说，就解下自己的相印，跟魏齐一起逃出了赵国。两人抄小路奔逃，想来想去几个诸侯国都没有能急人之难而可以投靠的人，无奈下又到了魏国都城大梁，希望通过信陵君去投奔楚国。

魏国公子信陵君魏无忌同样是战国四公子之一，他效仿平原君的做法，养客数千人，自成势力。魏无忌礼贤下士，急人之所急，素来被人所称道。然而信陵君得知魏齐的情况后，由于害怕秦国的报复，有些犹豫不决，因此不肯接见他们。

信陵君问周围的人道："虞卿这个人怎么样？"

当时侠士侯嬴在他旁边，就对信陵君道："人固然很难被别人了解，可了解别人也不是件容易的事。那个虞卿脚踏草鞋，肩搭雨伞，远行而到赵国，第一次见赵王，赵王赐给他白璧一对，黄金百两；第二次见赵王，赵王任命他为上卿；第三次见赵王，终于得到相印，被封为万户侯。当前，天下人都争着了解虞卿的为人。魏齐走投无路时投奔了虞卿，虞卿根本不把自己的高官厚禄看在眼里，解下相印，抛弃万户侯的爵位而与魏齐逃走。能把别人的困难当成自己的困难来投奔您，您还问'这个人怎么样'。人固然很难被别人了解，了解别人也实在不容易啊！"

信陵君从这番话里，分明听出了讥讽自己的意味，因此深感惭愧，赶紧命人驱车到郊外去迎接他们。可是魏齐得知信陵君不肯接见自己后，便一怒之下刎颈自杀了。赵王得知魏齐自杀身亡，便取下了他的脑袋送到秦国。秦昭王见到了魏齐的人头，这才放平原君回赵国。

谋划天下

在此之前，秦国想要占据中原的野心已经昭然若揭。各方诸侯也意识到，不抑制住秦国的脚步，下一步倒霉的就是自己。于是，各诸侯国纷纷展开合纵，以抗击秦国。诸国的谋士们都联合起来聚集在赵国的都城，商议如何进攻秦国。

面对这样的局面，范雎看透了各诸侯国的真面目，便对秦昭王道："大王您不用为这事发愁，请让我前去破坏他们的联盟。秦国与各国的谋士并没有什么深仇大恨，他们聚在一起商量攻打秦国的原因，无非是为了自己的富贵发达罢了。大王您可以去看看您养的狗，现在肯定是卧着的卧着，站着的站着，走着的走着，蹲着的蹲着，互相之间并没有发生争斗。可如果这时候您扔过去一块骨头呢？它们一定会迅速地蹿起来互相撕咬，这是什么原因呢？其实就是为了抢食吃而已。"

于是范雎就派了秦国的臣子唐雎带着乐队和 5000 两黄金去赵国了。唐雎在赵国的武安城住下后，便开始大会宾客，和他们共同畅饮，还对众人道："邯郸人谁愿意来拿这些金子呢？"聚集在赵国谋划攻秦的谋士们在邯郸没有得到这种赏赐，反而在武安得到了，这些人很快就和秦国像亲兄弟一样亲密了。

范雎又对唐雎道："你这次去为秦国建立功业，就不要过问金子都散发到哪里去了，只要把金子都发出去，你的功劳就最大了。现在我再派人带 5000 两黄金给你。"

于是唐雎又来到武安，金子散发出去还不到 3000，参与谋划攻秦的各诸侯国谋士们就互相争斗起来了。

对于秦国和范雎来说，报仇只是个小插曲。范雎远交近攻的政策已经取得了初步的成果，此时齐国已经依附于秦，楚国和赵国也遭到威胁而不敢异动。这只是风雨前的平静，一场改变天下局势的大战即将拉开序幕。

此时秦国的目标很明确，就是魏国和韩国。公元前 265 年，秦国向东进攻韩国，很快拿下了少曲（今河南济源东）和高平（今河南孟州市西北）这两座城池。这两地在太行山脉的西南，是上党郡到韩国都城新政的必经之地。拿下了这两个地方，就实现了范雎"北断太行之道"的构想，从而截断了上党郡和韩国本土之间的联系，从而能够夺取韩国的上党郡。

公元前 264 年，秦昭王命武安君白起进攻韩国陉城（今山西省临汾市曲沃县东北），一连夺得了陉城等五城，斩杀韩军五万人。

次年（前263年），白起又率军攻打南阳太行山道，将这条通道堵死了。公元前262年，白起再攻破韩国野王（今河南沁阳），彻底切断了上党郡同韩国本土的联系。这时韩国朝廷已经陷入内乱，韩桓惠王惧怕秦军，决定将上党郡献给秦国，以结束这场战争。

然而上党郡郡守靳黈不愿降秦，仍然在抵抗秦军的进攻。

韩桓惠王无奈，于是派冯亭接替上党郡守。但是冯亭也不愿降秦，冯亭决定用自己的方法对抗秦国。明知上党郡是保不住了，在他看来宁愿将上党郡送给赵国，也不能将之送给秦国。于是为了借助赵国的力量抗秦，他向赵国献出上党郡七十邑。

这件事在赵国内部也有许多不同意见。平阳君赵豹认为不可行，这样做会得罪秦昭襄王，甚至会引来战火，但是平原君赵胜却认为可以接受。赵孝成王没有抵挡住诱惑，最终决定接受上党郡，于是封冯亭为华阳君，仍然为上党郡郡守，同时派平原君赵胜领五万赵军接收上党。

公元前261年，眼见嘴边的鸭子要飞走了，秦昭王派左庶长王龁领兵进攻上党，试图一举夺取上党。上党百姓不愿接受秦国的统治，得知秦军来犯的消息后，纷纷逃亡。赵国陈兵于长平（今山西省高平市长平村），以便镇抚上党之民。

到了4月，王龁开始向赵国进攻。赵孝成王派遣老将廉颇，率领20万赵军抵抗秦军。廉颇以丹朱岭至马鞍壑一线的百里石长城为主防御阵地，并在前方设立了空仓岭一线为前沿阵地，以作防御。同时派副将茄率领兵马，跨出阵地，迎战秦军。

很快秦军和赵军在空仓岭以西的玉溪河谷相遇，赵军初战不利，副将茄也在混战中被斩杀。随后，赵军退守空仓岭，很快秦军便突破了赵军防线，占领了赵军建造的堡垒。

到了7月，赵军只能继续向长平方向后退，在石长城以西的丹河一线构筑长垒防御。秦军再次攻占了赵军阵地。赵军战败后退入故关，以百里石长城作为依托抵抗秦军。

石长城建造在丹朱岭至马鞍壑一线的分水岭上，面向秦军的南坡，非常险峻。石长城宽四米，每隔一段距离就修建一座堡垒，顺山势而建，绵延有百里长。百里石长城只在中段有一个天然隘口名为故关。故关是南北交通的必经之地，并且建筑了高大的城门，和长城浑然一体。百里石长城易守难攻，在廉颇的指挥下，赵军在这里全线布防，以故关作为主要阵地。赵军凭借百里石长城之险，居高临下对抗秦军。

作战勇猛的秦军在长城面前根本发挥不出应有的战斗力，纵然攻破了一小段长城，也不敢率军深入，一旦被截断后路，跨过长城的这部分秦军就会遭到赵军的前后夹击。长城在冷兵器时代可谓王者，无论有多少人马，在长城面前都无济于事。秦军知道长城不能攻破，只好约赵军出长城作战。赵军在廉颇的率领下，坚决不与秦军作战。这样，赵军凭借百里石长城之险，一时遏制住了秦军的攻势。

长城不能从外部攻破，却能轻易从内部捣毁。秦军散播谣言，令赵孝成王以赵括替代廉颇为将，在长平之战中大胜赵军。

长平之战，使赵国国势日衰，已经没有了与诸国争霸的资本。然而秦国在这场战争中同样受到重创，举全国之力才成功。史书上记载，当时秦国战胜之后，"秦卒死者过半，国内空"。同时，长平之战也是秦国完美运用"远交近攻"之策的例子。如果各诸侯国来救援赵国，恐怕谁胜谁负难以预料。

第三章
急流勇退

也许是经历了太多的爱恨情仇，也许是见识了太多的世态炎凉，范雎对于荣华富贵的留恋并不强烈，对于手中权势也没有太看重。因此，当范雎大仇得报，人生再也没有什么目标值得追寻后，便毫不犹豫地选择了默然退出。众所周知，古人都讲求"舍得"的智慧，范雎也正是悟到了"舍"字的真谛，才得到了一个完满的人生。

逼死白起

长平之战后，白起想一举灭掉赵国。公元前260年，秦军再次平定了上党郡，然后分兵两路，一路由王龁率领，进攻皮牢（今河北武安）；一路由司马梗攻占太原。而白起则亲自率军围攻邯郸。

这时候有人对范雎说道："听说您已经将马服君赵括擒住了？"

范雎道："是呀。"

这人又问道:"您又将邯郸城围住了吗?"

范雎又道:"是呀。"

这个人接着又道:"如果赵国灭亡了,秦昭王就可以称霸天下了,武安君白起将来恐怕就要做丞相或太尉一类的大官了。武安君为秦国南征北战夺取了七十多座城池,在南边占领了鄢城、郢城、汉中一带,还消灭了马服君赵括的军队,竟然没有损失一兵一卒,即使是周公、召公、吕望再世,他们的功劳也不会超过这些了。如果赵国灭亡了,秦国称霸天下,那么武安君白起就会位列三公,您难道愿意屈身做他的下属吗?不过就算您不想做他的下属,恐怕也是不可能的了。秦军曾经攻打韩国陉丘,被围困在了上党,可上党的老百姓却全部都逃回了赵国。可见,天下的百姓不愿做秦国国民的时间已经很久了。如果现在秦军真的灭了赵国,那么赵国北边的土地和人民就会归入燕国,东边的土地和人民就会归入齐国,南边的土地和人民将会归入楚国和魏国,秦国所能得到的土地也就剩不了多少了。因此您不如趁机让赵国割让土地与秦国讲和,这样也能让武安君少建立一点功劳。"

听了这番话,范雎向秦昭王道:"秦国士兵已经非常疲惫了,此时不应该继续作战,请您允许韩国、赵国割地讲和,暂时让士兵休整,再做打算。"

秦王听从了范雎的意见,从而割取了韩国的垣雍和赵国的六座城池,便与之讲和了。

这年正月,秦国和赵国正式停止交战。然而这对武安君白起来说无疑是个重大打击。正当眼见就能灭掉赵国的时候,竟然就这样停战了,作为一个将领,这是很难接受的。从此白起对范雎便生了怨恨之心，即便是对秦昭王，他也有些不满。

名士虞卿认为秦国在长平之战胜利后，不继续攻赵，是由于已经没有足够实力了，因此想毁约。但是赵孝成王又担心毁约会让秦军报复赵国，因此犹豫不决。虞卿认为秦国欲壑难填，永无满足，因此应该联合齐、韩、魏、楚等国合纵抗秦。平原君也支持虞卿的观点，因此赵孝成王决定毁约，合纵抗秦。

赵国毁约，不割给秦国六城，此事使秦昭王大怒，于是决定再次伐赵。秦昭王命白起带兵伐赵，然而白起却对秦昭王道："不能这么做。"

秦昭王对其道："前一年的时候，国家的府库空虚，人民遭受饥荒，您并没有体恤百姓的承受能力，反而要求增加军粮去消灭赵国。如今寡人已经使百姓得到休息，士卒得到安养，并蓄积了足够的粮食，全军的供给也超过了从前一倍，而您现在却说不行。为什么您会这么说呢？"

白起道："长平之战中，秦军大获全胜，而赵军大败而归；秦国人皆大欢喜，赵国人却忧愁害怕。秦国战死的将士被赐以厚葬，受伤的将士给以精心地治疗，有功绩的将士设酒食给予慰劳，百姓之间也借此名义大搞聚会，浪费了很多财物；可是赵国呢，战死的将士无人收殓，受伤的将士也得不到医疗，军民上下悲泣哀号，于是便齐心协力、团结一致，努力耕种，认真生产。现在大王的兵力虽然是以前的三倍，但是微臣预计赵国的守备力量却会达到过去的十倍。赵国自长平之战以来，上至君王下至大臣，全都忧心恐惧，为此他们上朝议政都早出晚归，并用谦卑的言辞、贵重的礼品，向四方派出使节，广交盟友，与燕、魏、齐、楚已经结为友好同盟。他们千方百计，同心同德，一起致力于防备秦国的入侵。赵国现在可以说是国内财力充实，国外外交活动成功。这个时候，是不能攻打赵国的。"

秦昭王道："寡人已经派出军队了。"

公元前259年秦昭王派五大夫王陵率军20万去攻打赵国都城邯郸，拉开了邯郸之战的序幕。

赵国经历了长平之战，已经国内空虚，然而老将廉颇率领十万赵军拼死抵抗。赵相平原君更是散尽家财，充作军费，同时将妻妾编入行伍之中。赵国朝野上下，共赴国难，与秦军战至第二年，秦军仍没有取胜。

为了尽快取得胜利，秦国增兵十万，支援王陵，然而非但没有达到理想的效果，秦军反而损失了四五万人马。

这样耗下去不是办法，秦昭王决定派白起出征。然而白起却声称有病不去，秦王于是就派应侯范雎去见白起。

范雎去了以后就责备他道："楚国的土地已达方圆5000里，战士也超过百万。您曾经率领只有几万人的军队去攻打楚国，都能攻下楚国的都城鄢郢，并烧了他们的宗庙，一直打到东面的竟陵，使得楚国上下为之震惊，便把都城迁往东边的陈地，一直都不敢向西与秦国对抗。韩、魏两国随后又派出大批军队，而您率领的军队还不及韩、魏联军的一半，您和他们在伊阙展开大战，将韩、魏联军打得大败，以至于血流成河，作战的盾牌都能漂浮起来，您当时杀死的敌军多达24万。为此，韩国和魏国至今还一直是秦国东面的附属国。这可都是您的功劳呀，天下诸侯有谁不了解这些呢？现在赵国士卒百分之七八十的都在长平之战中阵亡，赵国已经十分虚弱了，所以大王才决定派出几倍于赵国的大军，希望您能领兵出战，一举将赵国消灭。您曾经以少击多，像战神一样获胜无敌，更何况现在是以强攻弱，以多攻少呢？"

白起道:"当时的楚王依仗自己的国家强大,所以不顾国政,大臣们也因居功自傲,而忌妒争功,使得阿谀谄媚的大臣得以掌权,而贤良的忠臣却因为受到排挤而被疏远,百姓们离心离德,护城河也没有得到修葺。当时的楚国可以说是既无良臣,又无守备,所以微臣才能够领兵深入楚国内部,占领众多城邑,并拆除桥梁,烧毁船只,断绝了他们回来的道路,坚定了战士们勇于作战的决心,并在郊野各处寻找食物,来补充军粮。那个时候,秦国的士兵把军队看作自己的家,把将帅看作自己的父母。彼此之间并没有什么约定,大家却相处得很亲近;没有经过什么协商,彼此也都相互信任。全军上下同心同德,都是抱着必死的决心,誓死也不回头。

"可是楚国人呢?他们在自己的国家作战,却只关心自己的家庭,全军将士离心离德,丝毫没有斗志,所以微臣才能够建功立业。伊阙之战,韩国因为势单力薄,便一直等待魏国,不愿首先派出自己的军队。魏国却想依靠韩国的精锐部队,让韩军打头阵,韩、魏两军因为争利而不能同心协力,所以我有机会设置埋伏来对付韩国的军队,随后又集中精锐部队,对魏国进行了出其不意的攻击。魏国军队战败之后,韩国军队自然也就溃散,然后微臣又乘胜追击败军,所以才能建立战功。这些都是因为当时的谋划得当,并巧妙利用形势随机应变,不过是符合自然的道理,哪有什么神兵可言呢?

"现在秦国在长平之战中打败了赵军,当时不趁赵国畏惧的时候一举将其灭掉,而因为赵国的求和而放弃了这个机会。现在他们经过努力耕种,已经提高生产增加积蓄;孤儿幼儿已经长大并参军;兵器已经修缮完好,军队的战斗力得以增强;又增高了城墙,修护了护城河,防守得以巩固；国君放下架子，对臣子以礼相待，对百姓关爱有加；上级军官对待士卒也能推心置腹、同甘共苦；平原君赵胜这样的贵族都能让他们的妻妾到军营中，为战士们缝补衣裳。这一切都是赵国的君臣民众上下一心，团结协办，就像当初越王勾践被困在会稽山上受辱，而后卧薪尝胆、励精图治一样。

"如果现在去攻打赵国，赵国必定拼死抗争；如果主动向赵军挑战，他们也一定不出战；而包围赵国的都城邯郸，也一定不可能取胜；攻打赵国其他的城邑，也一定不可能攻下；掠夺赵国的郊野，也一定会一无所获。我国对赵国出兵却毫无战功，那天下诸侯就会产生抗秦救赵的心思，赵国一定会得到天下诸侯的援助。现在微臣只看到攻打赵国的危害，并没有看到任何有利之处，更何况微臣有病在身，所以不能出征。"

范雎听后，只得惭愧地退了出来，见到秦昭王后，将这一番话转告给了他。

秦昭王听后，勃然大怒道："没有他白起，寡人就消灭不了赵国了吗？"于是又增加兵力，另派王龁替换王陵去攻打赵国。结果包围赵国的都城邯郸八九个月了，还死伤很多将士，却一直没有攻下。范雎于是举荐郑安平为将，率军五万携带大量粮草支援王龁，加强对赵国的进攻。赵王后来又派出精锐部队，袭击了秦军的后路。秦军接连失利。

面对这样的情况，白起却道："不采纳我的意见，现在怎么样了呢？"

秦昭王听说以后大为恼怒，于是就亲自去见武安君白起，强迫他起来，说道："您虽然生病了，但是也要为寡人带病出征。如果建立军功，这是当然就遂了寡人的意，一定会重重地赏；如果您不去的话，寡人就会深深地怨恨于您。"

武安君白起叩头至地，说道："微臣明知出征却不会取得成功，但是却可以因此而免于获罪；如果不出征，即使没有罪过，也不能免除死罪。但微臣还是希望大王能接受愚见，放弃攻打赵国，好让人民可以养精蓄锐。然后再利用诸侯之间的关系变化，安抚那些担惊害怕的，讨伐那些骄傲轻慢的，消灭那些昏庸无道的，这样便可以号令诸侯，而控制天下了。就是所谓的屈从白起一臣，却可以赢得天下诸侯的做法。如果大王不能体会微臣的良苦用心，不采纳微臣的愚计，而是一定要消灭赵国求取一时痛快，从而降罪于微臣，这也就是所谓的战胜白起一臣却痛失整个天下的做法呀。战胜一个臣子的威严哪里比得上战胜天下诸侯的威严大呢？微臣听说，贤明的君主热爱自己的国家，忠诚的臣子爱惜自己的名誉；国家灭亡便不可能再复原，士卒死去也不可能再复活。微臣宁愿获罪而死，也不愿做一个辱军败国的将领，希望大王能够谨慎考虑。"

秦昭王认为白起不服自己，便令使者赐剑，命白起自杀。白起死后，东方六国诸侯闻讯，纷纷举杯相贺，庆祝白起之死。白起虽然死了，但是不能改变的是，邯郸之战没有结束，仍然要继续下去。

识人不明

到公元前257年，秦军已经围困邯郸达三年之久，赵国处境非常危险，邯郸人已经开始吃人肉了，不忍心吃自己的孩子，甚至"易子而食"。赵国加紧行动，派遣使臣联系楚国和魏国。

在一年前，平原君的门客自荐跟随平原君去楚国，以便请求援助。赵平原君一行来到楚国，向楚考烈王陈述合纵抗秦的利害关系，从"日出"谈到"日中"，楚考烈王还是犹豫不决。毛遂于是拔剑而前，走近楚考烈王说："今楚地五千里，持戟百万，此霸王之资也。以楚之强，天下弗能当。白起，小竖子耳，率数万之众，兴师以与楚战，一战而举鄢郢，再战而烧夷陵，三战而辱王之先人。此百世之怨而赵之所羞，而王弗知恶焉。合纵者为楚，非为赵也。"楚考烈王羞愧，"唯唯"答应，"歃血而定纵"。赵平原君回国后，楚国出兵十万救赵。

平原君的夫人是魏信陵君的姐姐，多次向魏王和信陵君请求出兵救赵。魏王派将军晋鄙率师十万救赵，秦昭王闻知，遣使威胁魏王道："赵都不日可下，诸侯有敢救者，胜赵之后必先移兵击之。"魏王畏惧，便令晋鄙屯军于邺（今河北临漳西南），观望战事发展。信陵君及宾客、辩士多方劝说，魏王始终不听。信陵君听从隐士侯嬴的计策，恳请魏安僖王宠妃如姬盗窃魏王兵符。如姬是魏王宠爱的姬妾，当初其父为人所杀，三年不能报仇，信陵君得知后，帮助她将仇人的头砍下来了。如姬衔恩感激，于是窃得兵符交给信陵君。信陵君至邺，矫称魏王之命替代晋鄙为将。晋鄙虽合兵符，心中怀疑，被信陵君随行力士朱亥相杀。信陵君下令军中："父子俱在军中，父归；兄弟俱在军中，兄归；独子无兄弟，归养。"选得精兵八万，驰援邯郸。

魏楚援军到来之前，赵胜招募3000敢死队，命李谈率领进击秦军，击退秦军30里，李谈也力战而死。

秦军大败后，郑安平被赵军围困，率所部两万余人降赵，被封为武阳君。王龁率残部逃奔汾城（今山西曲沃西北），与当地秦军会合。

休整两个多月后，因怪罪魏信陵君窃符救赵，王龁率军攻魏军，斩首六千，魏军奔逃溺死黄河两万余人。王龁又由唐（今山西临汾）攻取赵邑宁新中（又作新中，今河南安阳东南；一说宁邑，在今河南修武），改名安阳。

邯郸之战严重地消耗了秦国的实力，推迟了秦国统一六国的步伐。范雎也因为郑安平的叛逃，受到了牵连。按照秦国的法律，所任用之人出现失误，主事的人也应该受到惩罚。然而秦昭王念范雎功劳甚大，不忍心责怪他。担心他因此不快，秦昭王下令，不准再说郑安平的事。秦昭王并没有因为这件事对范雎不满，反而更加顺从他的心意。

范雎举荐的王稽此时正负责对赵国的战争。然而王稽的一些措施却引起了将士们的不满。

这时有个叫庄的人就对王稽道："您为什么不赏赐一下军中的官吏呢？"

王稽道："我只对大王尽忠，用不着对别人负责。"

庄对王稽道："你这么说可就不对了，都说父命难违，可是对父亲和儿子来说，有的命令能够做到，有的命令却是做不到的。打个比方，有个父亲对儿子说'将你那宝贝老婆休掉，再将你那心爱的小妾卖掉'，这个命令儿子可以做得到；但是如果父亲说'不许你去想念她们'，这个命令就有点难以实现了。因为从这件事情上来说，儿子可以将喜爱的妻子休掉，将心爱的小妾卖掉，但是不去思念她们，这个恐怕是很难做到的，人的感情怎么能控制得了呢？再打个比方说，有个看大门的老太太说'那天晚上，有个年轻的小媳妇招了一个野男人到家里过夜了'。对于这件事来说，这种风流消息大家都愿意相信是真的，因为大家本来就都喜欢听这种消息。如今您虽然深受大王的宠爱，也不会深过父子之间的亲情吧，军中的官吏虽然卑贱，却怎么也不至于比那看门的老太婆更卑贱吧。再说您依仗大王的宠爱，蛮横专断，还瞧不起手下的兵将，这时间也挺长的了。您难道就没有听说过这样的一句谚语，说'三个人传播谎言，就可以把没有老虎的地方说成有老虎；十个人说这根木头是弯曲的，就可以把直的木头变成是弯曲的木头；众人都说这个物体可以移动，就算它没有翅膀也是可以飞起来的'。所以我说，您应该赏赐军中的官吏，并且对他们以礼相待。"

可是王稽却没有听从庄的意见。军吏们长时间处在困境之中，终于忍受不了，果然就有人返回秦国控告王稽和杜挚谋反。秦昭王听到控告以后十分愤怒，就判处王稽弃市之刑。举荐王稽的范雎也被人上告，要求处死范雎，秦昭王此时对范雎也有点恼怒了。

范雎对秦昭王道："我本来是来自东方的卑贱下等之人，因为得罪魏王，才逃命来到秦国。我一没有任何诸侯的支持，二没有王侯朋友的帮助，是大王将我从流亡的难民之中选拔上来的。您让我主管国家大事，天下之人都知道我的身世以及您对我的提拔。如今我身陷谗诌，被人诬告我与罪人王稽是同一个想法，大王却明令下旨要处死我，这可让天下之人都知道您因为失误而提拔错人了，您将为此而成为各诸侯讥笑的对象。我希望大王能赐给我一杯毒药，让我服毒自尽，并请大王恩赐我以相国的名义下葬，这样大王您既没有放弃对我的惩处，又没有背上错误举荐的恶名。"

秦昭王道："说得有道理。"秦王没有怪罪范雎，一如既往地善待他。

虽然秦昭王没有责怪范雎，但是范雎自己却非常惭愧，认为是自己识人不明，造成了秦国巨大的损失。

有一天，秦昭王在朝堂之上连声叹气。范雎向前道："臣听说'君忧臣辱，君辱臣死'，如今您为国事忧愁，请求您治我的罪。"

秦昭王道："寡人听说楚国铸造的剑非常锋利，但是其歌舞演技拙劣。一个国家兵器锋利，那么士兵就会勇敢。歌舞演技拙劣，那么国君必然深谋远虑。楚国君主心怀谋略，且士兵勇敢，我担心他会侵犯秦国。如果不早作准备，就不能应付突然的变化。如今武安君白起去世了，郑安平等人又叛变了，国内没有能征善战的猛士，国外敌对的国家又很多，因此我非常担心。"

秦昭王说这番话，本意是想激励范雎。然而范雎听后却非常害怕，以为秦昭王已经对自己非常不满了，因此便心生退意。

召见蔡泽

战国之时，善变多智、游说诸侯的士子非常多，燕国人蔡泽便是其中的佼佼者之一。

蔡泽学成之后，曾周游列国，向大小诸侯谋求官职，然而并没有得到重用。

有一次蔡泽邀请著名的相师梁国人唐举为其看相。

蔡泽见到唐举之后，对其道："我听说您曾经为李兑看相，对他说'百日内掌一国大权'，有这事吗？"李兑曾做过赵相，也找过唐举看相，因此有这种说法。

唐举道："有这回事。"

蔡泽道："您看看我这样面相怎么样？"

唐举仔细观察了一番后，笑道："先生是朝天鼻，端肩膀，凸额头，塌鼻梁，罗圈腿。我听说圣人不在貌相，说的就是先生吧？"

蔡泽知道这是唐举在戏弄他，便道："富贵的事我知道，不知道的是我的寿命，希望您能告知。"

唐举道："先生从今天起，还可以活43岁。"

蔡泽听后很满意，笑着告谢离开了。随后他对车夫道："我端着饭吃肥肉，坐着马车奔驰，怀揣着黄金印，腰上系着紫色绶带，在人主面前受尊敬，享受富贵43年，可以满足了。"

随后蔡泽离开了燕国到了赵国，然而在赵国非但没有受到重视，还被赶了出来，便想去韩国和魏国。在路上，他遇到了劫匪，连做饭的锅、鼎等炊具都被人抢走了。

这时他听说应侯范雎因为所任用的郑安平、王稽等人都身负重罪，范雎自己也因此而内心惭愧，于是就决定往西去秦国谋求发展。

蔡泽知道，如果贸然求见秦昭王，一定还会像以前一样受到冷遇，如果有范雎的举荐，就大不一样了。因此他到了秦国，在去觐见秦昭王之前，就先派手下人在公开场合扬言，想以此来激怒范雎，他的手下说："燕国来的客卿蔡泽，是当今天下最才智过人、能言善辩的谋士。只要他一去会见秦王，秦王一定会任用他为相国而夺取范雎的地位的。"

范雎听说之后，就派人将蔡泽召来见面，希望看看这个人有什么不同。

蔡泽来的时候只是向范雎拱手作了个揖，并没有正式拜见他。范雎本来就因为他的狂妄很不高兴，没想到见面的时候态度又这么傲慢，于是就责备他道："先生曾在公开场合扬言要取代我担任秦国的相国，真的是这样的吗？"

蔡泽回答道："是的。"

范雎忍住不满道："那就请让我细细地听一听您的高论吧。"

蔡泽不慌不忙地道："哎呀！您的见识怎么如此迟钝呢？春夏秋冬四季更迭，春过之后是夏，夏过之后是秋。秋到了，冬也就跟着来了。人生在世，手脚健康，耳聪目明，通情达理，充满智慧，这难道不是天下之人都希望的吗？"

范雎道："是的。"

蔡泽道："心存仁义，对天下实施道义和德政，天下的老百姓就会发自内心地高兴并敬爱他，都愿意他来做君王，这难道不是能言善辩的智慧人士所期望的吗？"

范雎道："是的。"

蔡泽又道："取得荣华富贵，治理世间万物，让万物都各得其所；人人都生命长寿，尽享自然的寿命，中间没有夭折；让天下都继承他的传统，保卫他的事业，并一代一代地传递下去，做到名副其实，完美无缺，恩泽流传千世，后人称赞之声不绝，与天地同始同终。这难道不正是符合客观规律，并被圣人称为吉祥的好事吗？"

范雎道："是的。"

蔡泽道："像秦国的商鞅，楚国的吴起，越国的大夫文种，他们的结局也是您所向往的吧。"

179

这几个人都是不得好死的权臣，范雎知道蔡泽想要用辩词将自己陷于窘迫之地，便对蔡泽道："为什么不可以呢？公孙鞅为秦孝公服务，竭尽自己的才智，没有二心，尽公无私，赏罚分明，使得社会安定太平。他竭尽全力贡献了自己的聪明才干，付出自己的一番真情实意，因此而得罪权贵，使自己遭受到怨恨和责难。他曾欺骗了自己的老友，诱俘了魏国的公子卬，最终替秦国捉住敌将，破败敌军，夺取了近千里的土地。吴起为楚悼王服务，使得私家不能损害公家的利益，谗言不能蒙蔽忠良，他在言论上从来不与他人苟且相合，行为上也从来不与他人苟且相容，只要行动合乎道理就不顾毁谤或者赞誉。为了使楚国能成为霸主强国，他从来不惧怕任何凶祸。文种为越王勾践服务，在越王遭到困窘和耻辱的时候，他竭尽忠心而不懈怠，即使越王处在灭亡的绝境，他依旧不离不弃为越国贡献自己的力量。他立下无数的功劳但却从来不自我夸耀，他富贵一方却从不骄傲懈怠。像这样的三位先生，可以说是达到了义的最高点和忠的最高值。所以君子宁愿牺牲自我而成就美名，只要是义所存在的地方，即使为它而死，也不会有什么遗憾和悔恨。如果我能像他们一样，又有什么不可以呢？"

蔡泽冷笑一声，对范雎道："君主圣德，臣子贤能，这是天下的福气；君主英明，臣子忠诚，这是国家的福气；父亲慈爱、儿子孝顺，丈夫诚信、妻子贞节，这是家庭的福气。比干忠心耿耿，最后却没有保住殷商；伍子胥聪明智慧，却没有保住吴国；申生孝顺贤德，却没有阻止晋国内乱。由此看来，即使有了忠臣孝子，国家仍然会灭亡或混乱，为什么会这样呢？原因就是因为没有英明的君主和贤良的父亲可以听从他们的缘故。所以天下之人都为那些因为昏君愚父而受到耻辱的忠臣孝子感到同情怜悯。如果非得等到死了以后才能立忠成名，那么，微子不值得被称为'仁'，孔子便不值得称为'圣'，管仲也不值得称为'大'了。"

谁人不想有个完满的结局呢，谁也不想身遭横死。范雎虽然反驳蔡泽的话，但是内心深处也是为商鞅等人惋惜的，如今听了蔡泽的这一番话，不得不承认，他说的很有道理。

功成身退

蔡泽又得到了一个对话的空隙机会，便又对范雎道："商君、吴起、文种，他们作为人臣，竭尽忠心建立功业，当然可以算得上是学习的榜样。然而闳夭事奉周文王，周公辅佐周成王，他们难道就不是忠心耿耿的吗？如果单就君臣关系来说，商君、吴起、文种，他们与闳夭、周公比起来，谁又比较令人向往呢？"

范雎道："商君、吴起、文种当然是比不上闳夭、周公的。"

蔡泽道："那么，您自己掂量一下，您的国君在慈爱仁德、信任忠臣、不欺骗老友方面，与秦孝公、楚悼王和越王勾践比起来，谁又比较信任忠臣呢？"

范雎道："这就不知道了。"

蔡泽道："您的国君固然能够亲信忠良，但也绝不会超过秦孝公、越王勾践和楚悼王的。如今，您为您的国君拨乱反正，排除困难，扩大领土，种植庄稼，使国家变得富足、国君变得强大，威力已经胜过天下诸侯，扬名也远在万里之外，可是您的功劳也还不能超过商君、吴起和文种。可是您地位尊贵、俸禄丰厚，私家的财富已经远超过这三位先生了，您却还不想引退，我私底下是很为您感到危险的。

"俗话说，'太阳过了中午就会慢慢西移，月亮到了满月就会渐渐亏缺'。事物的发展到了鼎盛的时候就会开始衰退，这是自然界的客观规律。前进与后退、伸长与缩短以及随着时间的推移而发生变化，这些都是圣人们所遵循的规则。从前，齐桓公曾九次主持诸侯大会，使天下一切都得到匡正。等到葵丘之会的时候，齐桓公便露出骄傲自大的表情，于是就有九个国家叛他而去。吴王夫差也曾无敌于天下，但是他却轻视各国诸侯，还欺凌齐、晋两国，最终落了个杀身亡国的下场。夏育、太史启这样的勇将大吼一声三军就为之惊骇，然而最后却死在了平庸之人手中。这些人都是依仗自己全盛时期的威名而不顾客观规律所致。

"商鞅替秦孝公统一度量衡，颁布标准的度量衡器，还调整赋税，破除井田制，重新划分土地，教百姓学习耕种并操练军事，因此，只要秦国的军队一出动，它的疆土就会扩大，军队休战时期，国家就会变得富足。所以当时的秦国可谓是所向无敌，各诸侯中都害怕秦国的强大。成就如此非凡的功业，商鞅却最终死于车裂。楚国有上百万装备精良的军队，白起却只率领数万军队与楚军作战，一战攻下了鄢和郢两城，再战烧毁了楚国先王的陵墓夷陵，南面吞并了蜀、汉，然后越过韩、魏二国去攻打强大的赵国，北面坑杀了马服君赵括，屠杀活埋赵军四十余万人。当时血流成河，吼声如雷，正是如此才成就了秦国的霸业。

"从此以后，赵国、楚国变得老实驯服，再也不敢攻打秦国，就是因为害怕白起的威力。白起亲自降服的城池有七十余座。在他功成名就之后，秦昭王却将他赐死在杜邮。吴起当初在楚国做相国的时候，替楚悼王罢免无能的官员，废除无用的闲人，删减政府机构，堵塞走后门的请求，使楚国的风俗得到统一，然后展开进攻，在南面攻打扬越之地，北面并吞了陈国和蔡国，破除连横，解散合纵，使游说连横合纵的谋士们没有机会开口。功业成就之后，吴起却被肢解而死。文种为越王勾践开垦荒地，创建城邑，开辟农田，种植庄稼，他率领各方人士，集中上下的力量，帮助越王勾践降服了强劲的吴国，从而成就霸王的功业。最终勾践背信弃义杀害了文种。这几位先生都是成就了功业之后还不肯离开官位，所以才给自己惹上了杀身之祸。这就是所谓的能伸而不能屈、能进而不能退的人了。范蠡懂得功成身退这个道理，他帮助越王勾践实现目标之后就辞官而去，然后改名换姓，变成了靠经商致富的陶朱公。

"您应该见过赌博的人吧？有的人想一次下个大赌注以求全胜，有的人则想要分取获胜的利益。这些道理相信您都是明明白白知道的，现在您身为秦国的相国，用计不用离开座席，施谋不用走出朝廷，坐着就能控制天下诸侯，获取利益都已经到达三川地区。您充实了宜阳的兵力，排除了羊肠险阻，堵塞了太行山的入口，又断绝了通往三晋的道路，还修筑了上千里栈道与蜀、汉连通起来，使得天下诸侯都害怕秦国。秦国的愿望终于实现了，您的功劳也达到了顶点，现在也正是秦国人想来与您分取利益的时候了！如果这时候您还不隐退，那么，商君、白公、吴起、文种他们可就是您的前车之鉴了。您为何不乘这个时候交出相印，将相位让给有贤能的人呢？您这样做，还会获得伯夷那样廉洁高尚的声誉，您也就能长久地做您的应侯，世世代代都能称孤道寡，并且还能像王子乔、赤松子那样长寿。这些与您以遭受祸害而告终的结局比起来，哪个更合适呢？您会如何处理呢？"

范雎道："确实是这样呀。"范雎已经被蔡泽的话征服了，便请蔡泽就座，像贵客一样对待他。

过了几天，范雎上朝的时候便对秦昭王道："最近有一位从山东来的客人，名叫蔡泽，这人是一位辩士。我见过很多的人，确实没有谁能赶得上他，相比之下，我也不如他。"

秦昭王于是就召见了蔡泽，并与他交谈，昭王对他非常喜欢，便授予他客卿的职位。此后，范雎就称病辞官，并请求归还相印。秦昭王强行要范雎出来管事，他就声称病得很严重，于是昭王就免去了他相国的职位。秦昭王最近正好非常喜欢蔡泽的计策，于是就授予他秦国的相国职位。

在公元前256年，周赧王向秦国投降，全部三十六邑三万人口都献给了秦昭襄王。这一年，在位59年的周赧王病逝，秦国轻易取得了代表天下权柄的九鼎，东周王朝宣告灭亡。天下已经是一副全新的局面，秦国正式踏上了统一天下的旅途。而这一切已经与范雎无关了。

公元前255年，范雎回到了自己的封地，安度晚年，不就之后便病了。在春秋战国之际，能够建功立业，又能得以善终，尤其难能可贵。

蔡泽辅佐秦昭王几个月以后，就有人开始憎恶他的所作所为。他害怕被诛杀，就称病辞官，并归还了相印，被称为刚成君。蔡泽在秦国居住了十多年，曾事奉秦昭王、秦孝文王、秦庄襄王，最后还事奉过秦始皇。在服侍过数代秦王后，他也得到了善终。

第四篇

吕不韦
——有野心的商人

吕不韦喜好招揽天下贤才，门下宾客一度达到三千多人，这些人都得到了吕不韦的优厚招待。为了让自己的美名远播四海并流芳千古，吕不韦便让这些宾客著书立说，并且在他的主持下统一进行，这才有了《吕氏春秋》的成书。吕不韦在咸阳城门上贴出告示，凡是能够纠正书中错误的人，哪怕只是纠正了一个字，都可以得到千金的赏赐，这就是"一字千金"的由来。

第一章
商人

作为一名商人，吕不韦能够把所有事情转化为投资与回报，而当他以这样的目光去审视整个世界时，忽然发觉政治才是最好的投资舞台。更为重要的是，他得到了一个非常有潜力的投资对象，那就是秦国的公子异人。为了得到异人的信任，吕不韦向他进献了各种珍贵的礼物，其中包括倾国倾城的美人赵姬，同时许诺帮他登上秦国的王位。

天纵其才

战国时期，铁器被普遍使用，由此引发了农业、手工业、商业以及整个社会经济的发展与繁荣。各国变法运动的兴起，又从制度层面上，促进了生产的发展。战国末年，由于商品经济的发展和水路交通的开拓，各地之间的联系已经相当密切，形成了"四海之内若一家"的局面。在这个过程中，士子阶层通过游说各诸侯，推广自己的思想和治国理念，立下了汗马功劳。同时商人阶层已经崛起，在社会生产生活中成为一股强大势力。

传统的贵族宗法制和等级制度松动后，下层人民有了更多的机会改变自己的身份地位。一种方法是读书学习，争取弄个一官半职，从此跻身上层社会。另一种方法就是追求金钱和利益，因此社会上拜金求利之风盛行。

司马迁在《史记》中写道："天下熙熙，皆为利来，天下攘攘，皆为利往。"意思是天下的人，辛勤劳作，熙熙攘攘，全是为了利益。这并不是一件坏事，这说明当时的社会阶级已经松动，而且社会上有了足够的财富。在以前饭都吃不饱，哪有精力去追逐更多的利益呢。

当时人们总结出了致富秘诀："农不如工，工不如商，刺绣文不如倚市门。"农业劳动者不如手工业劳动者，从事手工业不如经商。刺绣也是手工业的一种，是能够致富的，但是比"倚市门"就差了几分。"倚市门"是指倚门卖笑的行业，这说明在当时娱乐业已经很发达了，娱乐业需要发达的社会经济做支撑。只要肯下功夫，无论是农业、手工业、商业还是娱乐业都能发家致富。

话虽如此说，但是真正发家的毕竟是少数人。司马迁在《史记·货殖列传》中说："夫纤啬筋力，治生之正道也，而富者必用奇胜。"纤啬筋力的意思是精打细算，勤苦劳动。这句话是说，精打细算、辛勤劳动是拥有美好生活的正路，但是想发家致富，就需要出奇制胜了。古今中外，大富之人无不是有特殊机遇，抓住机会，才一举成功的。

吕不韦就出生在这样一个社会大变革的时代，他只是平民出身。在以前，平民出身注定不会有什么作为。但是特殊的时代为他提供了足够多的摄取财富的机会，他才有机会在历史上留下浓厚的一笔。

吕不韦出生在公元前292年,姜姓,吕氏,名不韦,出生在卫国濮阳(今河南省安阳市滑县)。虽然出身平民,但是他的家庭并不贫困。他的父亲依靠经商,积攒下了"万金"财富。吕不韦从小耳濡目染,对经商颇有天赋。

《史记》上说:"吕不韦者,阳翟大贾人也。"阳翟在今河南禹县,这似乎和《战国策》里说他是卫国濮阳人的说法相反。阳翟在河南中部,濮阳在河南东北,这两地相距比较远。很可能是吕不韦家乡是濮阳,但是经常在阳翟做生意,这才有了"阳翟大贾人"的说法。

生在巨富之家,并没有让吕不韦生活在醉生梦死中,相反,他聪明好学,无论是读书还是学习经商都非常认真。成年之后,吕不韦开始独立经商。他来往于各地,利用商品地域间的差价,低买高出,积累了"千金"家产。

传说中经商能手陶朱公范蠡曾经"三致千金",意思是三次获得过千金的财富,但是都散发给穷人了。他依靠的方法就是在各国间进行商品贸易,通过低价购买某地的商品,运载到另外一地卖出。可见吕不韦能够在很年轻的时候就积累"千金"财富,能力绝对不可小觑。

年少多金的吕不韦对经商的才能显露无遗,可以想见如果照此发展下去,积攒万金,超越其父,乃至成为像陶朱公范蠡那样被后世商人膜拜的"商圣"也不是不可能。然而吕不韦从小读了很多书,对治国上也有一套自己的方略。但是在治学上,他目前的能力和诸多名垂后世的诸子相比还有很大差距。在吕不韦心中,一直有个封王拜相的梦。

商人因为财富地位要远高出平民,但是和贵族相比,商人的那点财富就算不得什么了。贵族们手里掌握着军队和行政权,想要多少财富都能得到，而且能够世代享用。相比之下，商人就像没有根基的浮萍一样，虽然看着光鲜亮丽，但是和根深蒂固的贵族是不能比的。

有了从政的想法，吕不韦便一直在寻找机会。只要有心，机会总是会到的。

在赚了一定财富之后，吕不韦在赵国都城邯郸定居了。邯郸是个非常繁华富足的地方，充盈的物质生活培养出了邯郸人的优雅气度。别的不说，单单说邯郸人的走路姿势就和其他地方不一样。据说有个燕国人，听说邯郸人走路姿势很优美，便来到邯郸学习邯郸人走路，结果不但没有学到邯郸人的优美走姿，反而把自己的走路方法忘了，只能爬着回去。这个故事就是成语"邯郸学步"的由来。

也有人考证说，"邯郸步"是种优美的邯郸舞蹈，那个燕国人到邯郸是为了学习邯郸舞蹈的。无论哪种说法，邯郸人生活的精致、优雅是无疑的。这样的地方，吸引吕不韦这样的大商人定居再合理不过了。

他在邯郸做生意的时候认识了不少上层统治阶级的人，在与这些人的交往中，吕不韦对天下的局势和赵国政局有了一定了解。就在这时候，吕不韦遇到了在赵国做人质的秦国公子异人。吕不韦心想，苦等的机会终于到来了。

奇货可居

遇到秦国公子异人时，吕不韦说了一句："此奇货可居。"这句话从此成为经商的至理名言。"奇货"就是数量稀少的货物，将数量稀少的货物囤积起来，这样市场上这种货物就进一步减少了，从而抬高价格，然后再伺机卖出。

有时候价值很高的"奇货"在一些人眼里就是废物，简直不值一文，只有真正有眼光的人才能从中发现价值，从而赶在所有人之前大赚一笔。异人就是这样在旁人看来不值一文、在吕不韦看来是无价之宝的"奇货"。

当时天下形势非常复杂，各国之间合纵连横，局面相当混乱。秦国为了阻止和破坏赵国与其他国家结盟，尤其是为了破坏其与韩、魏等国联合攻秦，因此在大约公元前265年，异人被送到赵国做人质。

异人是秦国太子安国君和夏姬所生之子。安国君是个少有的老太子。他的父亲秦昭王少年即位，身体健康，一直当了56年秦王，直到公元前251年才去世。这对秦昭王来说是喜事，可苦了做太子的安国君，前前后后做了几十年的太子。在做太子的漫长岁月里，安国君虽然迫切希望继承王位，可是没有任何办法只能等待。这样的老太子，群臣自然不稀罕。秦国大臣一个个都是多智近妖的人物，能力不足的安国君就被排挤出了秦国政治圈。因此安国君没能锻炼出卓越的执政能力，反而陷在了脂粉堆里。他最成功的一件事就是娶了许多女人，生了二十多个儿子，还不算女儿。恐怕安国君自己都认不全自己的儿女吧，异人排在安国君二十多个儿子中间，可见他在秦国的地位不高，而且是不受安国君喜欢的。

秦国将异人送到赵国之后，秦赵两国之间的摩擦日益激烈，这让作为人质的秦国公子成了赵国人的出气筒，可以说异人在赵国的日子很不好过。异人在赵国乘坐的马车和生活用品都很紧张，生活常常捉襟见肘。这让从小娇生惯养的异人，感到非常绝望，担心哪一天秦赵两国交恶，自己陷入险境。

这对吕不韦来说无疑是个非常大的机遇，然而机遇越大风险越大，这个道理他是明白的。此时他陷入了矛盾当中，是安稳经商，做个一方富豪，还是博取个万户侯呢？吕不韦不能抉择，在他脑海中浮现出了父亲的形象。

吕不韦在经商上取得巨大的成就，和其父的影响是分不开的。因此遇到重大问题，他最先想到的就是请教自己的父亲。顾不得其他，吕不韦第一时间回到了家乡，向自己的父亲请教。

吕不韦问父亲："耕田种地能够得几倍利润呢？"

他父亲对各种经营非常熟悉，很快就给出了答案："十倍。"

吕不韦又问："贩卖珠玉宝器能够得几倍利润呢？"

其中经营的重要组成部分之一就是珠玉宝器，其利润多少更是清楚明白，便对儿子道："百倍。"

询问经营不是他的目的，他的真实目的是下一句："立一国之君，能赚多少利润？"

吕不韦的父亲沉思良久，在心中反复思量后，便说："无数。"

这个答案正合吕不韦的心意，辛辛苦苦种地耕田只有十倍利润，即便是贩卖珠宝玉器也才有百倍利润，而立一国之君的利润却是无数的，这对一个商人来说无疑是巨大的诱惑。

吕不韦接着对父亲说："如今老百姓虽然全力耕田劳作，但还是不能得到温饱；如果能为国家拥立一位君主，可以为后世赢得恩泽福分，我很愿意去办成这件事。"

在吕不韦的刻意结交下,他与异人的关系逐渐亲密起来。有一天,吕不韦带上礼物去拜访异人,有人送礼,这对生活困窘的异人来说再好不过了。这次吕不韦上门,有着明确的目的。想要完成政治投机,就需要异人的配合,吕不韦这次来就是说服异人,让他有信心为自己的未来搏一把。

两人寒暄一阵后,吕不韦对异人道:"我能扩大您的门户。"在古代门户的规格和大小都是有严格要求的,什么品级对应什么样的门户。如果私自扩大门户,是为僭越,僭越的行为可是重罪。异人已经是太子之子了,更大的门户,自然就是成为王位继承人。

异人听这话后,只觉得吕不韦是在说大话。吕不韦有钱不假,可是在异人这种贵族眼里,钱不是最重要的,地位和权力才是最重要的,一介平民,即便再有钱,又能做成什么事呢,便调笑吕不韦道:"你先扩大自己的门户,再来扩大我的门户吧。"这话说得很委婉,点出吕不韦此时根本没有能力帮助自己。

吕不韦毫不在意异人的调笑,不慌不忙,信心满满地说:"您不知道,你的门户大了,我的门户也就大了。"

听了这话,异人听出了其中玄机,于是收起笑脸,郑重其事地请吕不韦就坐,对他说:"您也许知道,我的处境并不好。"这时候异人已经决定和吕不韦推心置腹地交谈了。对于异人来说,吕不韦的到来何尝不是一根救命稻草。

吕不韦对异人说:"您的爷爷秦昭王在位四十多年,已经老了,说句犯忌讳的话,已经不能再占据王位多久了。您的父亲安国君是太子,但是您的母亲年纪已大,不受宠幸。如今安国君最宠爱的是华阳夫人,可是华阳夫人没有儿子。只有嫡长子才能成为合法继承人,而立谁为嫡长子是华阳夫人说了算。如今您有兄弟二十多人,您排在中间,不受宠爱,又一直在赵国当人质。如果秦昭王去世,安国君成为秦王,您根本没有机会和众位兄弟争夺太子之位。"

这话说在了异人的心坎儿上,他担心的就是自己彻底被秦国抛弃。如果以后自己兄弟即位,那么他这个在外做人质的公子,下场绝对好不了,即便再回到秦国,也会受到排挤。异人心生凄然,对吕不韦道:"是这样的,如今怎么办才好?"

吕不韦说:"如今您困居在赵国,没有钱用来结交朋友,办这种事,没有足够的钱是不行的。我虽不富裕,愿意拿出千金,为您来办成这件事。我准备去咸阳,说服您的父亲安国君和华阳夫人,设法使他们立您为储,您看怎样?"

吕不韦这番话就像早上的初升的太阳,射出万丈光芒,将黑夜驱赶殆尽。异人这才意识到,眼前这个人就是改变自己命运的神使,只要计划成功,自己就能从一个朝不保夕的落魄公子成为天下最强大国家的王。异人连忙给吕不韦叩头,道:"如果您能成功,我愿分秦,与您共同做君主。"

金元政策

让一个破落公子成为一国之主,看似是个不能完成的任务,然而在分析秦国的形势之后发现,虽然困难,但并非毫无可能。吕不韦的信心基于三个方面。

第一，安国君很快就会继承王位，成为新秦王。

第二，华阳夫人已经被立为正室，安国君成为亲王后，就会立华阳夫人为后。可是华阳夫人没有儿子，只有华阳夫人的儿子才被称为嫡长子，有资格继承王位。因此安国君的所有儿子都有可能被立为嫡长子。

第三，安国君还没有下定主意立谁为嫡长子，此时安国君看好一个叫子傒的儿子，很可能立他为嫡长子，但是还没有下定决心。这就给吕不韦留下了活动的空间。

如今只要让华阳夫人认可异人，异人就能成为安国君的嫡长子，到时候安国君一死，他便能顺理成章地继承秦王之位。去游说朝中大臣和安国君都是不现实的，吕不韦的那点钱他们还不放在眼里，但是华阳夫人不同，吕不韦深信她一定会被自己的说辞打动的。

这次买卖可以说是古往今来最大的一笔政治交易，从今之后商人这个群体将登上历史舞台，成为改变天下形势的关键。

首先，吕不韦拿出了五百金送给异人，让他改善生活，装点门面，摆出秦国贵族的架势；同时用这笔钱结交各路豪杰，只有让天下士人追捧，才能有个好名声。战国四公子的名头之所以响亮，就是因为门下有三千食客，虽然这三千食客不少是鸡鸣狗盗之徒，但是却让战国四公子名扬天下。异人也知道这是自己最后的机会，便用这笔钱广交宾客，与四方士子座谈论道，很快异人的名字便传遍诸侯。

异人在收买人心的时候，吕不韦用五百金购买了大量奇珍异宝，这批货物不是为了换取金钱，而是要换个秦王。吕不韦将这批东西尽数装在车上，一路向西，向秦国进发。万金、千金之类不是严格的数字,而是形容数量巨大的财富。

这不是吕不韦第一次到秦国都城咸阳,却是最有意义的一次。直接去找华阳夫人是不现实的,恐怕还不等自己开口,便会被轰出来。在来之前,吕不韦已经将一切计划好了,而且也找到了突破口。吕不韦找到的突破口就是华阳夫人的弟弟阳泉君。这个人仗着姐姐的身份,在秦国取得了高官厚禄,在治国上没有什么才能,但是在捞钱上却很有一套。吕不韦已经看出他现在虽然富贵,但只是无根的飘萍而已,经不得风吹雨打。更重要的是,这种没多少才能的人更好被说动。

投钱问路,吕不韦以大商人的身份很快就见到了阳泉君。对付这种人一定要在第一时间击溃他的斗志。于是吕不韦见面就对阳泉君道:"阳泉君,你犯了死罪,还不知道吗?"

阳泉君以为吕不韦会低声下气呢,没想到竟然说出这种惊人的话,大感不解,不由问道:"您为什么这么说?"

吕不韦道:"您看看您的手下之人,哪一个不是位居高官的,可是太子的手下之人却没有一个高官显贵的。再看您的府库中藏着无数的珍珠宝玉,您的马圈里蓄养着许多的千里骏马,您的后宫之中住满了各色美女。如今大王年事已高,一旦驾崩,太子掌权之后,您的处境将会比堆积起来的鸡蛋还要危险,比朝荣夕落的木棉花的寿命还短。现在我有一个权宜之计可以让您富贵荣华千万年,它会像泰山一样地四平八稳,保证不会再有危险的后患。"

阳泉君听了以后便从座席上站了起来,请求吕不韦指教。

吕不韦道:"大王年纪大了,夫人又没有自己的亲生儿子,可是子傒却有继承国业的条件,又有相国士仓的辅佐。大王一旦驾崩,子傒即位，士仓掌握朝政大权，到时夫人的门庭一定就会冷落得长满蓬蒿了。王子异人是一位贤能的人才，可是现在他却被遗弃在赵国做人质，自己在宫内又没有母亲可以依靠，他经常抬头向西边眺望，非常渴望能够回到秦国。夫人若是能够请大王立异人为太子，这样王子异人就由无国变成有国，夫人也会由无子变为有子了。"

阳泉君这时候已经被吕不韦的话说服了，连忙点头道："确实是这样，异人做了我姐姐的儿子，以后即位便不会为难我了。"

为了自保，阳泉君很快就去见姐姐了。按照吕不韦教的不断说异人怎样怎样优秀，希望让异人回国。

只有一个阳泉君的影响力还是不够，吕不韦很快又托关系见到了华阳夫人的姐姐。对于华阳夫人的姐姐就不能像对付阳泉君一样用恐吓的方法了。在带来的礼物中，拨出一部分送给了华阳夫人的姐姐，吕不韦向其道："异人日夜思念华阳夫人还有您，这是他让我带来的礼物。"

见到这么多珍宝，华阳夫人的姐姐非常高兴，心里对异人好感顿生。同时，吕不韦又说异人在赵国如何结交贤士，天下人又如何夸赞异人，华阳夫人的姐姐哪有不信的道理。

通过华阳夫人姐姐的关系，吕不韦将带来的礼物全部送给了华阳夫人，并通过华阳夫人姐姐的口告诉华阳夫人，异人常说"我也以夫人为我的天，日夜流泪思念太子和夫人"。华阳夫人接受了礼物，又听说这些事，更是非常高兴。

单单用金钱不可能收买得了华阳夫人，吕不韦早就想好说辞，让华阳夫人的姐姐转告。吕不韦的原话是这样的："我听说用美色来侍奉别人的，一旦年老色衰，宠爱就随之减少，现在您侍奉安国君，十分得宠，但是您没有儿子,这可是件大事呀。您不如趁早在安国君的儿子中,选择一个既有才能又孝顺的人,拿他当亲儿子,立他做继承人。这样做,安国君活着的时候,您可以受到尊敬,丈夫死后,您自己立的儿子继位为王,同样可以保持自己的势力不衰。如果您不在容貌美丽、受宠时做这件事,等年老色衰、失宠之时,连和安国君说句话都不可能,一切不就全晚了?"

每一句话就像一把刀,刀刀戳进华阳夫人的心口。华阳夫人还非常年轻,纯粹是依靠美色才有了如今的权势。纵然安国君当上秦王,还能有几年寿命?当安国君去世之时,就是华阳夫人被打入冷宫之时。如果碰到个不贤明的新秦王,兴许华阳夫人还会受到欺负,无论如何想要保持自己的权势是不可能的。

还好吕不韦带来了一个方案,从安国君的儿子中过继一个做嫡子。这个嫡子即位,自己就是太后,一切都不会失去。而且吕不韦已经帮她物色好了人,就是在赵国做人质的异人。

吕不韦通过华阳夫人的姐姐和阳泉君不断向华阳夫人说异人是如何优秀。在二位亲人的反复劝说下,华阳夫人被彻底征服了,下定决心一定要让异人成为嫡子。

沉迷酒色的安国君没有雄才大略,对治国已经心灰意懒。华阳夫人早就将安国君迷倒了,心想只要自己略施小计,就能让安国君乖乖就范。

找到个机会,见安国君的心情很好,华阳夫人侍奉在侧,闲聊中就谈到了异人。华阳夫人不断对安国君说异人聪明,有上进心,在赵国时广交朋友,天下士子都夸赞他,即便是赵王也对他以礼相待。听了这些话,安国君没有什么反应,他对这个儿子从来不怎么关心。

华阳夫人见状,不得不使用其他方法了,说着便哭了起来。安国君连忙询问怎么回事，说要替她报仇。华阳夫人一边哭一边说："我能得到您的宠幸，真是三生有幸。但是我没有儿子，这让我非常难过。我觉得异人非常优秀，我想把他过继到我膝下，做我的儿子，日后也好有个依靠，您看怎样？"

看着华阳夫人楚楚动人的样子，安国君非常心疼，便答应了，非但如此，还命人为异人刻了玉符，正式确立异人为继承人。事情办成了，华阳夫人心里终于踏实了。

华阳夫人没有忘记功臣吕不韦，不停地向安国君称赞他如何贤明，以及在赵国时怎样帮助异人。安国君便宣召吕不韦相见，吕不韦能言善辩，很快就取得了安国君的信任，在吕不韦回赵国时不但赏赐了大量礼物给异人，还让吕不韦做异人的老师。

一个商人凭借千金财物和三寸之舌，完成了一项别人想都不敢想的投资。千金虽然多，但是在华阳夫人眼里不算什么，只是为了博得好感罢了。吕不韦通过阳泉君和华阳夫人的姐姐做通华阳夫人的工作，诱导华阳夫人说动安国君。吕不韦成功利用了华阳夫人的弱点，利用其失宠危机，一步步引导她就范。

助异人归秦

回到赵国的时候，吕不韦带着安国君和华阳夫人赏赐给异人的大量礼物。在吕不韦等人的刻意宣传之下，异人被立为嫡子的消息很快传开了。此时的异人已经不是那个落魄公子了,已经是秦国的合法继承人了。一些士子开始接触异人,即便现在没什么用,也希望有朝一日能让异人帮助自己。这些士子对异人大加赞赏,让异人的名声更大了。

对于异人来说,在赵国做人质,处处受制于人。对于其他人来说,此地人文荟萃、歌舞升平,但是对于异人来说,无疑是个是非之地。因此,尽快离开赵国,回到秦国,对异人来说才是有价值的。

很快,吕不韦以异人老师的身份,托人求见赵王。吕不韦请求赵王释放异人,让他回到秦国。但是此时赵国和秦国摩擦不断,关系日趋紧张,因此不肯放异人回国。吕不韦就对赵王道:"公子异人是安国君最宠爱的孩子,已经被立为嫡子了,他将来一定能成为秦王。您现在把他扣留在赵国,不但没用处,反而会和秦国结下仇怨。如果秦国和赵国开战,根本不可能顾及一个公子的性命,因此留下他是没什么用的。如果您能放异人回国,将来异人即位,一定会感谢您的。"

赵王听了这番话也觉得有道理。留异人在赵国意义不大,各国间的人质行为发展到现在就像是一层窗纸,一捅就破,根本不能阻止战争。赵王经过思考,同意将异人送回秦国。

获得授权之后,吕不韦连忙和异人收拾东西,希望尽快离开。然而还不等他们出城,战国时期最惨烈战争之一的秦赵之间的长平之战打响了。这样一来,赵国不可能允许异人离开了。

使异人获得嫡子的身份并不是目的的,目的是让他登上秦王的宝座。要实现这个目标起码还要战两个困难,一是要回到秦都咸阳,在咸阳立稳脚跟,然后才能从容布置;第二就是要等异人的爷爷和父亲都去世,才能顺利登上王位。虽然这秦昭王和安国君都已经老了,但是什么时候去世，这是不可预料的。如果在这之前异人先死了，那么吕不韦的一切安排就都泡汤了。

这次生意太大，已经超出了吕不韦的控制范围。天下局势和历史走向是他不能控制和掌握的，即便是朝中贵人的想法和行为，他也没有能力干涉。这场政治投机无异于火中取栗，成功了，获利无数，失败了，只能成为历史上的一场闹剧。

眼看能回到秦国了，谁知"长平之战"又开始了。春秋战国时期各国互相攻击，本来稀松平常，但是少有如长平之战这样持久、规模大，并且异常惨烈的战争。

长平之战让异人陷入了一个尴尬的地步，他的生死已经很难预料了。此时的吕不韦唯一能做的就是保护异人的安全，使他能够度过这最危险的一段时间。然而这对一个商人来说，又谈何容易。

既然不能回国，生活还要继续下去，于是两天一小宴，三天一大宴，吕不韦和异人借此结交各路豪杰。

吕不韦在邯郸拥有一个美貌的女子，名叫赵姬。赵姬能歌善舞，有时候宴会举办到高兴的时候，吕不韦就会让赵姬跳舞助兴。

异人十分喜欢赵姬，希望吕不韦能将此女送给自己。吕不韦先是拒绝，但此时的他为助异人"已破家"，为免前功尽弃，最终还是答应了异人的请求。公元前259年，赵姬诞下嬴政，也就是后来的秦始皇。

秦昭王五十年（前257年），秦军开始攻打邯郸。长平之战让秦赵两国都蒙受了巨大损失，恼羞成怒的秦昭王想一举灭掉赵国。赵王这次非常愤怒，在战场上打不过秦国，但是想到了秦国留在赵国的人质，便想杀掉异人，以解心头之恨。

这时候异人就是吕不韦的全部,为了保护异人,吕不韦早就买通了赵国的一些大臣。因此当赵王想杀异人时,吕不韦就得到了消息。事到如今,只能逃跑了。如果异人被杀,吕不韦的一切都没了。

赵王正要派人逮捕异人的时候,吕不韦已经收拾好了行李,带着异人跑了。然而负责监视异人的赵国吏卒可不是好对付的,虽然对方品级非常低,却是成败的关键。这次吕不韦下了血本,赠给了吏卒600金。当年吕不韦带着500金去咸阳,就能说服华阳夫人,一个小小的吏卒哪里见过这么多钱,便假装看不见,放他们离开。

这笔钱已经是吕不韦的全部财产了,成败在此一举。既然决定逃跑,那么在赵国的财产匆忙之下不可能带走,索性都送给了吏卒,只要能平安回到秦国,这些钱就不算什么了。

匆忙之下,吕不韦只带走了异人,连赵姬和嬴政都顾不上了。对于吕不韦来说,赵姬只是一道保险,并非不可舍弃,这时候只要异人平安就好。两个人逃到了秦军大营,这才安全了,随后在秦军的保护下回到了秦国。

吕不韦和异人逃走了,赵姬和嬴政就陷入了危险之中。赵王得知异人逃走后非常生气,想要杀掉赵姬母子。赵姬躲藏了起来,这才逃过了赵王的追捕。

第二章
产出

对于农民来说，有辛勤的付出，就会有丰厚的回报。而对于商人来说，只有辛勤的付出却远远不够，而是必须要有精明的投资，才能有满意的回报。跟随异人回到秦国之后，虽然吕不韦的产出还遥遥无期，但是他却仍然大胆地进行投资，直到异人登上了秦国王位。应该说，吕不韦是精明的，只可惜精明过后却昏着迭出，以至于大好的优势逐步丧失殆尽。

子楚回秦

异人和安国君的关系并不密切，和华阳夫人更是没什么交情，因此获得华阳夫人和安国君的承认，就成了异人的首要任务。

到了邯郸，吕不韦安排异人做的第一件事，就是去拜见华阳夫人。此时华阳夫人名义上是异人的母亲，儿子拜见母亲是天经地义的事。

如果华阳夫人对异人的印象不好，那么前面的安排就全完了。

在这之前，吕不韦已经把华阳夫人调查清楚了，做大事必须掌握足够多的情报和资料。华阳夫人是楚国人，因此吕不韦让异人穿上楚人的衣服。华阳夫人离开祖国已经很多年，必然想念家乡，看到穿楚服的异人，自然会倍感亲切。

见到穿了一身楚服的异人后，华阳夫人心情非常激动，感动道："我原本就是楚国人。"见到华阳夫人的样子，异人心想，这次面试算是过关了。华阳夫人见到异人，不禁流露出喜爱之情，为了表达对异人的喜爱，还将他的名字改为"子楚"，意思是楚人之子。从今以后异人就叫子楚了，同时也说明，异人已经被接纳了。

过了华阳夫人这关，还要异人的父亲安国君认同才行。安国君已经数年没有见过自己这个儿子了，甚至感觉有些陌生。为了考察他是不是适合做自己的继承人，便让子楚背诵学过的书籍。在赵国的时候，活命还来不及，哪有时间学习呢？即便是有时间，以子楚的性格恐怕也吃不下那种苦吧。无奈下，子楚只好诚实道："我从小就流离在外，从来没有老师教过我学习，我不擅长诵读经书。"

安国君想到，自己这个儿子很早就被作为人质派遣到赵国，想必受了不少苦，便不再要求他背诵书籍了。子楚虽然学问不好，但是看着也算聪明，这让安国君非常满意。为了教导他，安国君便把他留在了宫中。

公元前251年，在位56年的秦昭襄王终于去世了，他是中国历史上在位时间最长的国君之一。秦昭襄王无论是在政治上还是在军事上都建立了卓越的功勋，尤其是在军事方面的成就，较之后世的秦始皇也毫不逊色。很多人认为，在秦昭襄王末年，秦对东方六国的战争已经取得了决定性的胜利。他执掌朝政的半个多世纪，是秦国突飞猛进的时期。如今他的时代谢幕了，属于秦国的时代仍然在继续。

秦昭襄王去世，最高兴的应该就是他的儿子安国君。这位53岁的老太子盼星星盼月亮，终于登上了王位，也就是秦孝文王。秦国的新君主没有乃父的雄才大略，半个世纪的酒色已经耗尽了他的所有精力，他真担心自己走在父亲的前面。在秦孝文王的统治下，秦国没有再四处征战，而是平静得不像话。这使得风起云涌的战国时代，有了一个短暂的平静。只是这段时间短得可怜，只有一年多，秦孝文王就去世了。

在小说《东周列国志》中，秦孝文王即位三天就去世了，可谓悲惨之极。无论是一年多还是三天，秦孝文王似乎给历史留下的东西很少。或许上天知道他没有能力带领秦国完成伟大的事业，而让他提前离去。

在秦孝文王即位的这一年多里，子楚被正式确立了太子身份。《战国策》中记载了一件事，使子楚的太子身份得以确定。

子楚一直在想办法怎样在父亲面前表现一番，有一次，子楚找机会对秦孝文王说："您曾经也在赵国停留过，赵国的英雄豪杰认识大王的人不在少数。如今大王回国之后，这些人都还在朝西面仰望于您，可陛下却没有派遣过一位使臣去慰问他们一下，我担心他们肯定会存有怨心的。不如让边境的关卡早点关闭晚点开启，并加强警戒，以防有什么意外发生。"

这条计策可谓稀松平常，不过是让边境关卡加强戒备，晚开早闭罢了，然而秦孝文王却觉得非常有道理，并惊奇他能有如此心计，便对丞相道："我的儿子中没有哪个是可以比得上子楚的。"经过这番考察，子楚彻底获得了秦孝文王的信任，并被立为太子。

这段时间里，吕不韦还做了一件事，就是接回赵姬母子。吕不韦派人到赵国游说，希望赵国能放他们到秦国。这次赵国很快就答应了请求，派人将赵姬和嬴政送到秦国了。

之所以赵国如此痛快地答应，不是因为两国的关系好转。事实上经过长平之战和邯郸之战，秦赵两国已无和好的可能。因此赵姬是否是赵国遣送到秦国的，素来有分歧。然而无论怎样，子楚一家终于团聚了，吕不韦的投资也很快就有回报了。

公元前 250 年，秦孝文王突然暴毙，子楚继承王位，是为秦庄襄王。秦孝文王的暴毙很奇怪，有人猜测是吕不韦为了尽快让子楚登上王位，而将之毒死的。由于吕不韦受宠，加上秦孝文王确实也没什么才能，不得人心，因此此事没人追究。

子楚登上王位，对于吕不韦来说收获的季节终于到了。

虽然在政治上没有什么才干，但是秦庄襄王绝对是个有良心的人。他即位之后，就将自己的母亲夏姬奉为夏太后，同时没有忘记帮助过自己的华阳夫人，将之奉为华阳太后，华阳夫人的投资也算取得了丰厚的回报。秦庄襄王登上王位的直接策划者和执行者吕不韦自然取得了最为丰厚的报酬，这是几辈子经商都不可能取得的成绩。

曾经秦庄襄王许诺，如果登上王位，将和吕不韦共同做君主。刚刚登上王位，秦庄襄王便兑现了自己的承诺，首先拜吕不韦为丞相，让其掌握秦国权柄。在秦庄襄王看来一个丞相的职位恐不能报答吕不韦的恩德，便更封其为文信侯，将洛阳地区的十万户封赏给他，作为其食邑。

吕不韦终于得偿所愿，用自己的全部财富和十余年的时间，从一个商人变成了掌管秦国国政的权臣。一个商人能够肩负起秦国统一天下的大业吗？商人的思维又与政客有什么不同吗？他又将带领着秦国走向何处？

吕不韦的政策

吕不韦当丞相后的第一件事便让人大跌眼镜，他通过秦庄襄王发布诏令："大赦罪人，修先王功臣，施德厚骨肉而布施于民。"

所谓"大赦罪人"就是赦免犯罪之人的罪行，这在后世不算新鲜，甚至成了帝王登基时的惯例，但是在当时秦国可不是这样。秦国自从商鞅变法以来，推行严刑峻法，一人有罪，全家株连，甚至宗族邻里都会被株连问罪。这种残暴的统治方式使秦国上下结成了一个有利的整体，国家的政令能够迅速施行，更重要的是，为国家建设带来了大量廉价劳动力。那些罪犯和受株连者受到的惩罚，多是发配参军或者去承担徭役。秦国的兵员和徭役很大一部分是由这些"罪犯"组成的。这可以说是商鞅法家思想治国下带来的便利。然而这对国家真的全是好处吗？诚然国家有了更多的廉价劳力，可是这么多的人口抽调，使民间经营活动受到了严重打击。

吕不韦不是法家，他是杂家。无论什么样的思想，什么样的理念，只要符合国家的利益就能拿来用,过时的东西,或者无用的政策就可以废除。这是一个非常务实的态度,大赦天下这件事,也奠定了吕不韦后来执政上的方针。

秦国是幸运的,法家思想可以作为一时之计,但不能长久使用。法家重视威严,而缺少恩惠,短时间使用可以使国家焕然一新,然而长久使用,其灾害就会慢慢显露出来。吕不韦在经商的时候认识到,每个人都是逐利的,然而逐利并不是坏事,农民勤奋劳作就能产出更多的粮食,工匠勤奋工作就能生产更多的工具。更多的粮食和更多的工具就意味着更多的财富,想要创造更多的财富,就不应禁锢他们的躯体。

商人起早贪黑是为了利益,但是商人绝不会竭泽而渔,优秀的商人能够让所有人都得利,支付足够的报酬,让生产者得利;留出足够的利润给合作伙伴,让伙伴得利;寻求有价值的商品,让消费者得利。这样各方面都得利的局面,才是长久发展之道。吕不韦上台后,没有安插亲信,以便彻底掌握朝政,而是厚待功臣和他们的后代,让他们继续掌握权力,以便彼此协作,共同努力。因此昭王时期的一些功臣又被重新启用。例如前丞相蔡泽被人诋毁,而称病辞职,吕不韦又将其请出来参与朝政。一批战功赫赫的将军,吕不韦也让他们重新掌握军队,而不担心他们对自己造成威胁。

对于普通民众,吕不韦也不吝惜恩情,使得在高压政治下苦苦支撑的人民得以喘息。"厚民"的政策促进了社会生产力的发展,使秦国积攒了更多的财富。

作为一个外来户,并且并非出身于士人阶层的外来户,可想而知,秦国朝廷上下是对他不看好的。人们看到了太多仗着君王之恩，打捞权钱、胡作非为之人，料想一介商人必然也是这种人。然而第一道诏令一出，便使人改变了对他的看法，人们开始期待他接下来要怎么办。这样吕不韦很快就在秦国站稳了脚跟，人们不再将之视为一个投机者，而是一名真正的丞相。

接下来，吕不韦开始实行历代秦国统治者的梦想，彻底灭掉周王朝。

公元前256年，周赧王郁愤而终，秦国没有允许再立周王，周王朝实际上已经灭绝了。然而此时周王朝的祭祀仍在，在当时人看来，祭祀代表了国家的存续，祭祀在便是国未亡。周赧王死后，周王朝的国秉被西周公和东周君所把持，西周公据洛阳，东周君据巩邑。其后不久西周文公姬咎逝世，西周一地的民众就纷纷向东方逃亡，秦国于是轻易地收取了九鼎和其他珍宝器。

偏安一隅的东周仍然拥有周王朝的祭祀，他的存在，虽然没有实际上的意义，但是在一定程度上给诸侯以约束，表明周王朝阴魂未散。如果按照正常轨迹，秦国运用"远交近攻"的策略，这个东周君迟早会被消灭，只是时间不会来得如此快。

公元前249年，弱小的东周君竟然联合六国，来攻打强大的秦国。六国联军没有给秦国带来威胁，这样一来，组织这次连横的东周君就成了秦国报复的对象。

吕不韦上书请求秦庄襄王，要求带兵攻打东周君。这时候秦国朝政基本被吕不韦把持，秦庄襄王自然不会驳回他的意见。很快，吕不韦集合了十万大军，浩浩荡荡地出发了。

没有带过兵，也没有打过仗的吕不韦，自信满满地出发了。他的自信不是源于自己的带兵能力，而是强大的秦国以及强大的军队。这时秦国的军队拥有世界上最先进的装备，而且他们对战功极其渴望。

经历了连横失败后，东周君本想偏安一隅，安度晚年，但是没想到秦国的报复来得这么快。望着秦国士兵渴望杀戮的眼神，还没开战东周君便已经崩溃了。凭借手中的力量，根本不是秦国的对手，反而会给秦军屠戮的借口，事到如今，只好投降了。就这样，秦军没有经过一场交锋，东周君就命人打开城门，穿着素色衣服，捧着图册等物向吕不韦投降。

活捉东周君后，吕不韦率领着大军很快扫平了整个周王朝的地盘，没有遇到什么抵抗。周王朝气数已尽，从此彻底从历史上消失。如今的天下，已经没有天子存在了，谁能一匡诸侯，谁就能成为新的天子。

押解着东周君，吕不韦凯旋，秦庄襄王为其举办了盛大的庆功宴。这时还有个问题需要处理，就是怎么处置东周君。朝中许多大臣都说应该杀掉东周君，以解心头之恨，同时震慑天下诸侯。

在处理东周君的问题上，充分体现了吕不韦的政治思想。他上书秦庄襄王道："臣看来，处死东周君没多少价值，可以让其前往一个叫阳人的地方。那地距离臣的封邑很近，他不敢再有异样心思的。这样方便他祭祀先祖，好使周人宗室不绝，天下人必然称颂您仁慈。"

在吕不韦看来，一切没有好处的事都是没有必要做的，商人追求的是利润，而不会做损人不利己的事。杀掉东周君就是损人不利己，这样的事是不能做的。

从后来吕不韦的一系列行为来看，他向来反对过度制造杀戮，这和他的"杂家"思想有很大关系。有人称赞吕不韦崇尚礼仪仁义，实际上他崇尚的是秩序和利益。一个有秩序的市场才能创造利润，如果不择手段，那不是商人，而是土匪。

谋略方针

战国末期，秦国越来越强大，其余诸侯国为了抵抗秦国，同时增强自己的力量，王公贵族纷纷蓄养人才。他们广招宾客，毫不吝惜财物，聚集了大批人才，这些人也使得战国时期的历史更加绚烂多彩。其中魏国的信陵君魏无忌、齐国的孟尝君田文、赵国的平原君赵胜、楚国的春申君黄歇最为有名，他们都是王公贵族之后，因此后人称其为战国四公子。史料记载，四人各蓄养了3000士子，帮助他们建功立业，创造了赫赫威名。而这些人又都站在秦国的对立面，吕不韦想要进一步开疆拓土，终究无法绕过他们。

在灭掉东周后，吕不韦为了巩固和扩大成果，不断向东用兵。东方诸国惶惶不可终日，非常担心自己成为秦国的下一个进攻目标。其中，魏国首当其冲，魏安釐王为了增强自己的实力，不得不派人将信陵君魏无忌请回国。

信陵君的称号里虽然有个"信"字，但其一生都处于兄长魏安釐王的不信任中。信陵君重义气，乐于帮助人，门客编纂了《魏公子兵法》，是战国四公子之首。对于魏安釐王来说，外部的威胁比内部的威胁要大得多。虽然在春秋战国时期实行嫡长子继承制，信陵君作为魏安釐王的弟弟是不能继承王位的，但是在这段历史中，兄弟相攻、父子相残的事情也不少，因而在魏安釐王看来，信陵君就是悬在自己头上的一把利剑，说不定什么时候就会掉下来。更加重要的是，凭借信陵君的能力和威望，取代魏安釐王简直易如反掌。

曾经有件事让魏安釐王惊恐万分，当年秦军举全国之力围困赵国都城邯郸，赵国独木难支，只好向魏国和楚国求救，魏国大将晋鄙率领十万大军救赵。然而，这时的秦王开始向魏安釐王施加压力，魏安釐王心生忌惮，便命令晋鄙按兵不动，十万大军眼睁睁地看着赵国一点点被吃掉。在这种情况下，最着急的无疑是赵王，他给信陵君写了一封信，希望能够得到救援。

信陵君心知必须救援赵国，但同时他也知道不会得到魏安釐王的支持，无奈之下只好买通魏安釐王的妃子如姬，盗取了魏安釐王的兵符。拿到兵符之后，信陵君假借王命，击杀了领军大将晋鄙，亲自率军去解邯郸之围，最终与楚国一起击退了秦军。信陵君虽然解了赵国之围，但是魏安釐王却轻易饶不了他，因而他干脆在赵国住下来，而这一住就是十年。此时，魏国遭到秦国的威胁，魏安釐王才同意让信陵君回国，之前他"窃符救赵"的事情也就既往不咎了。信陵君回到魏国之后，立即被拜为上将军，他使用联合多国一起抗秦的策略，在赵、韩、魏、楚、燕等国的帮助下，一举击败了吕不韦率领的秦军，迫使其退回了函谷关。

这就让吕不韦终于意识到，信陵君确实是一个强大的对手，如果不想办法将他除掉，自己在战场上绝对讨不到便宜。而既然在战场上无法打败他，就只好在战场之外想一些办法了。吕不韦的办法其实很简单，就是派使者带着大量财物去魏国行贿，从而引导舆论向不利于信陵君的方向发展。尤其是被信陵君击杀了的晋鄙家人，对于诽谤信陵君的行为更是不遗余力。他们按照吕不韦使者的口授，把信陵君说成了一个"身在魏国心在赵"的叛徒，并且说他有取代魏安釐王的野心。魏安釐王果然中计，用其他人代替了信陵君的上将军一职。信陵君心知魏安釐王不会再起用自己，因此失去继续为国效力的机会，每日只是纵情享乐，直到四年后死于饮酒过度。

秦庄襄王三年（前247年），秦庄襄王病逝，13岁的嬴政登上王位，他就是后来的秦始皇。史料记载，秦始皇继位的时候尚且年少，只能将国事委托给大臣处理，而这个所谓的"大臣"实际上就是指吕不韦。除了身居相国重位，吕不韦还有一个特别的称呼，而且只有嬴政能够使用，即"仲父"，也就是今天我们所说的叔父或叔叔。这样的称呼虽然主要是因为秦庄襄王和吕不韦的关系，但同时也说明了吕不韦在嬴政一朝的分量之重。在嬴政登上王位而不能亲政的十年之间，整个秦国无疑都在吕不韦的控制之下，而他的治国才华也因此得到了淋漓尽致地施展。

在军事方面，吕不韦继续保持东进的整体态势，先后占领了楚国、赵国和韩国的大片土地。如此一来，楚、赵、燕、魏、韩等国再次感到威胁，于是又一次联合起来抵抗秦国的强大攻势。但是，由于联军缺少像信陵君那样强有力的指挥人物，吕不韦轻而易举便将联军击溃了。既然联合抗秦不成，各国只好纷纷寻求自保，其中的韩国想了一个特别的办法，就是派遣一个名叫郑国的人出使秦国，说服吕不韦开凿水渠。韩国此举意在牵制秦国的大量人力物力，最终达到迟滞秦国东进步伐的目的。对此，吕不韦虽然明知韩国的阴谋，却将计就计地重用郑国，最终开凿了一条横跨渭北高原的大河，使得关中地区的大片荒地变成沃土。如此一来，秦国虽然放缓了东进的步伐，却建立了更加坚定的后盾，为嬴政的统一六国奠定了坚实基础。

内政方面，吕不韦非常注重引进人才。在此之前，秦国只注重引进兵家和法家的人才，此举也为秦国的法制严明和军事强盛做出了贡献。而吕不韦不仅注重引进兵家和法家的人才，同时欢迎各家学派的人才到秦国做宾客。为了保障这些人才的基本生活需要，他还修建了千余座房屋。史料记载，吕不韦"招致士，厚遇之，致食客三千人"。也就是说，吕不韦用高官厚禄来吸引各国人才，人数最多的时候曾经达到3000人。应该说，吕不韦这样做参考了战国四公子的做法，或者说这种做法在当时是非常普遍的，只是秦国很少这样做。因而在吕不韦推行招纳贤才的政策之后，秦国的各类人才都开始多了起来，这就让秦国的繁荣和强大变得指日可待。

还有一项由吕不韦完成的历史功绩，在此不得不说，那就是其门客所编写的《吕氏春秋》一书。此书以道家思想为主干，同时融合了各家学说，具有极高的史学和思想价值。吕不韦最初的想法是以《吕氏春秋》为蓝本，为天下统一之后的思想建设做铺垫，以便天下人都能够形成相同的意识形态。不过，由于《吕氏春秋》在内容方面比较庞杂，后世大多将其视为杂家著作。近代的胡适先生则进一步指出，杂家是道家的前身，而道家又是杂家的新名，秦汉以前的道家可以叫杂家，之后的杂家也可以叫作道家。因此，无论从哪个方面来讲，《吕氏春秋》都可以被视为一部道学著作，吕不韦也将其视为包罗古今万物的全能著作，这无疑与道家的思想暗合。

一错再错

　　身为秦之相国，吕不韦显然是称职的，正是因为有了他的这份称职，才让秦国有了统一天下的机会。但是在处理私人关系上，尤其是处理自己和嬴政之间的关系，吕不韦又显然是不够明智的，而且这种不明智早在吕不韦处理自己与赵姬的关系时，就已经显现了。众所周知，当年吕不韦弃商从政，把所有希望都寄托在了异人身上。为了取得异人的信任，吕不韦献出了很多东西，其中就包括他最喜欢的歌女赵姬。而赵姬在追随异人之后，很快为他生下了一个男孩，也就是后来的始皇帝嬴政。由此可见，吕不韦和赵姬从一开始就具有非同寻常的关系。随着异人的离世，他们之间的关系也就死灰复燃了。

　　当年，吕不韦和异人从邯郸仓皇出逃，原本没有顾得上赵姬和嬴政。后来，赵姬带着嬴政回到秦国，异人继位成为秦庄襄王后，赵姬随即成为王后，等到嬴政继承王位后，她也就成了王太后。史料记载，赵姬的性情比较不羁，异人死后她就开始为自己物色合适的伴侣。当时，能够让赵姬看上眼，并且有胆量接近她的人只有吕不韦，何况他们之间还存在一段旧情。就这样，吕不韦和赵姬一拍即合，吕不韦利用相国的身份频繁进出内廷，赵姬也得以心满意足。不过，吕不韦与赵姬私通，虽然没有人敢站出来说话，背地里却难免有人议论。何况，吕不韦身居相国重位，每天要处理大量政务，不可能总是陪着赵姬取乐，这就迫使吕不韦必须想出一条长远之计。

除此之外，还有一个非常重要的原因，也让吕不韦迫切地想要和赵姬撇清关系，那就是嬴政的一天天长大。不难想象，吕不韦虽然建立了不世功勋，但毕竟是嬴政的臣子，等到嬴政长大之后，又怎么可能允许自己的母亲和臣子私通呢？对于嬴政来说，这无疑将是赤裸裸的侮辱，到时候吕不韦的下场也就可想而知了。何况，身为人臣，最大的忌讳就是功高盖主，而当时的吕不韦已经能够一手遮天。在这种情况下，吕不韦为了自己的长远利益考虑，必须收敛锋芒，同时尽快撇清和赵姬的关系。至于吕不韦使用的具体方法，说来比较简单，就是为赵姬找一个男宠，这才有了嫪毐的粉墨登场。

按照规定，在禁宫当中居住的男人，除了皇帝以外都必须"净身"，也就是太监。所以尽管嫪毐深得赵姬的欢心，却无法将他长期留在宫中，而这个问题显然难不倒吕不韦。既然嫪毐还没有"净身"，那就想办法给他"净身"。就这样，名义上被"净身"的嫪毐得以进入内宫，他每天和赵姬厮混在一起，也终于让吕不韦轻松了不少。然而，聪明一世的吕不韦却在这件事上犯了糊涂，他向赵姬推荐嫪毐，只是想给她找一个男宠，不承想这个男宠却是带着政治野心而来。凭借赵姬的极度宠幸，嫪毐迅速建立了自己的势力，其风头甚至一度超过吕不韦。

当时，吕不韦摆脱了赵姬的困扰之后，便继续推行东进计划，首当其冲者乃是魏国。魏王见秦国势大，无法进行正面抗争，只好想办法用政治手段化解危机。于是，魏王派使者到秦国重金贿赂嫪毐，同时答应只要秦国退兵，魏国将割让一部分土地。嫪毐正愁无处建功，魏王居然主动送上门来，因而他立即将此事揽了下来。最终，在赵姬的支持下，嫪毐成功阻止了秦军的进攻，魏国也如约割让了一部分土地。众所周知，割让土地通常是战败国向战胜国做的事情，秦国不战而让魏国割让土地，自然是功德一件，而这件功德自然记在嫪毐的头上，这也让他的势力得到进一步膨胀。

然而，嫪毐出身市井无赖，其本身智识存在一定的局限性。在一次宫廷盛宴上，嫪毐居然大言不惭，称自己是嬴政的父亲，因而所有人都必须臣服于他。席间有人早看不惯嫪毐的所作所为，很快将他的话透漏出去，以至于天下人为之哗然。当时，嫪毐和赵姬的关系虽然已经成为公开的秘密，但是大家不过将嫪毐视为赵姬的男宠，嫪毐居然自称嬴政之父，显然有悖伦常。而嫪毐之所以敢说这样的话，也是有原因的，具体来说就是赵姬怀了他的孩子。为了掩人耳目，赵姬假称要到雍城（今陕西凤翔）避暑，实际上是想把孩子顺利地生下来。眼见赵姬产下一子，嫪毐不禁喜出望外，在他的内心当中，已经谋划着废掉嬴政，然后把自己和赵姬的孩子扶上王位。

嫪毐不仅是这样想的，同时也是这样做的。他利用出入宫廷的便利，纠集了一支武装力量，随时准备发动政变。值得一提的是，由于嫪毐才学疏浅，他的所谓政变计划可谓漏洞百出，而且他的意图连普通百姓都心知肚明，真可谓昭然若揭。换句话说，除了嫪毐本人，当时的所有人都知道他的政变不可能成功，即便成功了也不可能长期得势。然而，面对这种情况，当时的各方势力却按兵不动，尤其是眼看威胁到自己身家性命的嬴政居然还能够稳坐钓鱼台，没有表现出一丝一毫的慌乱迹象。事实上，嬴政这个时候也很无奈，他既无实权，又无剿除嫪毐的理由，静观其变是他最好的选择。

至于吕不韦的反应，则更加意味深远。应该说，以吕不韦的能力和势力，想要铲除嫪毐一伙简直易如反掌。但是作为一名政治家，吕不韦很清楚，嫪毐的首要攻击目标并不是自己，而是嬴政。换句话说，只要嫪毐和嬴政之间发生冲突，吕不韦就可以坐收渔翁之利。一方面，如果嫪毐叛乱成功，也必定元气大伤，到时候吕不韦以正义之名铲除嫪毐，自然是奇功一件，同时也可以进一步独掌朝政；另一方面，如果嫪毐叛乱失败，也能够有效打击嬴政的势力，到时候吕不韦再去铲除嫪毐的势力，同样可以加强自己的势力。正因为如此，吕不韦才在此期间做出了常人无法理解的反应，也就是按兵不动。

第三章
胜败

吕不韦独揽大权达十年之久，从来没想过自己还将经历惊险的日子，毕竟国家的最高统治者嬴政都称呼他为"仲父"。然而，嬴政表面对他毕恭毕敬，却因为不可避免的政治利益冲突，从一开始就把他视为自己的敌人。因此，吕不韦不仅没有建立起自己理想当中的商业帝国，而且还最终把自己送上了一条不归路。

嬴政亲政

公元前238年，嬴政终于满20岁，这意味着他可以君临天下了。按照当时的惯例，嬴政需要到雍城祭祖，同时举行规模宏大的亲政典礼。应该说，亲政典礼进行得非常顺利，吕不韦将国家权力交出，嬴政也正式接过了国家大权。但就在这个时候，传来了嫪毐在咸阳叛乱的消息，这件事也就成了嬴政亲政之后需要面对的第一件事。当时，嫪毐意识到嬴政即将独揽国家大权，自己的下场恐怕不会太好，因而决定先下手为强，趁着嬴政和满朝文武去雍城的机会，在咸阳发动了兵变。叛军首先要做到的事情就是控制嬴政，因而嫪毐在第一时间派出军队向雍城进发，企图一举拿下雍城。

然而，嬴政对于嫪毐的发难早有防备，因而他在前往雍城之前，就已经暗中调集了一支部队埋伏在咸阳至雍城的必经之路上。等到叛军进入埋伏圈，秦军如同天降，很快将乌合之众的叛军击溃。秦军趁势掩杀，一举收复了咸阳城。回朝之后，嬴政立即提拔了那些平叛有功的将领，同时悬赏捉拿出逃的嫪毐等人。最终，在嬴政的强力搜捕下，嫪毐等一众贼首全部落网，并且很快被押回咸阳处以极刑。嫪毐和赵姬的孩子也被处死，嫪毐更是被诛三族，即父族、母族和妻族。而对于赵姬，嬴政就不好为难了，毕竟是自己的亲娘，最终只是将她软禁在雍城了事。

嬴政以迅雷不及掩耳之势剿除嫪毐势力，多少让吕不韦感到震惊，他没想到这个平日里一语不发的少年天子竟然如此有魄力。与此同时，由于嬴政平定嫪毐叛乱的雷厉风行，也让他得到了空前的威望，再加上吕不韦已经把国家权力交到他手上，嬴政的王位基本上已经坐稳了。由于吕不韦采取了消极应对的策略，嬴政收回国家权力的过程可谓顺风顺水，这也让吕不韦的名字很快消失在了大家的视野当中。应该说，这一时期的吕不韦只想安度晚年，因而他极力收敛锋芒，不再参加任何公开场合的活动。然而，吕不韦毕竟历经三朝不倒，其势力之盘根错节难以想象，很多吕不韦的门人不满他被罢相，因而对新政多有抵触，这就导致嬴政在治理国家的过程中处处掣肘。为了摆脱这种困局，嬴政干脆一不做二不休，对吕不韦动了杀心。

无冕之王

　　嬴政要杀吕不韦，这件事被后世的很多史家诟病，被认为是嬴政残酷暴戾的佐证。客观来讲，皇帝杀害臣子的事情在历史上比比皆是，如唐太宗和宋太宗这样的圣主，也都经历过手足相残的恶斗。所谓政治斗争，总会把人推入两难的境地，而且越是高层的斗争，就会越激烈，你死我亡的抉择不是普通人能够想象的。吕不韦也许对嬴政并无异心，却难保他的幕僚和门徒没有想法，而只要吕不韦存在一天，这些人的想法就不会泯灭，就有可能在吕不韦的登高一呼之下，聚集起来对嬴政构成威胁。换句话说，吕不韦势力太大，资历又太深，这些都会对嬴政形成巨大威胁，而这份威胁让嬴政不得不先下手为强。

　　对于嬴政的残酷，还有一种说法是面由心生，并且认为嬴政的容貌极度丑陋。我们翻开史料，会发现这种说法来自司马迁的《史记》，他在《始皇本纪》一篇中提到："秦王为人，蜂准，长目，鸷鸟膺，豺声。"其中，"鸷鸟膺"就是现在所说的鸡胸，"蜂准"是现在所说的塌鼻，"豺声"则表明嬴政的声音阴郁沙哑，这些都可谓丑陋到了极致。尤其需要注意的是，司马迁并没有直接道出此语，而是借用了一个名叫尉缭的人之口。尉缭的话是否可信暂且不论，只说司马迁所在的西汉是秦朝灭亡的直接推手，当时的朝廷又怎么可能让他说出赞誉嬴政的话呢？恐怕让他照直描写嬴政的可能也不大，抹黑嬴政却具有十足的理由。

　　时间过去千年之后，我们再来看看宋人怎么说嬴政，李昉、李穆、徐铉在《太平御览》中说："秦始皇帝名政，虎口，日角，大目，隆准，长八尺六寸，大七围。"其中，"虎口，日角，大目，隆准"，乃是典型的帝王之相，尤其从"长八尺六寸"可以推断，嬴政不但没有鸡胸，而且身型非常伟岸，换算成今天的长度单位，更是有1.98米之高，胸围也在1.2米（大七围）以上。著名历史学家翦伯赞先生也在他的《秦汉史》一书中提到，嬴政的丑陋面貌是后人根据相关史料记载臆造而成的，其本人乃是一个魁梧十足、英气逼人的美男子。

　　抛开诸多史料记载和史家之言，我们从嬴政的父母角度进行推想，也可以得出与常规说法不同的结论。嬴政的父亲异人，虽然史料中鲜有对他的容貌描写，但他乃是堂堂的秦国公子，而且曾经代表秦国到赵国做人质，从常理来推断绝不可能和丑陋有关。而嬴政的母亲赵姬，史料中对她的美貌描写更是无所不用其极，或者说如果她长得很丑，也不可能成为吕不韦的歌女，更不可能被异人一眼看中。因此，从遗传学的角度来讲，哪怕嬴政只是继承了父母的部分优良基因，也断不可能如史记中描写的那样丑陋。何况，嬴政登上秦国王位，虽然得到了吕不韦的力挺，但是在看中容貌的古代社会，如果嬴政真的如此丑陋，异人也不会同意将王位传给他。

　　当然，所有的这一切对于吕不韦来讲都已经没有意义了，他已经做好了接受命运安排的准备。客观来讲，吕不韦并没有篡夺王位的打算，否则就算赵姬是嬴政最大保护伞的说法成立，以吕不韦的能力和势力，至少可以在嬴政亲政之前放手一搏。退一步讲，吕不韦也没有篡夺王位的必要，因为在他的治国理念当中，经济是放在第一位的。换句话说，吕不韦乃是一个资深的商人，异人之所以能够登上王位，就是他进行商业运作的结果。因此，即使把国家权力交给嬴政，吕不韦也有信心控制整个秦帝国，甚至可以在关键时刻像扶持异人那样，再扶植一个人代替嬴政。对于这一观点，我们千万不可小视，譬如今天的美国，说到底就是以商业（或者经济）立国的，其根本生命线正是美元的全球硬通性。

至于嬴政对吕不韦的生死抉择，也是经过一番犹豫的，毕竟此事牵扯的范围太大。史料记载："王欲诛相国，为其奉先王功大，及宾客辩士为游说者众，王不忍治法。"也就是说，嬴政本来想杀吕不韦，但是念及他在先王一朝功劳太大，以及很多大臣为他求情，所以才没有动手。由此可见，嬴政不杀吕不韦的原因有两条，其一是吕不韦的功劳太大；其二是为吕不韦求情的人太多。试问，关于这两条原因，到底是嬴政放过吕不韦的原因，还是杀害吕不韦的原因？在嬴政看来，前者可以总结为四个字——功高盖主，后者也可以总结为四个字——结交朋党，哪一条不足以要了吕不韦的命？因此，群臣劝阻嬴政的心情没错，但是于方法上却大错特错。

这个时候，嬴政惯于隐忍的一面又表现了出来，既然大家不愿让吕不韦死，那就退而求其次，免去他的相国职务好了。也有史家认为，嬴政之所以宣称要杀吕不韦，就是为了要免去他的相权。原因很简单，吕不韦在当时可谓权势熏天，哪怕嬴政做出一点对其不利的事情，也会遭到群臣的反对。既然如此,嬴政就故意把问题严重化,然后再退而求其次,这样群臣也就乐于接受了。应该说,如果事情到此为止,那么嬴政和吕不韦之间也就可以相安无事了。但是接下来发生的事情,却让嬴政坚定了杀吕不韦的决心。当时,吕不韦虽然遭到贬谪,群臣却纷纷上门求见,其中甚至有些大臣不再来上朝。可想而知,这些大臣的做法对于嬴政无疑是赤裸裸的挑衅,试问嬴政又怎么可能不做出还击呢?

按理来讲,吕不韦既然已经倒台,曾经"无比纠结"的嬴政应该见好就收,不再扩展打击范围。然而,嬴政却并没有这样做,吕不韦的下台反倒像是他在抛砖引玉,在其牵扯之下,大批官员遭到调查惩办,直到吕不韦成为一个令人谈虎色变的名字。对此,我们又要展开新一轮深入思考,而不是随着史料人云亦云。按照司马光的说法,嬴政之所以要杀吕不韦,其真实用意在于掩盖自己的出身,甚至有意暗示吕不韦乃是嬴政的亲生父亲。客观来讲,司马光一项以正统自居,面对历史做出如此混沌不清的叙述,多少有些不负责任。

简单来说,嬴政和吕不韦之间的斗争,是商人和政客之间的斗争。吕不韦想要构建的权力体系,是用金钱制约政权,整个国家由金钱来做无冕之王。而嬴政想要构建的权力体系,虽然包括统一天下货币,却是要货币服务于政权。换句话说,吕不韦之所以帮助异人登上王位,又帮助嬴政登上王位,绝不是出于道德仁义,而是站在商人的角度在进行投资。嬴政是千古帝王,对于吕不韦的想法虽然心知肚明,却始终秘而不宣,直到他将力量积蓄完满,才将吕不韦一步步赶上绝路。

落幕

赢政将吕不韦贬到洛阳之后，又有一件事摆到了他的面前，那就是如何决定其母赵姬的去留。对此，许多大臣纷纷进谏，希望赢政从雍城接回赵姬，以免遭到世人不孝的非议。赢政也想早点把母亲接回咸阳，可是他又非常担心，如果吕不韦和赵姬之间存在某种联盟关系，那么她回来之后肯定会干扰自己的政策。而大臣们的表现已经能够说明问题，即赵姬急着回到咸阳为吕不韦求情，否则一众大臣绝不会在这个关头集体劝谏。应该说，赵姬和吕不韦之间一定存在某种约定，而赢政贬谪吕不韦，则无疑会破坏这种约定。赵姬为了赢政的利益考虑，担心吕不韦会进行殊死反扑，才不得不想尽办法劝阻赢政。

赵姬毕竟在朝经营多年，很多大臣得到她的授意，不断劝谏赢政接她回咸阳。但赢政毫不示弱，不仅当面拒绝了大臣们的劝谏，而且还发布公告，表明再有劝谏者立斩。然而，大臣们却根本无视赢政的禁令，劝谏者有增无减。赢政很清楚，这些人是在试探自己的底线，因而毫不犹豫地举起了屠刀，杀死了禁令发布后进宫劝谏的大臣。不可思议的是，大臣们像是被激怒了，前赴后继地赶来劝谏，简直抱定了必死的决心，这就渐渐瓦解了赢政的意志。于是，当第 28 个劝谏者出现后，赢政决定暂时放下屠刀，听听他能说什么。

这个劝谏者名叫矛焦，是秦朝有名的诤臣，同时也是当时著名的辩士。见面之后，嬴政开门见山地问："难道你没有看到其他劝谏者的下场吗？"矛焦回答说："如果能够劝动大王去邪归正，臣等虽死何憾？"嬴政说："那就请先生说说寡人邪在哪里？"矛焦说："大王处死假父（指嫪毐），圈禁太后（指赵姬），已经身负不孝的罪名。如果说假父之死尚且有理可循，那么太后被禁，则无论如何也说不过。如今，正义的大臣们冒死劝谏，大王却肆无忌惮地进行杀戮，这样的事情传出去，哪还有贤才敢来秦国效力啊？"

由于形势所迫，嬴政不得不采纳矛焦的劝谏，将赵姬接了回来。同时嬴政也打定了主意，不管赵姬说什么，都不会改变他对吕不韦的决定。果然，赵姬回宫之后的第一件事就是劝说嬴政迎回吕不韦，否则必将导致秦国大乱。然而，此时的嬴政已经不是登基之初的懵懂少年，他有自己的想法，并且想要坚定不移地去执行。更重要的是，他已经有能力完成自己的想法，而且是独立去完成，不再需要赵姬的扶持，更不需要吕不韦的扶持。因此，嬴政迎回赵姬之后，虽然孝顺至极，但仍然将其幽禁在深宫内院，直至终老。

而这个时候，吕不韦虽然已经被贬到洛阳，却仍然每天门庭若市，前往拜访他的人络绎不绝。史料记载："岁余，诸侯宾客使者相望于道，请文信侯（指吕不韦）。"意思是说，在吕不韦被贬的一年多时间里，各诸侯国纷纷派遣使者请吕不韦出山。换句话说，吕不韦虽然在秦国遭贬，其他国君却都仰慕他的治国才华，想要请他前去辅佐王业。这就让嬴政不得不担心，一方面是因为吕不韦的治国才华确实高超，另一方面更因为他对秦国太过了解，如果他跑到敌国去效力，必将成为自己的一大祸患。

既不能留，也不能杀，嬴政只好再次贬谪吕不韦。这一次，嬴政将吕不韦贬谪到了边远的蜀地，而且剥夺了他的爵位和封地。简言之，此时的吕不韦已经一无所有，前往蜀地基本上相当于去做奴隶。同时，为了防止吕不韦逃往别国，嬴政安排了大量耳目和武装力量。吕不韦深知自己难逃一死，于是服下一杯毒酒，结果了自己的性命。消息传来，嬴政虽然做了一些悲痛欲绝的表面文章，但内心却长长地出了一口气。从此之后，秦国之内再也没有力量能够阻止他的意愿，嬴政的全部精力也由此转到了国家建设和平定天下上。

总体来讲，吕不韦一生赞誉居多。他效仿战国四公子，广招天下贤士，不仅为自己的仕途奠定坚实基础，而且为秦国的发展做出巨大贡献。由他主持编修的《吕氏春秋》具有极高的史学和思想价值，是我国历史上不可多得的综合性著作之一。后世多将《吕氏春秋》归为杂家著作，说明此书兼容并蓄，博采众家之长，同时又有黄老思想穿针引线。当时，吕不韦的治国思想给民众留出了很大的自主劳动和创造空间，从而促使秦国的经济迅猛发展，百姓的生活水平得到普遍提高。后来，嬴政之所以能够统一天下，吕不韦为其奠定的经济基础至关重要。

后世史家对于吕不韦的评价众说纷纭，大致总结为以下三点内容。

第一，吕不韦是我国历史上罕见的出身商人的政治家。自古以来，国家权力都是士大夫阶级的垄断资源，商人作为潜在的权力威胁群体，一直被各朝代统治者打压。吕不韦能够以经济思想跻身当时社会的核心政治舞台，足以证明他的天纵奇才，可惜他在商业方面的天赋，最终也为他招来了杀身之祸。但是总体来讲，吕不韦在秦任相期间，对于秦国的经济发展贡献巨大，同时也为秦国统一天下奠定了基础，对于我国整个历史发展更是具有积极的推动作用，可以称得上是一代豪杰。

第二，吕不韦让嬴政身世成谜。由于嬴政的母亲赵姬先侍吕不韦，后侍异人，且生育嬴政的时间比较紧凑，自古便有吕不韦是嬴政生父的说法。不过，这一说法多为后世史家之猜测，拿不出有足够说服力的证据，因而普遍不被史家采信。按照常理推想，吕不韦执政后期面对嬴政的咄咄逼人一再忍让，并且最终以自杀的方式来成全嬴政，完全可以被描写成一个伟大的父亲形象。但是从事实角度来讲，父子之间为了政权相互残杀的例子见诸史料，我们无法因此就断定他们之间存在血缘关系。而且客观来讲，吕不韦和嬴政是否存在血缘关系，纯属于私人问题，对于吕不韦和嬴政的历史评价并无干系，因而我们不要舍本逐末，太过纠结于这个问题。

第三，吕不韦主持编撰《吕氏春秋》。古人在世，最高的人生追求在于"立德、立功、立言"，其中"立言"指的就是著书立说。对于吕不韦来说，至少在这一点上的成就是毋庸置疑的。唯一美中不足的是，《吕氏春秋》并没有成为嬴政的治国思想指导，最终才导致秦国在兵家和法家思想的作用下，迅速崛起又迅速灭亡的命运。对此，嬴政应该向他的祖先嬴驷（即秦惠王）学习，他虽然处死了商鞅，却保留了其改革思想和制度，如此才有了秦国的一次大踏步前进。

第五篇
李斯——公义与私利

李斯是个颇具争议性的人物。他早年师从荀子，后入秦，辅佐秦王灭六国，成就帝业。秦国一统天下后，他制定国家的礼仪制度，统一了文字、货币与度量衡，并提出废分封，这一系列举措极大地巩固了国家的统一与秦王的地位，甚至影响了中国两千多年的政治格局。司马迁等人对他都有着极高的评价。然而，晚年的李斯却成了秦二世暴政的帮凶，他参与宫廷政变，助纣为虐，加速了秦王朝的灭亡。

第一章
从政之路

不管是什么样的人,一旦有了不安分的心,就会做出一些不平凡的事。李斯虽然出身小吏,却始终揣着一颗不安分的心,因而几只老鼠也能让他做出深刻的人生思考。在得出自己的人生观念之后,他也为自己规划了人生路线,先是拜在当时的大儒荀子门下为师,后是进入当时的秦国为官,并且为了达到自己的目的不择手段。

老鼠哲学

李斯出生于公元前280年,上蔡(今河南上蔡)人,在当时属于楚国的子民。他虽然出身比较低微,但是年少好学,因而成年之后在县城谋到一个小吏的差事,主要负责整理文书一类的琐碎事。这样的一份工作虽然没有什么前途可言,但是对于李斯这样出身的人来说,已经足够让他心满意足了。要知道,当时的社会常年处于战乱当中,普通百姓的日子举步维艰，很多人只能靠给富裕人家打工维持生计，其生活境遇之惨无异于奴隶。李斯得到小吏的工作，不仅能够维持固定经济来源，同时也足够让他感到体面，每次回家都会生出一种衣锦还乡的感觉，乡里乡亲对他都非常尊敬。

然而，一件毫不起眼的小事让李斯的人生理念发生了巨大转变。当时，李斯办公的地方时常有老鼠出没，而老鼠最集中的地方有两处，其一是厕所，其二是粮仓。厕所里的老鼠周身总是脏兮兮的，见到人来了就惊慌失措地逃走，而且因为总也吃不饱而瘦弱不堪；而粮仓里的老鼠则完全是另一副光景，它们非但不用担心有人惊扰，而且不用担心风雨来袭，每天守着堆积如山的粮食幸福度日，个个吃得肥头大耳。同样是老鼠，为什么彼此的差距这么大？李斯很快得出结论，老鼠本身并没有什么不同，之所以境遇形成天壤之别，完全取决于它们所处的环境。

由此推彼，李斯转而想到了人的一生际遇，自己捧着个小吏的差事如履薄冰，不正如厕所里的老鼠一样吗？而那些身居高位的人却每天优哉游哉，几乎什么事情都不做，却可以每天享受最高规格的待遇。为此，李斯决定离开县城，到更广阔的舞台去闯荡一番，就算失败也不能一生窝在"厕所"里。何况，李斯对于自己的才学很有信心，努力之后也不一定会失败，说不定还能够位极人臣，成为真正的成功者。对此，后世史家大多津津乐道，认为是老鼠改变了李斯的命运。事实上，李斯内心当中向往攀爬到更高权力阶梯的本愿才是他谱写辉煌人生的关键因素。否则，就算每天有老鼠出现在李斯面前，也不会引发他的思考，更不会启迪他的人生。

客观来讲，李斯之所以会形成这样的想法，与当时的社会大背景也脱不开干系。战国时期，国家权力被士大夫阶层垄断的现象有所改变，很多权贵为了加强自身实力，纷纷招揽有用之才，这就为底层民众提供了一条社会上升通道。所谓"学好文武艺，货卖帝王家"，很多人立志成就一番事业，都会从小修习各种本领，只求有朝一日得到统治者赏识，从而鸡犬升天。李斯自幼熟读诗书，尤其深得法家思想精髓，对于治国韬略很有自己的见解，走出去向统治者"兜售"自己的政治理念，也就成了他的必然选择。

不过，这里也存在一层颇耐人寻味的深意，即李斯是由老鼠对自己的人生展开联想的。换句话说，李斯只想通过努力改变自己的境遇，也就是做一只"粮仓里的老鼠"，除此之外并没有更高的追求。不难想象，李斯抱着如此官场认知跳入宦海，其仕途的长度和宽度自然受到限制。后世史家评述李斯，多认为他的性格中自私成分偏重，并据此形成了狭隘的个人主义思想。如果他能够像其他政治家那样，以天下为己任，凡事从国家和人民的角度进行考虑，也不会为自己招致身败名裂的悲惨下场，甚至可以改变大秦帝国的短命厄运。当然，这些都只是后人一厢情愿的设想，历史不会给任何人假设和重新来过的机会。

不过，李斯不是吕不韦，他没有腰缠万贯的家财，因而也就无法迅速完成金钱和权力的转换。在这种情况下，李斯想要在官场上闯出一条生路，就只能凭借自己的本领。而所谓本领，如果能够派上用场自然价值连城；但如果派不上用场，甚至无法得到统治者的认可，又将会一文不值。于是，对自己认识清晰的李斯做出了一个明智选择，即辞掉县城的小吏一职后，并没有急着进入仕途，而是辗转来到齐国的兰陵（今山东兰陵），拜在著名的大学者荀子门下为徒，以此来增加自己的学识和资质，相当于对自己进行深造。

众所周知，荀子是继孔孟之后，儒家最引以为豪的集大成者，同时他也是战国时期最著名的思想家和教育家之一。其学说以儒学为主，同时博采百家之长，在当时社会具有重要影响。荀子的政治主张也非常鲜明，他提出"礼制为主，法制为辅"的基本原则，极力促成儒家和法家的理论融合。在哲学层面，荀子又主张汲取道家的"道法自然"思想和儒家的"积极进取"思想，最终达到"制天明而用之"的最高思想境界。可惜的是，荀子的主张在当时并未被各国诸侯采纳，因而其一生游历多国，却只能在齐国出任教官。李斯拜到其门下为徒的时候，荀子也只是兼任一个小小的兰陵令，其高远的政治抱负根本得不到施展。

荀子担任的具体教官职务，是稷下学宫祭酒。所谓"稷下"，就是今天的山东临淄，"学宫"就是专门供各国学者思想交流的地方，当然也包括让荀子这样的大家集中讲学。"祭酒"则完全是官名，主要负责稷下学宫的日常运转，相当于今天的大学校长。史料记载，李斯拜到荀子门下之后，所学的内容为"帝王之术"，也就是治理天下的方法。同样据史料记载，李斯在这段时间里学习非常用功，学业更是突飞猛进，因而得到了荀子的格外关注。值得一提的是，另一位法学大家韩非也在荀子的门徒之列，这就让李斯和韩非成了同学。

在荀子的精心指点和教化之下，李斯的学识增长更加迅猛，很快就完成了学业。但是这里需要说明一点，即李斯虽然师承荀子，却并没有全盘继承荀子的思想学说。尤其在治国理念方面，李斯更注重法家学说，因而在他的治国过程中，基本奉行了"法家为主，儒家为辅"的原则，完全和荀子的主张颠倒过来。不过，由于李斯对法家思想的理解足够透彻，因而在其运用过程中并没有出现明显纰漏。相反，在当时后世的很多人看来，李斯在学术方面的造诣甚至隐隐有超越荀子之势，至少足以和他的同学韩非并驾齐驱。

出师

李斯学有所成，接下来就是考虑到哪里去施展自己的才华。按照今人的想法，李斯是楚国人，自然应该回到楚国去做官。但是，当时社会的人们国家概念并不强烈，尤其是士大夫阶级，跑到其他国家做官并且做高官的人数不胜数。简单来说，当时的士大夫与君主的关系，基本上相当于今天员工和老板的关系，这也是当时士大夫们赢得较高个人荣誉和社会地位的原因，而不是像后世士大夫那样，大多沦为统治者的工具甚至奴才。何况，李斯的首要目标是改变自己的人生境遇，至于楚国将来的命运如何，并不在他的考虑范畴内。

如此一来，李斯就得以客观地将各诸侯国进行了一番对比。首先是楚国，在李斯看来，楚王胸无大志，不足以成事，到楚国做官恐怕不会有什么作为，因而第一个把楚国抛开；接下来是韩、赵、魏、燕、齐等国，概括来讲，这些国家虽然都曾辉煌一时，但是如今却都在走下坡路，而且这些国家也没有统一天下的意愿，因而这些国家也被李斯放弃了；相比之下，只有秦国始终处于国运上升期，且时常对外进行扩张，统一天下的意愿非常强烈。因而对于李斯来说，如果能够到秦国去做官，并且得到统治者的器重，凭借他的过人才华一定能够有所作为。

在拜别荀子的时候，李斯所说的一番话也大体表现了这一层意思，他说："您曾经说过，如果遇到机会，无论如何都要抓住。如今，各诸侯国都在力争上游，广为吸纳人才，士大夫阶层逐渐掌握了国家的治理权。其中，居于西方的秦国有吞并天下的雄心，求贤若渴的程度最强烈，正是士大夫们施展抱负的最佳舞台。尤其是像我这样出身卑微的人，如果不去抓住这样的机会，就等于禽兽看着肉而不去吃，白白做了一回人。在我看来，一个人最大的耻辱莫过于卑贱，最大的痛苦莫过于贫穷。可怜那些常年处在卑贱和贫穷中的士子，还在自恃清高地批判功名利禄，他们注定一辈子只能活在耻辱和痛苦中。因此，我要到秦国去，游说秦王采纳我的政见，从而成就一番丰功伟绩，得到享之不尽的荣华富贵。"

李斯的话，毫不掩饰自己对功名利禄的渴求，同时也表明他急于改变自己卑微和贫穷的境遇。不难想象，这样的一个人在踏入仕途之后，必定会把一己私利看得高过一切，甚至为了满足自己的私欲不择手段。应该说，李斯是荀子最得意的门生之一，他教授李斯如何治理天下，却没有扳正他的价值观念，因而内心当中多少存在一丝担忧。史料记载，李斯入秦为官之后得到嬴政的高度认可，一时之间风光无限，所有人都赶来恭贺荀子。但荀子却始终闷闷不乐，他时常写信给李斯要求他收敛锋芒，却得不到他想要的回应，为此甚至连饭都吃不下，担心李斯随时可能遭遇灾祸。

史料记载，李斯抵达咸阳的时间是秦庄襄王三年（前247年），因而正好赶上了嬴政继承王位。在此后的十年之间，秦国的朝政全权掌握在吕不韦手中，因而李斯便投入他的门下做了一名舍人。所谓舍人，在当时相当于客人，李斯到吕不韦府中做舍人，就相当于到吕不韦的府上做客，不同之处在于李斯会为吕不韦出谋划策，而吕不韦则为李斯提供吃穿住行方面的用度。这种主宾关系并不是官职，但是从某种程度上来讲，也算是一种雇佣关系，乃是当时社会官场的一种特殊现象。当然，像李斯这样投在吕不韦门下做食客的人，最多时达到3000人之多。

不过，所谓"是金子总会发光"，李斯到吕不韦门下做舍人后不久，就表现出了出众的才华。史料记载，吕不韦对他非常赏识，并且很快将他推荐给了嬴政，李斯也由此成为嬴政身边的一位侍从官。这个官位虽然很小，但是有机会接触嬴政，对于李斯来说也算是一步登天了。既然有机会接触嬴政，李斯就绝不会浪费表现自己的机会，殷勤侍奉自不必说，瞅准时机还会阐述一下自己的政见。当然，李斯心中再清楚不过，嬴政虽然是秦王，国家实权却掌握在吕不韦手中，因而此时的他主要还是向吕不韦献媚，这也让吕不韦放心把他放在嬴政身边。时间一长，嬴政也觉得李斯才华不凡，逐渐开始有意召见他。

这一时期，吕不韦之所以把李斯放在嬴政身边，真正的目的在于安插耳目。李斯虽然对此心知肚明，却在暗地里做了两手准备，即一边帮吕不韦监视嬴政，一边也极力讨好嬴政，所谓"刀切豆腐两面光"。由于吕不韦对李斯的工作还算满意，因而将他提拔为长史，这是类似今天的参谋和顾问一类的职务，虽然没有实权，但是已经具有官位了。出于职责所在，嬴政再向李斯询问政见时，李斯也就没有什么好顾忌的了，尽管他仍然对吕不韦的权势有所忌惮。与此同时，李斯也在积极准备着怎样回应嬴政的询问。他要对天下大势做一次综合评述，以便由此得到嬴政的认可和器重。

一次，嬴政又像往常一样召见李斯，询问他对当前局势的看法。此时的李斯已经准备停当，因而胸有成竹地指出："凡成就大事者，必注重三条关键因素，即天时、地利、人和。秦穆公在位的时候，秦国极为强大，想要东出函谷关吞并六国，结果却惨遭失败，原因就在于只占到了三条因素中的'地利'。彼时，周王朝余威尚存，能够使各诸侯国联合起来抵抗秦国，此失'天时'者也；其次，各诸侯国势大，其臣民上下一心，遇到秦国攻击团结抵抗，此失'天时'者也。而今，周王朝已经彻底没落，诸侯国之间又因为连年交战而上下离心，而秦国的势力则得到了进一步加强，可谓天时、地利、人和占尽，正是东出函谷关统一天下的好时机。"

统一天下是秦国的祖训，更是嬴政的毕生心愿，听到李斯的一番分析，他立即热血沸腾起来。与此同时，李斯也提出了一些具体的策略，对于瓦解和削弱诸侯国起到了十分巨大的作用。比如李斯曾经建议吕不韦派遣使者去重金贿赂各国权贵，如果能够收买他们就用重金收买，如果不能就派刺客去暗杀他们。这样一来，秦国在不断强大自身的同时，也将势力暗中打入了各诸侯国内部，只待大兵一出，就可以里应外合建立奇功。值得一提的是，吕不韦收买魏国权贵离间魏王和信陵君的计谋，就是李斯一手炮制，当然他也担任了重要的统筹和执行任务。

逐客令

就在李斯的仕途稳步前行的时候，秦国发生了一件大事，即吕不韦的倒台。还好李斯提早看出了苗头，并且做了充分的准备，因而并没有被这次事件影响前程。然而，接下来发生的一件事，由于波及面太广，对李斯也产生了影响。前面已经说过，韩国为了迟滞秦国东进的步伐，派出水利专家郑国到秦国建议开凿水渠。当时,吕不韦对韩国的阴谋心知肚明,但是出于长远之计,他决定将计就计。但是直到吕不韦倒台之后,嬴政才知道其中的曲直,而且此时的郑国渠已经开凿完毕,他担心六国的奸细对秦国构成威胁,便在王公贵族的怂恿之下,下令驱逐在秦国做客卿的臣子,这就是所谓的"逐客事件"。

所谓"客卿",就是非秦国本土的大臣,当然秦国的很多士大夫也在其他国家做官,这种现象在当时极为普遍。嬴政要驱逐客卿,李斯作为一名楚国人,自然也在被驱逐之列。不过,李斯在接到被逐的公文之后,却并没有急着收拾行李离开,而是呕心沥血写就了我国历史上著名的《谏逐客书》。李斯指出,在秦国做客卿的人一定比在秦国做奸细的人多,他们对秦国所做的贡献也一定更大。而秦国的王公贵族之所以极力促成逐客,是因为这样一来他们就可以独掌秦国大权,完全是出于自身利益考虑,说不定到时候还会威胁王权。

接下来,李斯还列举了具体的事例:秦穆公重用的由余、百里奚、蹇叔、丕豹和公孙支都是客卿,但是他们却帮助秦国走向富强,并且先后吞并了二十多个小国,最终得以让秦国称霸西戎;秦孝公任用客卿商鞅进行变法,让秦国一举成为军事强国,从而不断向外开疆拓土;秦惠王采用客卿张仪的连纵之计,攻占三川,西并巴蜀,北获上郡,南夺汉中及九夷之地,同时控制了鄢郢等地,东据虎牢,瓦解了六国的联盟,割取六国的沃土何止千顷;秦昭王起用客卿范雎,赶走了华阳君,加强了秦王室的权力,同时避免了权贵垄断政治资源的不利局面,对秦国的壮大功劳甚伟。

与此同时,李斯还把问题进一步引申到事物上,比如昆山的美玉、随侯之珠、和氏之璧、明月珠、太阿剑、千里马、翠凤旗、灵鼍鼓、夜光之璧、犀角象牙制品、郑国和卫国的美女、駃騠良马、江南的金锡、西蜀的丹青、宛地的珍珠簪子、玑珠镶嵌的耳坠、东阿白绢缝制的衣服、刺绣华美的装饰品、漂亮而又文静的赵国女子，以及《郑》、《卫》、《昭》等异国的乐曲，都在秦王宫内。因此，嬴政也必须在用人的问题上因才施用，而不是一刀切地将所有客卿全部逐出秦国。所谓泰山不拒绝一尘一埃的溅落，所以能够成为五岳之尊；江河不拒绝一点一滴的融入，所以能够形成浩荡之势；君王也只有拥有海纳百川的胸怀，才能够成就一番雄途伟业。

李斯的说法，可谓句句在理，嬴政根本就无从反驳，何况他根本就不想反驳。原因很简单，嬴政之所以能够扳倒吕不韦，王公贵族的力量起到了重大作用，这些人提出要将客卿势力扫地出门，嬴政无法直接拒绝。李斯的《谏逐客书》一出，在嬴政有意无意地宣扬下，立即在社会上引起强烈反响，很快造成了舆论的一边倒局面。如此一来，王公贵族也就不好说什么了，客卿势力成功留了下来。嬴政得到了一股重要的政治力量，不论是治理国家还是牵制王公贵族，都能够因此得到保障。当然，也有史家分析称，李斯早已得到了嬴政的高度信任，因而逐客令和《谏逐客书》根本就是他与嬴政自导自演的一场大戏。

无论如何，李斯在挽留客卿一事中功不可没，这不仅让他在客卿群体中威望日高，同时也得到了嬴政的器重，没过多久便被提拔为廷尉。这是秦国主管刑罚一类的长官，相当于今天的公安部长、最高人民法院长和最高人民检察院长三权合一，李斯也由此进入秦国最高权力阶层。值得一提的是，李斯的这篇《谏逐客书》还在我国文学史上留下了光辉的一页，近代文学家鲁迅先生曾经在他的《汉文学纲要》中提到："法家之书，大抵少文采，惟李斯奏议，尚有华辞。"其中的"奏议"就是指《谏逐客书》，文中的比喻句很有说服力，排比句也颇有气势。

一般认为，李斯的《谏逐客书》所述内容，是春秋战国时期各诸侯遇到的共同问题，即国家之间的斗争说到底是人才之间的斗争。任何一个国家都必须吸引最多的人才，并且让这些人才充分发挥他们的能力，才能在斗争中最终取胜。比如燕昭王，为了得到邹衍的辅佐，居然拿着扫把为其清扫开路，又为其修建了豪华的宫殿，紧接着又执弟子礼去宫殿中听邹衍讲授学术，并且最终拜他为师。可以说，各国诸侯和大臣都是亦师亦友的关系，提出问题，比言请教，相互之间也总是坐而论道，从来没有君坐臣站，甚至君坐臣跪的道理，所以春秋战国时期也被认作我国历史上知识分子最幸福的时代。

从另一方面来讲，士大夫阶层的畅所欲言也确实为当时社会的进步提供了很大助力，同时也让各国诸侯得到了切切实实的甜头。因此，当时社会出现了明显的"礼士、贵士、重士"风气，几乎所有人都在争相读书，都在争取实现自己的理想和抱负。以至于当时的人们毫无故土意识，奔走在各国之间的士子大有人在，因为谁也不知道哪国诸侯会对自己的政治主张感兴趣。也正是因为如此，当时的思想潮流此起彼伏，百家争鸣的局面逐渐呈现，成为我国历史上思想运动的黄金时期。当然，也有很多人的命运比较无奈，他们劳碌终生却始终没有得到当政者的重视，比如为世人所熟知的孔子，其一生致力于向各国诸侯兜售自己的治国理念，同时招收弟子讲学，最终却没有在仕途中找到自己的立足之地。

不难想象，如果嬴政的逐客令最终得以贯彻实施，那么所有客卿都将离开秦国，并且再也没有客卿能够进入秦国，一些奸细却有可能潜伏下来。更为关键的是，客卿势力的离开会让秦国的王公贵族一支独大，最终很可能会再次垄断秦国的政治资源，到时候嬴政将失去对他们的节制，秦国将会重新步入内耗的恶性循环。在这种情况下，秦国和其他六国的发展必将发生变化，秦国会逐步失去当时的优势，而其他六国则会逐渐夺取优势，那么秦国想要统一天下将会成为天方夜谭。由此可见，李斯的《谏逐客书》对于秦国和嬴政的命运影响十分深远，嬴政对李斯器重也就不足为奇了。

陷害同窗

秦王政元年（前246年），李斯奉命出使名列我国七雄之一的韩国，敦促对方尽快投降。就是在这次出使过程中，李斯见到了自己昔日的同窗韩非。叙旧之余，韩非把自己的几部著作交给李斯，希望他能够转交给嬴政，同时举荐自己。李斯并没有多想，回国之后先谈公事，然后便将韩非的作品拿给了嬴政看。嬴政读罢，惊喜若狂，竟然说出了"能与之交，死而无憾"的话，甚至把韩非认作了故人。当李斯告诉他韩非是自己的同学后，嬴政立即让他代为引荐。这就让李斯生出了一丝担忧，他自认学识不如韩非，如果让他入秦，自己的地位恐怕不保，因而借故推脱，并没有完成嬴政的意愿。

然而，嬴政有自己的办法，他对韩国施以军事高压，指明要对方交出韩非。韩王不敢忤逆，加之韩非与他的政见不合，很快将韩非交给了嬴政。客观来讲，李斯和韩非在学术上并不冲突，李斯善于实践，而韩非长于理论，如果他们能够团结协作，对于嬴政来说无疑是天大的福音。但是李斯却并不这样想，嬴政曾经对韩非做出过高度评价，这种评价随时可能转换为韩非的爵禄，而自己则很有可能受到排挤。因此，李斯对嬴政说："韩非和普通的士大夫不同，他是韩国贵族，内心深处到底向着韩国，恐怕不会竭尽全力为大王效劳。"为了增加效果，李斯还编造谎话说："臣曾经多次写信给韩非，让他来秦国为大王效力，可是都遭到拒绝。如今大王用强迫手段迫使他事秦，说不定最终会适得其反，让他做出对秦国不利的事情。"

与此同时，韩非的内心当中也很纠结，正如李斯所说，作为韩国贵族，他内心当中还是希望韩国走向强盛的。然而，韩王并不接受他的政治主张，以至于他的多次上书最终都石沉大海。在这种情况下，韩非原本可以一走了之，到其他国家去寻求政治舞台，但是他毕竟没有这样做。退一步来讲，如果嬴政礼贤下士，用恭敬的态度去韩国请韩非出山，也许他还有可能真心实意为嬴政效力，最多也只是在与韩国发生利益冲突后有所偏袒。但是嬴政却以强迫手段迫使他事秦，这在当时对于士大夫来说无异于侮辱，尤其是像韩非这样的贵族子弟。果不其然，韩非到了秦国之后采取消极应对的态度，只写了一篇《存韩》交给嬴政，大意是绕开韩国去攻打赵国，其用意再明显不过。

对于李斯来说，韩非的态度正是他梦寐以求的，但是如果仅限于此，他还不足以彻底赶走韩非。于是，李斯开始暗中鼓动嬴政的亲信势力，让他们出面攻击韩非。当时，秦国有一个名叫姚贾的大臣，此人虽然出身魏国的小官吏家庭，但是谋略极深，行动能力也很强，曾经奉命出使，成功化解了联军对秦国的威胁，并因此被嬴政擢升为上卿。这样的一个聪明人自然不愿被李斯当枪使，但是慑于李斯的权势，他也只好应付一下，对韩非发起了一次若有若无的攻击。按照常理来讲，韩非初来乍到，又没有得到嬴政的真正信任，这样的事情能忍也就忍下来算了。可是他却针锋相对，丝毫不肯让步，弄得姚贾很是下不来台，最终二人不欢而散。

李斯如法炮制，韩非却见"套"就钻，很快得罪了一大批人，而这些人自然都不会在嬴政面前说韩非的好话。就这样，在李斯的主张下，韩非被嬴政定罪下狱了。本来，嬴政非常爱惜韩非的才华，李斯又顾及同窗的情义，二人谁都没有想过置韩非于死地。但是姚贾忽然在这个时候添了一把柴，由于他在当时主持秦国的情报工作，因而有一天向嬴政报告，韩非在离开韩国之前曾经受到韩王的秘密接见，意思是他很可能是接受韩王使命来祸乱秦国的。客观来讲，这样的说法存在一定可疑之处，如果韩非来秦国别有用心，基本上不可能采取不合作的态度，而一定是卑躬屈膝、竭尽全力地争取嬴政宠信。何况，韩非在韩国长期不受重用是事实，即便韩王确实召见了他，并且让他做出对秦国不利的事情，韩非也未必肯做。

但是，这些毕竟只是推论，嬴政作为一国之主，绝不能在可避免的情况下任由意外发生。可想而知，一旦姚贾的说法成立，那么韩非留在秦国无疑是个祸害，轻则迟滞秦国的发展，重则颠覆秦国的政权，后果简直不堪设想。既然如此，接下来的事情就简单了，一边是不能用，一边是不能放，剩下的就只能是杀了，韩非的命运也就此被决定。接到处死的命令，韩非自然无比震惊，确切地说他还没有从下狱的震惊中醒过来。事实上，这也正是韩非的命运悲哀所在。一般认为，韩非对事物的认知太过绝对化了，不是"是"就是"非"，不是"黑"就是"白"，除此之外再无其他。所谓"水至清则无鱼，人至察则无徒"，韩非在韩国不受重用的原因在此，在秦国一系列遭遇的原因同样在此。

还有史学家认为，韩非之所以在秦国蒙难，最根本的原因是他冒犯了嬴政。首先有一点无法否认，那就是韩非的政治才华在当时无与伦比，这也是嬴政不惜动用军事手段将他抢到秦国的原因。然而，盖世才华带给韩非的不仅是美誉，还有不可一世的骄傲，这一点即便在他面对嬴政的时候同样没有丝毫收敛。史料记载，韩非有一定程度的语言表达障碍，也就是我们通常所说的口吃，可能也正是这个原因导致他内心自卑，并最终因此而产生了过度的自信和自尊。前面说过，战国时期的各国诸侯对待士大夫极为恭敬，个别求贤若渴者甚至曾经行跪拜大礼。但是有一点非常值得注意，那就是受礼的士大夫已经受宠若惊，立即施以更隆重至少同样隆重的大礼，如此才算礼尚往来。但是以韩非的性格，很可能在初次见到嬴政的时候让他下不来台，尤其韩非又不满嬴政将他"劫持"到秦国的做法。

据此也有史学家推论，李斯之所以不想让韩非到秦国做官，并且在嬴政将韩非抢到秦国之后排挤他，真正的原因并不是妒贤嫉能，而是知道韩非的性格迟早会惹祸。为了保护韩非的性命，李斯才不得已如此。等到韩非因他的发难而最终丧命，他却已经失去了对局势的控制。与此同时，李斯又是一个价值观念比较狭隘的人，他在关键时刻虽然想保护韩非，却又不肯竭尽全力，这才导致了韩非的悲惨下场。当然，这种说法只是一家之言，我们在此只做参考，感兴趣者亦可据此进行深入研究。

第二章
平定六国

应该说，以当时的历史和社会发展趋势来看，天下迟早是要归于一统的。而这一历史伟业最终由秦国来完成，并且是由嬴政和李斯这对君臣搭档来完成，也存在一定的必然性。而且事实已经表明，李斯具有完备的战略思想和统筹，尤其从他统一天下后有条不紊的后续动作可以看出，平定六国不过是其政治理想中的一环。

六国归秦

战国后期，社会生产力水平大举提高，各国之间的经济日趋一体化，从而为天下一统奠定了物质基础。与此同时，各诸侯国之间的文化交流也在不断加深，具有国家意识的人大多都是贵族阶级，普通百姓国家意识比较淡薄，大家只是觉得中原地区以外的蛮族和自己有所区别。再加上各国之间的连年混战，给底层民众带来了深重的苦难，所谓"久乱思治"，每个人都在盼着天下统一。更加重要的是，由于种种原因所致，当时的社会形成了秦国在所有诸侯国中一家独大的局面。可以说，统一天下，并且由秦国来完成这一伟业，已经成为历史发展的大趋势，各方面的条件都已经日臻成熟。

秦王政十七年（前230年），嬴政在李斯的辅佐下基本解决了国内问题，从此正式开始了平定六国的事业。这场战争前后共经历了十年之久，李斯的年纪也由50岁到了60岁，从一个人的成长过程来看，这十年正是李斯精力和经验结合最好的光阴。应该说，嬴政平定六国的想法早已形成，先期的准备工作也已经在李斯的主持下悄然开始。按照李斯的计划，整个统一天下的过程分为三个步骤，首先是派出大量使臣到各诸侯国暗中活动，收买腐化各国的权贵；其次是派出刺客暗杀那些不肯合作的有识之士，如果不能杀掉，就充分利用那些被收买的大臣，离间他们和诸侯的关系；最后才是发兵征讨，并且尽量里应外合，减少军事行动的压力。

在整个统一天下的过程中，除了制订整体计划，李斯的反间计和挖心术也起到了显著的作用。比如在攻打赵国的时候，赵王派李牧和司马尚率军抵抗，此二人都是能征惯战的骁勇之将，秦军即使能够获胜，恐怕也难逃"杀敌一万，自损三千"的厄运。为此，李斯重金行贿赵王的宠臣郭开，最终在他的帮助下让赵王对李牧和司马尚产生疑心，临阵将他们换了下去，由此秦军便相对轻松地灭掉了赵国。再比如攻打齐国的时候，秦军虽然具有明显的军事优势，但是齐王纠集了齐国的百姓，一时间齐国全民皆兵，如果秦军进行强攻，同样会是一场恶仗。但是在李斯的谋划下，秦军实行围而不攻的策略，同时派人游说齐王，许其500里封地，最终促使他主动投降。

秦国要东出函谷关统一天下，韩国首当其冲。应该说，自范雎为秦国定下"远交近攻"策略，韩国就一直是秦国敌视的对象，何况从军事层面来讲，先灭韩国也能够为接下来的战争提供战略后方，等于直接向东扩大了秦国的领土。更加重要的是，此时的韩国在所有诸侯国中实力最弱，以秦国的强大军事力量，可一举将其灭亡。再者，秦国虽然和中原各国都有军事摩擦，但是大规模的用兵却经验匮乏，灭亡韩国不仅能够增强战争经验，同时也可以极大地鼓舞士气。于是，嬴政派出大将内史腾南下渡过黄河，攻破韩国首都郑（今河南新郑），韩王出降，韩国灭亡。

秦王政十八年（前229年），赵国突发大面积旱灾，这对于秦国来说无异于"天助"，嬴政果断派出大军，分南北两路攻入赵国。大军行进顺利，沿途攻城拔寨，最终对赵国都城邯郸完成合围。赵国自古就是军事强国，虽然长平之战白起坑杀赵国将士达40万，但赵国余勇尚存，负责前线战事的秦军大将王翦连吃败仗。幸而李斯调动内应，最终致使赵国大将李牧惨死。次年邯郸被破，赵王出降，赵国灭亡。值得一提的是，赵国实际上有两座都城，其中位于北方的代郡（今河北蔚县）尚存，公子嘉逃脱之后聚集赵国残众赶往代郡，在那里组建了新的政权，自称代王。

秦王政十九年（前227年），秦军正在消化攻占的赵国领土，感到威胁的燕国派出荆轲刺杀嬴政，这就是我国历史上著名的"荆轲刺秦王"事件。后阴谋败露，荆轲被杀，嬴政却安然无恙。秦国遂以此为借口，于次年向燕国进攻。公子嘉率军支援燕国，被王翦阻于易水（今河北易县境内），双方随即展开大战，公子嘉大败后退回代郡。王翦顺势率领大军扑向燕国都城蓟（今天津蓟县），燕军不敌，燕王逃亡辽东。后来，燕王为了向秦国谢罪，杀死了自己的儿子太子丹，并且将他的头颅献给秦军，而此举自然不能阻止燕国的灭亡。

秦王政二十二年（前225年），王贲率军进攻楚国，一举占领了楚国北部边境的十几座城镇。如此一来，秦国就切断了楚国和魏国之间的联系，迫使两国之间无法相互照应。紧接着，王贲挥师北上，长驱直入，直捣魏国都城大梁（今河南开封）。魏军凭借坚固的城防殊死抵抗，顶住了秦军的数次强攻，以至于嬴政生出退兵之意。幸而李斯及时劝阻，并且说服嬴政把决定权交给了前线指挥的王贲，同时从其他各处抽调军队增援。王贲因此得到极大鼓舞，在屡次强攻不利的情况下，他转而掘开黄河，让洪水灌入大梁城。三个月之后，大梁城墙被浸泡倒塌，魏王出降，魏国灭亡。

秦王政二十三年（前224年），嬴政准备出兵伐楚，这也是六国当中最难啃的一块"骨头"。此时，经过连年消耗，秦国的经济已经略显不支，因而嬴政询问众将，伐楚需要多少兵力。老将代表王翦认为需要60万大军，而年轻将领代表李信则认为只需20万。嬴政结合秦国的经济考虑，最终决定让李信率军出征。此举受到李斯阻止，但这一次嬴政并没有听他的建议，结果不幸惨败。次年，嬴政倾尽全国之力集结60万大军，由老将王翦率领出师伐楚，并在一年后于蕲（今安徽宿州）大破楚军。随后，秦军乘胜渡过淮河，迅速对楚国都城寿春（今安徽寿县）完成合围。又过一年，楚国守军终于不支，楚王被俘，楚国灭亡。

秦王政二十五年（前222年），秦军攻入越国，占领越国都城会稽（今浙江绍兴），越王出降，越国灭亡。同年，王贲率领另一路秦军进攻代郡，剿灭了赵国的残余势力，俘代王嘉，赵国最后一股势力被消灭。随后，王贲领兵继续向辽东进发，剿灭燕国的残余势力，燕王被俘，燕国灭亡。在此之后，六国当中就只剩下一个齐国，而不可思议的是，这个时候的齐国对于即将到来的灭顶之灾居然尚未察觉。原因很简单，秦国一直以来都在奉行"远交近攻"策略，实际上只有一个齐国是"交"的对象。因此，齐国相信绝对不会遭到盟友秦国的进攻，所以既不出兵帮助其他诸侯国，也不加强自身的武装力量。

秦王政二十六年（前221年），秦国以齐国拒绝访问为由，派王贲率领大军向齐国发起进攻。齐王虽然知道大势已去，但还是仓促调集全国军队，陈军在西部边境御敌。客观来讲，以王贲率领的常胜之师，面对齐国仓促集结起来的疲敝之师，最终胜负将毫无悬念。但是即便如此，王贲还是充分发挥其军事天才，避开了齐国的主要军队，取道燕国旧地，从背面突入齐国境内，一举将其都城临淄（今山东淄博）包围。齐王惊慌失措，面对黑云一般的秦国大军，最终不战而降。齐国灭亡。

在此之后，秦国又相继完成了对匈奴和百越的征服，成为当时全世界疆土面积最大的帝国。为了加强防御，秦国将大批中原居民迁到边境，从而为边远地区带去了先进的农业生产技术，最终促使了整个华夏民族的大融合与大发展。另一方面，秦国结束了自春秋战国以来的诸侯割据混战局面，建立了我国历史上第一个中央集权制国家，为民众的生产生活提供了充分的保障，对于整个中华民族的发展具有无比巨大和深远的意义。那么，李斯在平定六国的过程中究竟起到了多大作用呢？用他自己的话说，"我刚入秦的时候，这里疆土不过千里，军队不过几十万。我用尽平生所学，亨通内政，强化武备，结交外臣，远交近攻，终使秦国富有四海，子民万千，军队百万，秦王亦为天子。"

厘定天下

秦灭六国之后，实际上仅仅是在军事层面统一了天下，真正的统治工作才刚刚开始。李斯作为嬴政最重要的谋臣，所面临的第一个工作，就是帮助嬴政登基称帝。既然要称帝，自然要有帝号，嬴政因而对群臣说："寡人凭借微弱的身躯平定六国，完全依靠祖宗的神灵庇佑，以及六国诸侯的违天意、失民心。如今，四海已经平定，寡人一定要创立新的纪元，以此来彰显不世之功，并且传承千秋万代。列位都可以提出自己的建议，供寡人参考，然后再由大家一起商定。"

嬴政让群臣建议帝号，李斯等人自然早就心知肚明，因而众臣早就商量好了。见嬴政发问，李斯便站出来代众臣说："周天子不能服众，因而各国诸侯肆意妄为，最终导致天下大乱，社稷分崩离析，百姓深受其苦。大王兴正义之师，讨伐四方，平定天下，让天地之间恢复了本初的面目，百姓过上了上古的生活，这样的功绩前所未有，就算是五帝圣君也无法企及。臣与众位同僚已经向博士们请教，上古有天皇、地皇、人皇，因而请求将大王尊为人皇，大王颁布的法律称'制书'，大王下达的命令称'诏书'，大王自称为'朕'。"

这里需要解释的是"博士"一词，在当时属于秦国官名，出任者必是博古通今之士，负责给诸侯和众臣答疑解惑。李斯之所以说已经和博士请教过，是因为古人多相信天意使然，而博士自然是领会和传达天意的不二人选。至于李斯等一众大臣和博士的建议，嬴政基本表示满意，但同时他也做了一些修改。比如他将"人皇"的"人"字去掉，又在"皇"字后面加了一个"五帝"的"帝"，从而将他尊称为"皇帝"。在此基础上，嬴政又在"皇帝"前面加了一个"始"字，寓意自己是秦朝的第一位皇帝，而后还会有"二世"、"三世"和"四世"等，直到千秋万世，永不休止。从此之后，"皇帝"一词在我国历史上沿用了两千多年，直到公元1911年辛亥革命爆发，才被废止。

然而，帝号虽然重为国家的头面，但毕竟只是一个称呼，因而一场朝议就可以基本定下来，而整个行政体系的建设就需要李斯等人花费大量时间和精力了。据史料记载，李斯主持了秦统一后国家的行政体系建设。其中，朝廷官员以"三公九卿"为主体，"三公"是指丞相、太尉和御史大夫，丞相主管一切国家事务，是百官之长；太尉分管军事事务，是武将之首；御史大夫分管监察事务，是言官之首。需要说明的是，这里的丞相和后世的丞相多有不同，职权所在包括军事事务和监察事务，基本上可以算作皇帝的副手，权力之大也远非后世的丞相（或宰相）可比。

丞相一职并非李斯首创，战国时期的各诸侯国都有这一职务，只不过有的诸侯国称之为丞相，有的诸侯国却称之为令尹。不过，战国时期的丞相职位并没有成为定制，也就是说，各国诸侯可以任命丞相，也可以不任命丞相，或是任命某人为丞相，其离职或去世后不再任命。秦国之后，丞相成为国家定制，即不论何人出任，丞相一职始终存在，并且一直有人担任。据史料记载，丞相在当时的责任是"掌丞天子，助理万机"，包括辅佐皇帝，商议军国大政，选拔朝廷官吏，带领百官举行各种国事活动，督察百官，审计地方官员的政绩，乃是真正意义上的"一人之下，万人之上"。李斯就是秦朝的最后一任左丞相同期还有右丞相冯去疾，我国传统文化以左为尊，因而李斯的职权和地位居冯去疾之上。

军事方面，皇帝仍旧是最高长官，太尉则负责帮助皇帝处理军事事务，在秦朝同样成为国家定制。御史大夫在秦朝实际上相当于副宰相，只是在具体工作上偏重于监察，但是也可以参议军国大事，同时还掌管着国家的各类典籍，尤其是法典。当然，这一时期的书籍还是竹简，直到东汉蔡伦造纸之后，才开始逐渐有真正意义上的书卷出现。除此之外还有九卿，这类官职负责一些具体的事务，比如兵、刑、钱、谷等。需要说明的是，秦朝的官员已经废止了世袭制，因而国家权贵垄断政治资源的现象有所缓解。不过，由于当时仍在实行举荐制度，所以政治资源依旧垄断在士大夫阶层手中。直到隋唐以后，才在科举制度的作用下，逐步向所有知识分子开放。

接下来就是地方行政体系的建设，简单来说就是"郡县制"，这一制度就是秦王朝的首创了。当时，秦国拥有了空前辽阔的土地，怎样对如此广袤的土地进行有效管理，成为摆在秦朝统治阶级面前的首要问题。丞相王绾建言，仍旧使用宗法制度，将嬴政的几个儿子封到各诸侯国故地为王，帮助朝廷镇守地方。应该说，王绾的建议在当时代表了秦朝官员的主流想法，嬴政的儿子们甚至已经做好了到各地为王的准备。但是李斯对此予以坚决反对，他以周朝的宗法制度之败为警示，告诫嬴政千万不可重蹈周朝的覆辙，重新让天下陷入诸侯纷争的混乱局面。当然，李斯阻止推行宗法制度，同时也提出了切实可行的郡县制度，因而最终得到了嬴政的采用。

所谓"郡县制"，就是把全国土地划分为若干个郡（相当于今天的省），郡以下再统辖若干个县（相当于今天的地级市）。所谓"皇权不下乡"，县以下就完全交给地方百姓进行自治了，我国历史上源远流长的乡绅文化和氏族文化由此开端。县以下行政单位由下向上选举德望最高的人担任首领，后来逐渐演变成大家族的族长或当地的大地主。无论是向朝廷缴税还是请愿，都由这些地方首领负责和县官沟通。值得一提的是，这一制度持续沿承到民国末年，直到新中国建立才宣告终结。史料记载，秦朝的第一次行政划分把全国分成36个郡，后来随着领土不断扩张，一度增加到46个郡。郡以下所辖县的数目不一，多者可以达到30有余，少的则只有两三个，全国大概有五百多个县。

郡的最高长官为郡守（或称太守），负责主持郡内的所有事务。郡守的佐官包括郡尉和监御史，其中，郡尉分管郡内的军事，平常负责郡内治安，战时则负责率军作战；监御史负责监察地方官吏，但是在行政上不隶属于郡守，而是直接对朝廷的御史大夫负责。需要说明的是，监御史的职权非常大，不仅对郡内所有事务都具有监察和参议权，而且只要有朝廷的授命，还可以领军作战。县的最高长官为县令，辖区内人口不足万户的则称为县长，主持县内一切事务。县令以下设县丞和县尉，县丞是县令的副手，相当于朝廷的丞相，县尉则分管军事，相当于朝廷的太尉。

相比之下，郡县制比建立在宗法关系上的分封制要先进，有利于国家的完整统一，尤其能够形成强大的对外力量。更为重要的是，郡县制有效地避免了地方政权和中央政权的相互角力，避免了国家内部的消耗。但是也有史家认为，秦朝时期的交通和通讯都不发达，郡县制并没有得到充分落实，中央权力的触角根本无法延伸到一些边远地区。为了确保这些地方的稳定，朝廷往往需要派遣官员长期驻守，同时授予他们极大的权限，甚至允许他们世袭官职，实际上和分封制度大同小异。因此，秦朝没必要一刀切地实行郡县制，而是可以选择"一国两制"，这样也将有利于化解朝廷和那些诸侯故国的旧贵族之间的矛盾。

立法

李斯入秦之后长期担任廷尉一职，主要负责的就是法律方面的工作，因而在秦朝制定法律的过程中他所起的作用非常大。总体来讲，李斯考虑到当时的天下初定，很多人对于嬴政建立的中央政府并不信服，因而决定采取严刑立法原则；同时废除六国的所有法律，然后以秦国的法律为主体，重新建立一套完整的法律，向全国颁布施行。嬴政最终采用了李斯的法制主张，并且让他主持修订《秦律》，从此全国官民有了共同的行为依据和指导，为国家的长治久安提供了基本保障。实际上，秦国的法律最早来源于李悝的《法经》，商鞅进行变法时将其修改为《六律》，李斯做完此次修改之后，就成了最终的《秦律》。

20世纪70年代，我国湖北云梦县出土了一批秦朝的竹简，数量达到千余片。简文为秦朝官方文字秦隶（近似小篆），经过简单的技术处理，绝大部分内容清晰可见。专家鉴定后发现，这批竹简大约制于秦昭王元年（前306年）到秦王政三十年（前217年）之间，内容包括《编年纪》、《语书》、《为吏之道》、《日书》、《秦律十八种》、《效律》、《秦律杂抄》、《法律答问》和《封诊式》。其中，后面五个部分都属于秦律内容，形式上又分为律文、问答、文书和纪实等。不难想象，这批竹简的发现，无疑为今人研究秦国和秦朝的社会文化提供了宝贵的第一手资料，而且其内容还不仅限于法律方面，其余包括政治、经济、文化和军事等，都有不同程度帮助。

单说法律内容，就包括刑法、诉讼法、民法、行政法和经济法等十余个门类，这在当时无疑具有十分先进的意义，对于后世的法律建设也具有重大影响。嬴政非常信任法家思想，因而对于法律建设不遗余力，全部法律制定完成后，不仅向全国推行，而且要求全国官吏都要认真学习，以确保他们能够依法办事。如此一来，中央集权的力度就大为加强了。李斯曾经对当时的法制建设情况评价道："今天下已定，法令出一，百姓当家则力农工，士则学习法令辟禁。"意思是说，如今天下归于一统，法令出于陛下一人，百姓努力务农务工，官吏努力学习法律。由此可见，当时社会已经形成了明确和细致的分工，所有行业和人员都有了一定的行为依据。

具体来讲，秦朝的法律有以下几个特点。

第一，原则。秦朝的法律规定，男子满六尺五寸，女子满六尺二寸，触犯法律后就需要承担刑事责任，相当于今天依据年龄判定是否适用刑法。区别是否为故意，如果是故意犯罪（如谋杀），称为"端"，量刑较重；如果是过失犯错（如误杀），称为"不端"，量刑较轻。数罪并罚，如果犯人的罪行包括若干条，将各项罪行累计相加，然后执行总的刑罚。对于教唆犯、共犯和累犯等，施用和犯人相同的刑罚。诬告反坐，某人诬告其他人某种罪名，经查实后对其施用诬告罪名相应的刑罚。自首，也称为"自告"或"自出"，可以从轻施用刑罚，这一点与今天的法律原则不谋而合。

第二，死刑。包括参夷之诛、凿颠、抽胁、镬烹、腰斩、枭首、囊扑、磔、戮、坑、弃市、定杀等。其中，"参夷之诛"使之诛三族，即父族、母族和妻族（另说只有父亲、母亲和妻子）；"凿颠"是指凿穿犯人的头盖骨致死；"抽胁"是指抽掉犯人的肋骨致死；"镬烹"是指把犯人放进镬里用沸水煮死；"腰斩"是指把人拦腰砍断处死；"枭首"是指把人的头颅砍下来挂在高杆上示众；"囊扑"是指把人装进麻袋里摔打致死；"磔"是指车裂，俗称五马分尸；"戮"是指不仅杀死犯人，而且对其进行侮辱，包括先杀后辱和先辱后杀两种；"坑"是指将犯人活埋致死；"弃市"是指在闹市将犯人处死，然后还要在街头陈尸；"定杀"，沉入水中溺死，多用于传染病犯人，意在防止疾病传播。

第三，肉刑。包括黥、劓、刖、宫、大辟。其中，"黥"是指在犯人的脸上刺字或刺画，相当于西周时期的墨刑，虽然已经极为残忍，但已经是肉刑当中最轻的刑罚；"劓"是指削掉犯人的鼻子；"刖"是指砍掉犯人的脚；"宫"是指割掉犯人的生殖器；"大辟"是指砍掉犯人的脑袋。应该说，肉刑是古代社会的一大流弊，无论官民，一旦犯罪就会终生背负耻辱和痛苦。李斯作为法家的代表人物，又主张契合当时的社会现状使用酷刑统治，肉刑就是最具代表性的刑罚。后来在汉文帝时期，肉刑终于被废除，但是以后的朝代断断续续仍有使用，直到隋朝以后才基本消失，但一些少数民族政权仍有零星使用。

第四，劳役。包括隶臣妾、城旦舂、鬼薪白粲、司寇、侯、迁、逐。其中，"隶臣妾"就是把罪犯罚为奴隶，其中"臣"是指男性奴隶，"妾"是指女性奴隶；"城旦舂"是指男性犯人被罚筑城，女性犯人被罚舂米（即去米壳，类似捣蒜）；"鬼薪白粲"是指男性犯人打柴，女性犯人择米；"司寇"是指惩罚犯人去侦查盗贼；"侯"即斥侯，是指惩罚犯人去边疆地区侦察敌情及侦察贼寇；"迁"是指把犯人流放到边远地区，秦朝主要流放到蜀地，有时候秦国攻下一座城池，也会迁一些百姓到里面居住，用以加强对该地区的控制；"逐"是指把外国人（主要是奸细和间谍等）驱逐出境。

第五，罚刑。包括赀、废、夺爵、谇、收孥、籍门、赎刑。其中，"赀"是指对犯人进行经济处罚，比如缴纳钱物或者无条件服役；"废"是指免除官员的职务，当然这主要是针对官员的处罚；"夺爵"是指剥夺犯人的爵位，这主要是针对权贵的处罚；"谇"是指对犯人进行斥责，属于比较轻微的处罚；"收孥"是指将犯人家属充作奴隶，属于一种连坐性质的处罚；"籍门"是指禁止犯人的子孙为官；"赎刑"是指犯人可以缴纳规定数额的钱物，用以免除自己应受的处罚，只要得到官方认可，基本上所有刑罚都适用，问题只在于犯人有没有足够的钱物来赎买自己的罪行。

第六，罪名。包括听命书不避席立、矫丞令、盗徙封、逋事、乏徭、犯令、废令、投书。其中，"听命书不避席立"是指臣子接受皇帝诏书的时候没有离席站立，后来逐渐演变成接受皇帝的诏书时必须跪立，一直到最终的叩伏在地；"矫丞令"就是假传官员的命令，主要指县一级的官员，普通百姓没有假传旨令的机会；"盗徙封"就是擅自移动代表农田边界的标志，在当时也伴有很重的处罚；"逋事"是指逃避徭役，在当时会被处以笞刑，也就是用鞭子抽打；"乏徭"是服役时间未满而擅自逃离的犯人，同样要处以笞刑；"犯令"是指违反国家的禁令性公告；"废令"是指不执行国家的规定性公告；"投书"是指匿名投递书信，当时秦国规定必须实名投递，便于相关人员查证，同时也可以有效避免诬告的情况出现。

统一规范

秦统一天下之前，各诸侯国的度量衡千差万别，给不同诸侯国之间的民众交往带来了很大不便，同时也严重阻碍了社会生产力的发展。秦统一天下之后，开始着力发展社会经济和民众生活，统一度量衡就成了必不可少的工作。于是，在李斯的主持下，对全国各地的度量衡进行了一次集中规范，制定了一套全国通用的度量衡标准。其中，度制（即长度单位）从低到高规定分别为寸（约为2.31厘米）、尺、丈、引，每级之间都是十进制；量制（即容量单位）从低到高分别为龠（约为10.5毫升）、合、升、斗、斛，除了最低一级的龠与合是二进制以外，其他各级之间都是十进制；衡制（即重量单位）从低到高分别为铢、两、斤、钧、石，各级间的进制比较复杂，为24铢等于1两，16两等于一斤，30斤等于1钧，4钧等于1石。

与此同时，李斯还主持统一了全国的货币。各诸侯国之间虽然彼此有别，但是相互之间的交往从来没有停止过，其中最重要的交互关系除了政治还有商业。然而，货币代表一个国家的政治权力和经济利益，因而每个诸侯国铸造的货币都不相同，不同单位间的兑换比例也不相同，这就让建立在流通基础上的商业大受其害。秦国既然统一天下，自然要消除这一商业弊端，开始统一使用秦国的方孔或圆孔钱（外端都是圆形），一枚钱币的重量也统一规范为半两。齐国和燕国的刀币，韩、赵、魏的铲币和楚国的蚁鼻钱等，从此退出历史舞台，商业和税收等涉及货币的领域则受益颇深。

接下来就是文字的统一，这在我国历史上具有划时代的意义，同样由李斯主持完成。应该说，商朝和西周时期的文字原本统一，到了春秋战国之后，由于各诸侯国之间长期处于分裂状态，文字逐渐出现了各种异化，给当时社会的文化发展和交流制造了很大障碍。李斯以秦国的官方文字小篆为全国官方文字，撰写了一批样书（《即仓颉篇》）向全国推广，同时不允许再使用诸侯旧国的文字。为了尽可能对各地人民产生影响，嬴政在全国各地巡游的时候，李斯还让他题写各种词句，然后命人雕刻在巨石上。这样不仅能够彰显嬴政的威严，同时也能够让小篆随处可见，方便普通民众的识记。

这个时候，有一位名叫程邈的小隶因罪被关在监狱里，他本人擅长书写，于是想要通过改良字体来求得赦免。于是，在狱中服刑的十年之间，程邈对小篆进行了大刀阔斧的改良，使其变得更加简捷流畅。后来，程邈把整理好的字集呈献给嬴政，不仅得到了赦免，还因功被封了官。由于程邈本是一个小隶，因而他所发明的字体被称为隶书。

由于这种字体在汉朝时被官方认定，因而后世也称其为汉隶。不过，由于隶书在秦朝的时候就已经开始大范围使用了，尽管秦朝的官方文字一直是小篆。值得一提的是，将程邈所整理的隶书进行推广者，也是当时负责文字统一工作的李斯。由于在书法方面颇有造诣，李斯在我国书法史上也占据了一席之地，流传至今的"泰山石刻图"就出自他的手笔。

除此之外，秦朝初年的很多重大历史事件也都有李斯参与的身影。比如蒙恬抗击匈奴，就是李斯在朝廷鼎力相助，才使得蒙恬免去后顾之忧。其余如铺栈道、建宫殿和修园林等，也都有李斯的运筹帷幄。应该说，这一时期正是李斯人生最辉煌的阶段，整个秦王朝的快速发展和稳定都离不开他的贡献。为此，嬴政还和李斯结为儿女亲家，从此修为永世之好。据史料记载，李斯的儿子都娶了嬴政的女儿，他的女儿也都嫁给了嬴政的儿子。不过，这个时候的李斯却保持着清醒的头脑，始终小心翼翼地侍奉着嬴政，不敢有一丝一毫的疏忽大意。

一次，李斯的儿子从郡守任上回京省亲，李斯在家中摆下盛宴，群臣都赶往他的家中庆贺，门前的车马停了足有千余，热闹的景象堪比国事活动。面对这样的景象，李斯的儿子自然欣喜万分，左右之间呼朋唤友，推杯换盏，却见李斯面露忧色。席散人去，李斯的神情更加落寞，他的儿子不禁上前细问缘由，李斯喟叹一声说："我昔日师从荀子的时候，听他说过'月盈则亏，水满则溢'的道理，凡事到了极致就要开始衰败了。想我李斯原本不过世上的平民百姓，陛下不嫌弃我的出身，才把我提拔到了左丞的高位，荣华富贵可谓享受到了极致。可是，接下来我的路该往何处走，最终又将落得怎样下场，真是难以预料啊。"

一般认为，李斯在秦朝的统一过程中，以及秦朝的初期建设中，都起到了极为重要的作用，其历史功勋也可以彪炳史册。更加重要的是，嬴政对他的倚重和封赏从未吝啬，史料上并没有见到嬴政对他的猜忌和提防。在这种情况下，李斯却感到忧虑，并不是因为外部政治环境所致，而是出于他对自身命运的思考。具体来说，他可能想到了两个人的命运，一个是范蠡，还有一个就是吕不韦。范蠡急流勇退，一生逍遥，流芳千古；吕不韦欲退不退，一生纠结，身死名裂。尤其让他感到毛骨悚然的是，吕不韦正是死于嬴政之手。因此，李斯在帮助嬴政彻底平定天下之后，实际上面临着两个截然相反的选择，一个就是做"范蠡"，另一个则是做"吕不韦"。

不过很可惜，李斯的"老鼠哲学"又在这个时候出来作祟了。在他看来，既然自己已经掌握了国家权力，为什么不能一直掌握下去呢？何况，嬴政始终没有做出对他不利的举动，自己完全没有必要杞人忧天。应该说，李斯的这种想法无异于赌徒心理，输钱的时候想要赢回本，赢钱的时候想要赢更多，结果总是"生命不息，战斗不止"。与此同时，在李斯的内心深处也许还会犯下一个大多数人都会犯的错误，就是觉得自己比别人都要聪明。他会想："吕不韦虽然被嬴政杀了，但那是因为他笨，不能像我一样死心塌地又谦虚谨慎。"无论如何，李斯最终还是选择了留下来，而就是在他选择留下来的那一刻开始，事情就已经起了微妙的变化。

第三章
成功与失败

李斯帮助嬴政平定天下，并不仅仅用武力消灭了六国政权，更重要的是他们还在思想上统一了所有人的意识。至于具体的做法，就不得不说到两大历史事件，一个是"焚书"，一个是"坑儒"。不过在此之后，李斯的人生却开始走下坡路，并且由他亲手葬送了自己和整个秦朝的大好未来。

焚书

秦朝完成全国统一之后，对于国家制度的讨论从来没有停止过，具体来讲就是到底实行集权制，还是在集权制的基础上留出一部分地区实行分封制。众所周知，分封制源自商朝，发展到西周的时候已经日趋成熟，这种制度适应了当时的生产力发展，为当时社会的稳定和发展起到了保障作用。但是到了春秋战国以后，贵族制度和宗法制度逐渐崩溃，分封制的根基由此被动摇，各国诸侯都开始在其内部实行集权制。秦朝统一之后，为了适应当时的社会生产力发展，也自然而然地选了集权制。

当时，来自秦国内部的一种声音是：六国刚刚被平定，很多地方又很偏远，如果不在那里设王镇抚，恐怕会生乱，因而建议嬴政将自己的儿子进行分封。实际上，这一派意见也并非全盘推行集权制，而是只有偏远的地方实行，这一主张甚至得到了嬴政的认可。但是，李斯站出来坚决反对，他认为西周之所以会发生诸侯相互攻伐的现象，其根本原因就是分封制的推行，秦朝任何形式的分封制都是在步西周的后尘。最终，李斯的主张得到了嬴政的认可，秦朝开始在全国范围内推行郡县制，全面完成和加强集权制。本来，这一政策已经成为秦朝的基本国策，但是时隔八年之后，随着秦朝对匈奴和百越的作战胜利，以及领土的扩张，一些读书人又开始宣扬分封制，而嬴政的态度也因此发生了动摇。

面对这些读书人的发难，李斯再次挺身而出，系统论述了集权制的先进意义。由于李斯的论述有理有据，且仍然权势不减，最终得以阻止了书生们的反扑。不过，通过这件事也让李斯意识到，只要秦朝以前的各类书籍存世，就会让书生们读了之后妄自非议，动辄牵扯到治国大事上来。李斯遂决定对书生进行一次集中整治，同时将那些与自己思想有别的书籍全部销毁。李斯的主张最终得到嬴政认可，于是除了医药、卜筮和种植一类的书籍，都遭到了一次严重的集中焚毁。当时，有关规定相当严厉，私藏禁书者，私下议论者，尤其是借古讽今者，都要被处以极刑，并且斩首示众，这就是我国历史上著名的焚书事件。

事实上，早在商鞅任秦国丞相的时候，就曾提出过焚书的建议，可见该政策并不是李斯的个人创举，更不是嬴政的私人想法。后来，焚书的主张还得到韩非的继承和发扬，认为国家要从行为和思想两方面对臣民进行规范，而且规范思想显然要比规范行为更重要。因此，对于那些可能产生不同的思想的书籍，最好的做法就是不让人们去读，根本作法当然就是付之一炬。据史料记载，当时的秦朝有一位名叫伏生的博士，此人一直活到了汉文帝时期。当时，汉王朝鼓励民间献书，这位老先生就凭借自己的记忆还原了《尚书》中的内容，献给汉王朝的统治者。后来，班固在《汉书》中记载了一万三千多卷书籍，涉及诸子的著作也达到189家，可见所谓焚书事件对后世的影响多少有被夸大的成分。

明朝思想家李贽曾在他的《史纲评要》一书中说："大是英雄之言，然下手太毒矣。当战国横议之后，势必至此。自是儒生千古一劫，埋怨不得李丞相、秦始皇也。"意思是说，李斯关于焚书的主张都是盖世英雄的见识，只是下手有些歹毒。不过，当时正值战国末期（或者说秦朝初期），书生议论政事的现象对于国家稳定和发展影响太大，焚书事件是大势所趋。这虽然对于书生来说很不幸，却不能埋怨李斯和嬴政。应该说，李贽的评述着眼高远，见解独特，目光深远，立场客观，在此特以采用。当然，焚书事件也激起了诸侯旧国最强烈的反弹，因为很多诸侯国的遗老遗少都在想着复国，而一旦李斯和嬴政完成对百姓的思想统治，他们的复国希望就会泯灭。

坑儒

如今，当人们提及秦朝的焚书事件，总会和坑儒事件联系起来，称为焚书坑儒，并且从关系思维上认为这是一件事。实际上，焚书和坑儒是两个完全独立的事件，而且发生的时间也不在同一年。与此同时，从目前可以查阅的史料来看，焚书是李斯的主张可以断定，但坑儒不是李斯的主张也可以断定，最多他只是在此次事件中保持了沉默。另一方面，虽然坑儒和焚书最根本的性质一样，都是为了在集权统治下进行愚民，但是嬴政之所以最终下定了坑儒的决心，确实是因为他的皇权和威严受到了挑衅，而且最主要的当事人又在事发后逃遁，嬴政为了杀一儆百才出此下策。

具体来讲，嬴政亲政之后，身边逐渐形成了三大文人集团，第一个是以李斯为代表的法学集团，在当时属于中流砥柱，是嬴政最倚重的集团；第二个是以淳于越为代表的儒家集团，最主要的主张就是"法先王"，即恢复周王朝的礼仪，在当时主要担任顾问和参谋一类的职务，并不被嬴政器重；第三个是以侯生为代表的方士集团，这些人不仅熟读诗书，而且深谙巫术，也懂一些医药知识，他们鼓吹神仙论，认为海外有仙境，里面住着长生不老的人，可以不食五谷，乘风御气，总之玄乎其玄。由于当时的科学知识比较落后，人们对于自然界中发生的很多事情都无法理解，因而对于未知的事情总是充满恐惧和好奇，以侯生为代表的方士集团可谓大行其道。

秦朝统一全国之后，嬴政开始在全国范围内进行巡游，一方面是为了威名远播，加强对东方诸侯旧地的控制，另一方面就是为了东临大海，寻找神仙神药。嬴政的第一次巡游是去西部边境，与世代生活在那里的少数民族建立盟约，借以稳定边疆；第二次东巡到达山东境内，并且在泰山举行了规模浩大的封禅大典，也就是祭祀天地，表明自己登基称帝是承接天意。这一次东巡，嬴政第一次见到了大海，这让他异常兴奋，以至于在琅琊（今山东琅琊）持续住了三个月之久。也就是在这三个月当中，嬴政第一次见到了方士，具体的人就是徐福，同时也听到了玄乎其玄的神仙理论。虽然半信半疑，但是哪怕有一丝长生不老的希望，嬴政也想要竭尽全力地试一试，于是方士们开始围绕在嬴政身边。

需要说明的是，虽然当时社会的科学知识比较落后，但是法家思想当中还是比较排斥方术的。韩非就曾在他的《韩非子·亡征》一文中提到："用时日，事鬼神，信卜筮而好祭祀者，可亡也。"意思是说，如果一个国家每天都在预测吉凶，祭拜鬼神，又相信卜筮，喜欢祭祀，很快就会导致亡国。李斯作为法家的代表人物，对于方士的那套理论自然也是嗤之以鼻的，何况方士集团大行其道，迟早会因为受到嬴政的宠信而参与政事，到时候必然会侵犯李斯在政治上的权益。于是，李斯虽然表面不动声色，暗中却已经开始防备，并且悄悄积蓄力量，随时准备对方士集团发起致命一击。

公元前218年，也就是嬴政第一次东巡的第二年，为了进一步加强对东方诸侯故国的控制，顺便寻找一下方士们所说的仙人仙药，嬴政第二次东巡。当然，政事方面按部就班，寻找仙人仙药却没有丝毫进展。而且在回京的路上，嬴政还在博浪沙（今河南中允县内）遭遇暗杀，幸而有惊无险。至于此次暗杀的策划者乃是西汉的开国功臣张良，不过他当时的身份只是韩国遗族。受到此次事件的影响，嬴政直到三年之后才进行了第三次东巡，走到碣石（今河北昌黎县内），又遇到一位名叫卢生的方士。此人自称曾经见过神仙，嬴政于是派他去寻仙问药，同时赏赐给他大量财物，最终自然又是不了了之。

这个时候，嬴政身边已经聚集了一批方士，其中尤其以一个叫侯生的人最坏。他借着寻仙问药的名义，向嬴政要了很多钱，全部用于个人挥霍。与此同时，经过他们一番折腾，整个皇宫已经变得乌烟瘴气，嬴政也每天神龙见首不见尾，连李斯都时常见不到他。然而，嬴政毕竟是一国之君，方士们的骗术一旦出现纰漏，必定招致杀身之后。在这种情况下，以侯生为代表的方士们便开始考虑如何脱身。想来想去，侯生觉得没什么办法能骗过嬴政，干脆溜之大吉，临走之前还发表言论，说嬴政德行不足，无法得到神仙的眷顾，因而才始终找不到仙药。这个时候，儒生们也时常发表对当时社会不满的政见，言语中伤也直指嬴政。

如此一来，嬴政自然大为震怒，下令搜寻咸阳城里的所有方士和儒士。当时，侯生的逃离已经让方士们觉出风头不对，因而开始大批逃散。而儒士们却觉得自己是正义的化身，同时也觉得自己的言论没有什么不对，当然也没有和方士们同流合污，因而基本上没有逃走。但是嬴政已经气急败坏，根本不再区分是非曲直，结果导致受牵连的儒生反而成为主犯。经过一番搜捕，咸阳城内一共抓到了460人，全部被押往咸阳城外坑杀，其中只有少量未来得及逃走的方士，大部分都是儒生，这就是我国历史上著名的坑儒事件。

不可思议的是，嬴政虽然被方士集团结结实实地骗了，却仍然没有放弃长生不老的希望，而他的所有希望也都寄托到了徐福的身上。前210年，嬴政开始第四次东巡，这次他绕了一个大圈，经湖北至湖南，又沿着长江到浙江，然后才北上来到琅琊。徐福果然等在这里，不过他当然也没有找到仙人仙药，但还是对嬴政说，寻找仙人仙药需要到很远的海外去，必须建造庞大的舰船，配备强大的武器装备，还要准备3000童男童女、五谷和百工向海神祭祀，然后才能得见神仙，并且得到他馈赠的仙药。嬴政为其如数置办，徐福便率领着浩浩荡荡的船队出发了，从此杳无音讯。应该说，徐福比侯生和卢生更聪明，他不但欺骗了嬴政，而且最终还拿着他的无数赏赐逃到海外避祸。

沙丘遗诏

也许是徐福离开之后嬴政忽然想到了什么,知道徐福可能也是在骗他,因而在回咸阳的路上始终闷闷不乐。接下来,当队伍走到平原津(今山东平原)的时候,嬴政忽然染上了疾病。开始的时候,嬴政的病还没什么大碍,但是走到沙丘平台(今河北广宗)的时候,嬴政的身体越发沉重,已经无法自行活动了。为防万一,嬴政开始提前料理后事,他写信给自己的长子扶苏,信中的意思是让扶苏赶回咸阳。如果万一自己发生不测,由他来主持自己的丧事,真正的意思则是让扶苏回到咸阳监国,并且随时准备继承皇位。可惜这封信写好之后,嬴政交给了时任中车令(相当于嬴政的马夫,但车队的马匹、车辆和相关人员都归其管辖。)的赵高保管,这就让事情变得扑朔迷离。

扶苏此人深受儒家思想影响,曾经拜淳于越为师,对于嬴政的治国方法多有异议。嬴政要坑杀儒士,扶苏自然拼死阻拦,于是嬴政便让他去蒙恬军中任职,相当于是把他支开甚至发配了。但是,古代社会有传位嫡长子的习惯,再加上蒙恬忠于扶苏,他手中的30万大军自然也就忠于扶苏,这是极大的政治资本。可惜,如果事情照着既定路线发展,赵高将捞不到任何好处,可能一辈子都只能做一个中车令。于是,怀里揣着嬴政遗诏的赵高开始为自己的前程思考。他想,反正诏书在自己手里,随便怎么改没人会知道,如果把软弱的胡亥推上皇位,不仅会让他对自己感恩戴德，而且将来也能够将他控制在自己手里。

当然，赵高只是一个小小的中车令，单凭自己的力量无法导演这样一场大戏，于是他决定拉丞相李斯入伙。那么，此时的李斯又是什么态度呢？一方面，李斯是法家学派的代表人物，同时也是法家大臣的领袖，自然不希望推崇儒家思想的扶苏上台。另一方面，李斯也想得到拥立之功，即扶苏上台是理所当然，他不会得到任何政治红利，而扶持胡亥继位则可以继续执掌朝政，说白了李斯还是在奉行他的"老鼠哲学"。于是，李斯、赵高和胡亥组成了秘密的三人小组，就此开始暗中操纵整个秦王朝的走向。

首先，三人将嬴政的遗诏秘密销毁，同时伪造了两份诏书。其中一份是让李斯宣布由胡亥继承皇位，另一份则是给扶苏命其自杀，同时让大将蒙恬也自杀，并且把他的军队交给王离统帅。后来，扶苏接到这封诏书，想到嬴政向来不喜欢他，又因为坑儒一事将他派往蒙恬军中任职，便没有多想，准备按照诏书的命令自杀。但是蒙恬对诏书提出质疑，劝说扶苏将事情调查清楚，可惜扶苏性格太过懦弱，居然趁蒙恬不备举剑自刎了。随后，蒙恬也被使者五花大绑囚禁起来，但是蒙恬感觉事有蹊跷，就是不肯自杀。李斯深知蒙恬的厉害，决心将他除掉，于是诬陷他的弟弟蒙毅谋反，并将其杀死，然后以连坐罪再次命蒙恬自杀。蒙恬终于意识到，如果自己不死，还会有更多的家人跟着遭殃，因而吞下毒药自杀。

扶苏和蒙恬既死，再也没有人能够阻止胡亥登上皇位，于是李斯催动车队，星夜赶回咸阳。途中，他们将嬴政驾崩的消息捂得死死的，好像什么事情都没有发生，每天仍旧像往常一样行进在回咸阳的路上。

正常情况下，嬴政的死不可能被三人隐瞒这么长时间，但是自从开始修习方术以后，嬴政的行踪开始变得隐秘起来，通常情况下都不会示人，这才让李斯三人有机可乘。由此可见，方术不仅在嬴政生前害了他，而且在死后害他更深。尽管如此，由于当时的天气炎热，嬴政的尸体还是开始腐臭，眼看秘密就要暴露。关键时刻，李斯想了一个办法，他让人去买了一石鲍鱼，放在嬴政的车驾上而不进行任何处理，任凭这石鲍鱼腐烂发臭，以遮盖嬴政的尸臭。

终于赶回咸阳，李斯立即宣读了他们伪造的遗诏，顺利将胡亥扶上皇位。接下来，在李斯的主持下，为嬴政进行了规模空前的葬礼，新的权力重组就此完成。值得一提的是，嬴政的陵墓也是在李斯主持下修建完成的。史料记载："丞相臣斯昧死言：臣所将徒隶七十二万人，治骊山者，已深已极，凿之不入，烧之不燃，叩之空空，如下无状。"意思是说，李斯动用了72万劳工，将整座骊山挖空，其中的机关和墓室规划更是神秘莫测，很多事情至今仍然是未解之谜。

由于拥立有功，赵高被胡亥擢升为郎中令，当然这也是赵高主动争取的结果。郎中令是九卿之一，这个官职虽然不高，但是禁宫内的事务基本全归他管。赵高也正是凭借这一职务，逐步将胡亥和整个秦帝国控制在了自己手中。此时，李斯已经是70岁高龄，面对赵高的上蹿下跳，他采取了委曲求全的态度，只想让自己安度晚年。然而，以赵高的阴险狡诈，但凡可能威胁到他手中权力的人，都不会轻易放过。此时，既然扶苏和蒙氏兄弟已死，朝廷以外威胁赵高的势力就已经消失，那么接下来他的目光也就转向了朝廷内部，而最大的威胁自然就成了势力盘根错节的丞相李斯。

不过，这个时候的李斯应该感到庆幸，因为赵高虽然牢牢控制了胡亥和整个禁宫，但是对于满朝文武却尚未形成有效节制。在这种情况下，赵高就必须依靠具有强大威望和势力的李斯，如此才能确保整个国家处于正常运作中，从而避免满朝文武对自己发起攻击。换句话说，此时的李斯对赵高来说还有利用价值，因而他对待李斯的态度可谓恭敬之至，这也让李斯生出了一种错觉，就是他觉得赵高把他当成了"自己人"。殊不知，赵高就是有这样的魔力，他曾经让嬴政产生这样的错觉，曾经让胡亥产生这样的错觉，如今又让李斯产生了这样的错觉。可怜李斯沉浮宦海数十年，又以圆滑机智闻名天下，居然放着嬴政的下场不知引以为戒，任凭小人赵高逐渐坐大，每天只是做着荣华一生的美梦自得其乐。

一退再退

前面已经说过，奸臣贼子赵高有一项特殊技能，就是让所有人都觉得他是"自己人"，而对此"中毒"最深的莫过于秦二世胡亥。在李斯和赵高的帮助下，胡亥成功登上了最高统治者的宝座，在此之后他便开始奉行"人生苦短，及时行乐"原则，不仅造成了底层民众的深重苦难，也导致他手中的权力逐渐被赵高窃取。胡亥这样为所欲为，赵高身为始作俑者自然乐见，但是秦朝的文武大臣和皇亲国戚却看不过去了，他们不能眼睁睁地看着秦朝江山败在胡亥手里。但是很可惜，在群臣中占据领袖地位的李斯被赵高笼络，因而群臣掀起的劝谏风潮虽然声势浩大，却最终在李斯的不作为下流于无形。

与此同时，群臣的发难也让赵高感到了一丝压力，于是他加紧鼓动胡亥，全面打击反对他当权的文武大臣。一天，触景伤情的胡亥大发感慨，哀叹人生苦短，却又想不出什么新鲜的享乐方法。这个时候，正在旁边陪侍的赵高便借机行事，他说："圣君贤主当然可以享乐，只有那些昏君庸主才需要节制。陛下生来英明神武，怎么能放弃享乐呢？那不是暗喻陛下是个昏君吗？不过，臣也有一丝担忧，就是公子、公主和文武大臣们都认为陛下得位不正，他们随时都在准备着颠覆陛下的权力。因此，臣建议陛下先将公子、公主和文武大臣们除掉，少了这些人作怪，陛下自然可以安心享乐。"

胡亥的昏庸在这个时候已经表露无遗，他闻语之后对胡亥说："这个想法很好，可是朕具体应该怎么办呢？"赵高见胡亥上钩，自然喜出望外，立即奉上自己早已准备好的阴谋说："陛下需要不断加强严刑峻法，这样就会有越来越多的人触犯法律，而大臣们相互之间又都有联系，我们依据连坐法把所有相关的人都牵扯进来，最终一并铲除。至于公子和公主们，陛下需要尽量疏远他们，并且派人严密监视他们的言行，稍有异动就抓起来审讯，直到他们不再作怪为止。与此同时，陛下还要培植一些亲信势力，所谓'一朝天子一朝臣'，前朝遗老是靠不住的。最好的办法是从底层提拔，让那些贫穷的人变富有，让那些卑贱的人变高贵，他们感激陛下的恩德，自然对您死心塌地。"

胡亥果然不愧为赵高选定的最容易控制的皇位继承人，对于赵高的阴谋诡计，他居然没有一点防备，任由赵高去胡作非为。结果，在赵高的主持下，大批文臣武将被网罗各种莫须有的罪名下狱，然后再将他们屈打成招，同时牵连大批无辜人员，最终都被赵高残害。更为可怕的是，除了扶苏和胡亥之外，嬴政还生育了很多公子和公主。最终，这些公子被安插罪名全部处死，并且将头颅挂在咸阳街头示众；公主死状更惨，居然无一例外地被赵高肢解而死，尸骨又被胡乱丢进墓坑中埋葬。他们的全部财产则收归胡亥所有，仆人也都遭到诛杀、发配和为奴。可以说，当时的咸阳城被赵高搞得一片鬼哭狼嚎，胡亥和李斯都恐惧得瑟瑟发抖。

那么，面对赵高的丧心病狂，当时唯一可能挽救时局的李斯又在干什么呢？确切地说，他什么都没有干，只是为了保住自己的身家性命而畏畏缩缩。史料记载，嬴政有一个儿子被称为公子高，此人最与世无争，也最聪明睿智。赵高在胡亥的授命下大行杀戮之时，公子高准确地看明了形势，投到李斯门下寻求保护。但李斯却全无责任感和使命感，只是劝说公子高给胡亥写信，争取得到他的"原谅"。公子高知道李斯见死不救，同时也知道想要置自己于死地的是赵高，因而就算能够得到胡亥的"原谅"，也只能逃脱一时，而不可能逃脱一世。因此，虽然赵高尚未找到他的"罪证"，公子高为防连累家人，还是主动写信向胡亥请求赐死，很快得到胡亥的同意。

满朝文武和公子、公主们遭到集中杀戮，剩下的大臣自然不敢忤逆赵高，而这个时候的胡亥也终于得以尽情享乐了。而接下来的事情表明，胡亥不仅心思愚钝，而且欲壑难填，乃是一个不折不扣的昏君。史料记载："法令诛罚日益深刻，群臣人人自危，欲叛者众。又作阿房之宫，治直道、驰道，赋敛愈重，戍徭无已。"意思是说，胡亥一味依靠严刑酷法治理国家，以至于国家法律越来越严苛，大臣们每天都在担心自己会不小心触犯什么法律，因而叛离胡亥的大臣日渐增多。不仅如此，胡亥还好大喜功，耗费民力物力大兴土木，因而造成百姓的负担越来越重，整个国家陷入一片水深火热之中。

胡亥修建的各类建筑中，以阿房宫的规模最大。史料记载，阿房宫在嬴政在位期间就开始营造，而且动用民力达到70万人之众。嬴政驾崩之时，其陵墓尚未修建完毕，为了尽快将其安葬，这70万人被调去帮助修陵墓，阿房宫被迫暂时停止修建。嬴政的陵墓修好之后，这些劳工又被调去重新修建阿房宫，且经年累月未完。同样据史料记载，阿房宫"东西五百步，南北五十丈"，换算成今天的面积大概在11万平方米左右，可见其修建规模之宏伟。值得一提的是，阿房宫最终是一项未完工的工程，因为陈胜和吴广领导的农民起义爆发之后，秦王朝疲于应对，已经没有能力继续维持如此规模庞大的工程。

其余规模比较大的工程还有修长城和修驰道，长城是为了抵御北方的匈奴，自蒙恬成功击破匈奴之后就开始修建，驰道则是由咸阳通往全国各地的大路，相当于今天的国道和省道等。客观来讲，修筑长城是为了国防，为了给全国百姓营造一个良好的生存环境；修建驰道也是为了加强各地之间的联系，繁荣国家的经济，甚至可以说是为了提高百姓的生活水平。但是，当时社会的生产力水平还很低下，几乎所有工程都需要肩挑手扛，属于纯粹的人力劳动。在这种情况下，秦朝的国家建设就造成了严重的生产劳力不足，以至于女人都开始从事繁重的体力劳动。再加上严刑酷法的苛求，百姓由此被逼上绝路，大规模的农民起义也就如同燎原之火一般，熊熊燃烧了起来。

第四章
终遭暗算

　　李斯的人生悲剧，一方面是因为其自身的狭隘，另一方面也是因为他遇到了一个难缠的小人赵高。可以说，李斯在面对赵高的时候，心中充满了鄙视和蔑视，可是由于赵高的阿谀谄媚，李斯却始终没有生出对付他的兴趣。最终，当李斯终于意识到赵高的可怕时，他手中能够打出的牌，是仅仅能够用于自保。直到天怨人怒使然，他连自保的机会都丧失了。

大起义

　　秦二世元年（前209年），胡亥下令征发平民戍边。阳城（今河南登封）贫苦农民陈胜和阳夏（今河南太康）贫苦农民吴广在列。他们被推选为屯长，在监军的带领下赶往渔阳（今北京密云）服役。一行人走到蕲县（今安徽宿县）大泽乡的时候，忽然被大雨阻断行程，导致无法按期赶到目的地。按照当时的规定，无论出于什么原因，只要耽误行程就会被全部处死。陈胜和吴广因此召集大家商议，既然前往渔阳是白白送死，四散逃亡也迟早会被捕杀，不如就地起义，拼死杀出一条血路，也许还有一线生机。众人深以为然，他们杀死了监军，利用"鱼腹丹书"和"篝火狐鸣"等方法大造舆论，推举陈胜为将军、吴广为都尉，使用扶苏的名义号召全国人民起义。

陈胜率领起义军迅速攻占蕲县，紧接着又攻占了军事重镇陈县（今河南淮阳）。由于当时的秦政权已经把百姓压得透不过气，各地民众纷纷投身起义军，陈胜很快纠集了数万之众，各种战车数百辆，骑兵也达到了千余。凭借这些武装力量，陈胜在陈县建立了政权，号称"张楚"，正式竖起反秦大旗。很快，包括项羽和刘邦在内的各地起义军纷纷予以响应。他们杀官僚，抢地主，大有一举扫平秦王朝的气势。为了扩大战果，陈胜命吴广率军向咸阳进发，行至荥阳（今河南荥阳）时被李斯的儿子李由率军抵挡住。陈胜知道吴广一时无法摆脱，又派大将周文统帅大军出征。周文并没有去支援吴广，而是率领大军绕道向咸阳进发。此时，秦军主力都在戍边，故而周文得以顺利突破函谷关，咸阳城随即暴露在起义军的兵锋之下。

如此一来，咸阳城内自然慌作一团，平日不可一世的赵高也在这个时候沉默了，幸好李斯及时向胡亥举荐了大将章邯。可惜，此时的章邯虽然身在咸阳，却奈何手中无兵。所谓"巧妇难为无米之炊"，章邯拿到朝廷的任命状也是哭笑不得。关键时刻，还是李斯稳住了局面，他帮助章邯将待罪修建陵墓的数十万刑徒武装起来，迎头痛击周文率领的起义军。章邯到底是当代名将，在他的率领下，数十万刑徒如同出笼之猛虎，疯了一般扑向起义军。起义军不敌，很快溃败而逃，周文也自杀身亡。章邯乘胜追击，一举解了荥阳之围，吴广在战乱中被自己的部下杀死。章邯再接再厉，率兵攻破起义军的大本营陈县。陈胜在逃亡过程中被自己的部下杀死，陈胜和吴广掀起的此次农民起义就此落下帷幕。

前方战事刚刚趋于缓和，咸阳的政治斗争又开始了。由于赵高在此次危局中的表现过于无能，李斯则表现出了强大的能力，赵高好不容易建立起来的威望一举被李斯压了下去。所谓奸佞小人就是在治国救国的时候退到最后，在争功抢功的时候又冲在最前的人。赵高眼见自己要失势，精明地抓住了李斯的软肋，也就是他的儿子李由。客观来讲，李由凭借孤城残兵，能够抵挡住吴广的进攻，从而牵制大量起义军，已经表现得非常不错。但是由于物资和粮饷匮乏，他在作战过程中有纵兵抢掠的行为，在此之前他也有过一些贪污受贿的行为。于是，赵高不断怂恿胡亥派人调查李由，越来越多的罪状被查了出来。在这种情况下，李斯救子心切，不得不将此次挽救危局的功劳全部推给赵高，如此才将李由保了下来。

更加让李斯感到痛心疾首的是，胡亥经过此次动乱，非但没有吸取教训，反而变本加厉地享乐。李斯当然知道秦王朝已经岌岌可危，他实在不忍大好江山葬送在自己手中，因而接连上书，劝谏胡亥关心一下政事。可惜，胡亥的欲望已经解禁，根本听不进李斯的劝谏。再加上赵高不断对他灌输享乐思想，胡亥已经开始对李斯产生厌倦。李斯担心自己会失宠，进而失去荣华富贵，同时也知道自己无力劝阻胡亥，因而也开始信守明哲保身的原则。与此同时，由于李斯被赵高抓住了软肋，从此不敢轻易对赵高发起攻击，这也让赵高变得越发肆无忌惮。

应该说，李斯也意识到了自己的危险处境，同时他也没打算坐以待毙，而他的具体行动居然是和赵高争宠。史料记载，李斯在此期间写了一封《行督责书》，系统地阐述了如何利用严刑酷法驾驭群臣，因此大得胡亥的欢心。需要说明的是，当时的秦朝已经在严刑酷法的路上走得很远，李斯的《行督责书》无疑是雪上加霜，从此让秦朝彻底沦为恐怖统治。在这封奏疏内容中，李斯还厚颜无耻地说道，坐拥天下而不知享乐，等于给自己戴上镣铐，倒不如普通百姓活得逍遥自在。最后他还做出保证，只要有自己在，胡亥每天尽管纵情享乐，丝毫不用关心天下发生了什么事。李斯的本领胡亥是见识过的，听到了这样的话，他也就更加无心政事了。

另一方面，李斯的做法虽然出于自保，但是在赵高看来却是对自己的威胁，因而他开始加快对皇权的架空。一次，赵高对胡亥说："始皇帝之所以被世人崇敬，关键在于他能够营造神秘感，即便是朝廷重臣也只能听到他的声音，而不能看到他的尊荣。如果陛下能够效仿始皇帝，也一定能够得到他的尊荣，永远享受世人的崇敬。何况，陛下现在还很年轻，有些老奸巨猾的大臣可能会故意发难，稍有不慎就会被他们得逞，这样就会损毁陛下的威严。因此，陛下大可深居宫中，每天只与最亲近的大臣商讨国事，一应事务全部商讨成熟后，再由臣拿到朝堂上公开宣布，这样就可以做到万无一失，陛下也可以因此成为明君圣主。"

很明显，赵高是要隔断胡亥和大臣之间的联系，同时窃取胡亥手中的皇权。那么，听了这个建议之后，胡亥又会做出什么反应呢？史料记载，胡亥"乃不坐朝廷见大臣，居禁中。赵高常侍中用事，事皆决于赵高"。意思是说，胡亥完全听取了赵高的建议，从此不再理会朝政，每天只知深居禁宫之内。如此一来，赵高开始独揽朝政，而大臣们则完全以他马首是瞻。换句话说，赵高的这个建议让他从此一手遮天，整个秦帝国完全处于他的掌控之中。这个时候，大权独揽的赵高也终于把毒手伸向了最后一个威胁者，也就是时任秦帝国左丞相的李斯。

较量

李斯对于赵高的歹毒可谓心知肚明，因而很早就开始对他有所提防，并且李斯也相信，凭借自己的头脑和势力，至少自保是没有问题的，如果赵高出现什么纰漏，还可以对他发起攻击，一举将其扳倒也说不定。不过，相对于赵高来讲，李斯的应对策略未免太被动了，因为就在架空胡亥的同时，赵高已经开始积极谋划除掉李斯。当然，正如李斯所坚信的那样，赵高想除掉李斯并不是一件容易的事。这不仅因为李斯是两朝元老，政治经验和智慧都是久经考验的，而且李斯仍然是当朝的左丞相，是满朝文武大臣的领军人物。长期以来，由于李斯始终采取隐忍态度，赵高并不知道李斯到底有什么底牌，他甚至不知道李斯会采用什么样的套路反击，这不禁让他产生了一丝担忧。

然而，小人毕竟是小人，这不仅因为他们有小人的嘴脸，更关键的是他们总会生出小人的办法。赵高很清楚，李斯再怎么老谋深算，如果得不到胡亥的支持，也将在自己面前不堪一击，于是他决定首先从破坏二者之间的君臣关系入手。主意已定，赵高便找到李斯，对他说："丞相大人，如今天下大乱，函谷关以东地区越来越难以控制，而皇上却每天贪图于个人享乐，以至于民怨沸腾。作为臣子，我早就想劝阻皇上了，只可惜我的地位卑贱，无法和德高望重的您相比，希望丞相大人能够出言劝谏，救国救民于水火之中，何况这也是丞相大人你的职责所在。"

李斯自然知道赵高不怀好意，甚至知道他想要挑拨自己和胡亥之间的关系，因而不温不火地回答说："郎中令大人说得极是，我也早就想要劝谏皇上了，只可惜皇上每天深居简出，只有郎中令大人清楚他的行踪，我想最合适的劝谏人选恐怕非您莫属。"李斯的话，明显是把难题踢回给了赵高，话中深意也是告诉他自己对其阴谋心知肚明。而赵高却早就料到李斯会这样说，因而接过话头说："既然如此，由我来负责寻找时机，只要陛下时间空闲且心情不错，我就立即派人来请丞相大人，我们一起向皇上进言，不知丞相大人意下如何？"

客观来讲，如果不损及自己的荣华富贵，李斯还是希望胡亥能够临朝理政的，因为这显然是秦国繁荣复兴的大前提。因此，李斯见赵高邀自己一起进言，虽然犹豫再三，最终还是同意了。前面已经说过，李斯为了和赵高争宠，从而保住自己的荣华富贵，已经和胡亥统一了立场。换句话说，胡亥之所以每天肆无忌惮地享乐，是得到了李斯赞同和认可的。也正因为如此，胡亥才一直对李斯信任有加，同时这也是赵高忌惮李斯的原因所在。因此，李斯答应赵高劝谏胡亥，实际上相当于违背了先前的政治立场，再加上赵高在胡亥面前添油加醋，他的进谏自然让胡亥颇为反感。在此之后，赵高凭借自己的职务之便，数次假借皇命召李斯觐见，且专门选在胡亥兴致最高的时候。胡亥在赵高的蒙蔽和怂恿下，无一例外地选择了不见，同时对他的厌恶也一次次加深。

最后一次，胡亥终于忍不住了，他大发雷霆之怒，责备李斯是故意向他挑衅。旁边的赵高趁机火上浇油说:"丞相之所以会这样做,是对皇上心存不满啊。想当初他也参加了沙丘政变,因而自视劳苦功高,想要得到封王的奖赏,结果却仍然做丞相,心中当然对陛下有所不满。此外,臣还听说了一件耸人听闻的事,当年陈胜的叛军绕过荥阳直扑京城,并不是李由抵挡不住,而是他故意放叛军过来。这件事背后的指使者恐怕正是丞相,现在臣已经掌握了确凿的证据,希望陛下提前提防丞相做出其心可诛的事情。"

赵高的话明显是要置李斯于死地,再加上胡亥已经对李斯厌烦透顶,自然对赵高的话深信不疑。当然,李斯作为秦朝的左丞相,是权位最高的大臣,如果没有确凿的证据,胡亥也无可奈何。而李斯虽然一生阴险,做过很多见不得光的事,但是他为人谨慎,从未留下任何蛛丝马迹。不幸的是,他遇到的对手是极品小人赵高,如果说李斯在做人和为政方面还有原则,至少有底线的话,那么赵高则毫无原则和底线。既然李斯是铁板一块,就转而调查他的儿子李由,这样就能够轻而易举地打开突破口了。

当然,李斯毕竟是两朝元老,对于赵高的做法和意图很快就了如指掌了,而且他也清晰地意识到,赵高是想置他于死地。既然如此,李斯自然没有坐以待毙的道理,他决定主动出击,以攻为守,直接向胡亥揭发赵高谋反。但是很可惜,李斯根本见不到胡亥的面,因而只能采用上书的形式。他在奏疏中指出,如果妻子掌握了丈夫的权力,那么必定酿成家难;如果大臣掌握了国君的权力,那么必定酿成国祸。如今,赵高代替陛下行使赏罚大权,就是大臣掌握国君的权力,如果不尽快加以阻止,国祸来临的日子就不远了。

为了说服胡亥,李斯还举了两个历史上的例子:

其一是宋国曾经有个叫子罕的大臣,他对其国君宋桓侯说,臣民最害怕的是杀罚,最喜欢的则是奖赏。而要治理好一个国家,杀罚和奖赏又缺一不可,因而请求宋桓侯主持国家的奖赏事宜,而他则主持国家的杀罚事宜。这样一来,国家能够得到有效的治理,宋桓侯可以得到仁爱的美名,残忍的恶名则由他来承担。宋桓侯一听很高兴,认为子罕说得很有道理,同时也觉得他的办法可行,甚至认为他是一个事事为国君考虑的忠臣。可是结果却大出宋桓侯所料,子罕掌握了杀罚大权之后,被全国臣民所忌惮,因此他手中的权力实际上比宋桓侯还要大,于是便顺理成章地掌控了宋国的权力,最终取代了宋桓侯而称王。

第二个例子来自齐国,在齐简公的时候,有一个叫田常的大臣,祖上非常善于收买人心。比如在向百姓借粮的时候,他们用大斗给老百姓,等到老百姓来还粮的时候,他们又用小斗回收,用这样的方法来收买老百姓。等到田常这一辈的时候,同样使用这个方法,因而得到了齐国百姓的热烈拥戴,以至于大家都喜欢田常,而不再喜欢齐简公。于是,凭借着全国百姓的支持,田常杀了齐简公而没有遭到任何阻拦,最终登上了齐国国君的位子,这就是我国历史上著名的"田氏代齐"事件。

说完了以上两个例子,李斯话锋一转,对胡亥说,当前的赵高兼有子罕手中的杀罚大权和田常手中的奖赏大权,因而用不了多长时间,秦朝的天下就要被赵高窃取了。但是,让李斯万万没想到的是,胡亥对于他的话居然完全不信,并且大说特说赵高是个忠臣,是自己最为倚重的大臣,如果离开他秦国将会陷入大乱。由于担心李斯会暗害赵高,胡亥还把李斯的信直接交给了赵高,并告诫他提防李斯。而赵高也确实不愧为不世出的小人，他立即反咬一口，表明自己是唯一能够制衡李斯的人。只要自己一死，李斯将会无所顾忌，立即就会把胡亥杀掉，然后就此登基称帝，建立新的朝代。胡亥一听，觉得赵高说的句句在理，立即下令抓捕李斯，而且将案件完全交给赵高审理。

这样一来，李斯在此次斗争中就完全败下阵来，他的命运也就此掌握在了赵高手中。客观来讲，李斯在参加沙丘政变以后，其政治操守就已经基本沦陷，他和赵高之间的政争也就无所谓正义与否了，而是完全为了一己之私利。虽然从最后的结果来看，李斯的惨死让人们对他生出一丝怜悯，但是从当时的斗争情况来看，赵高的胜利也是险中取胜。说到底，他们之间的斗争，只是小人遇上了更加没有底线的小人而已，同情李斯完全是没有必要的。何况，我们不妨大胆设想一下，如果李斯在这场政争中最终获胜，也不一定会安分守己地继续做臣子。要知道，就当时的情况来讲，李斯的权势比胡亥要大得多，赵高取得胜利显让更然胡亥放心。

含冤下狱

胡亥让赵高审理李斯，足以证明他对赵高的信任，以及对李斯的厌恶甚至痛恨。这里存在一个最简单的道理，赵高是从底层被胡亥提拔上来的，他对于胡亥言听计从，并且想尽办法讨好，从未表现出不忠的迹象。而李斯则是前朝遗老，所谓"一人之下，万人之上"，自然处处威慑胡亥的皇权。从某种意义上来讲，李斯和赵高之间的斗争，几乎可以等同于李斯和胡亥之间的斗争，因此在胡亥的内心深处，恐怕是站在赵高一边的。李斯真正失败的地方其实是在于轻敌，他从始至终根本没有把赵高放在眼里，哪怕赵高抓住他的把柄时也不例外。在李斯看来，凭借自己的权势和威信，只要向胡亥检举赵高谋反，就可以轻而易举地置他于死地。殊不知，正是这封检举信让他们之间的争斗公开化，同时也让胡亥最终下定了铲除李斯的决心。

赵高得到审理李斯的命令，小人得志的他别提有多高兴了，他的内心当中立即开始谋划如何将李斯推入绝地。首先，赵高派人将李斯抓了起来，套上沉重的枷锁，关进了暗无天日的牢房。此时的李斯可谓感慨万千，一天之前他还过着锦衣玉食和万人敬仰的生活，如今却成为待宰的羔羊被投入大狱。史料记载，这个时候的李斯也终于明白，胡亥的确是一个扶不起来的昏君，像赵高这样智识拙劣的小人，都能够在朝廷沐猴而冠，秦王朝的灭亡恐怕不会太远了。李斯想起了夏桀杀死关龙逢，商纣杀死比干，吴王杀死伍子胥，这些都是亡国的征兆啊。遥想当日沙丘政变，李斯为了一己之私利，轻信赵高的怂恿之言，如今不仅害了自己，恐怕也害了整个秦朝和天下百姓。

与此同时，李斯也意识到自己被推入了绝境，因而想要为自己开脱，借以挽回一下自己的名声。他说，胡亥不理朝政，每天只是纵情享乐，又消耗巨大的民力物力修建阿房宫，这些都是昏君暴君的作为。至于他没有进谏的原因，不是不想去进谏，而是即便他进谏了，胡亥也听不进去。何况，胡亥对待自己的兄弟姐妹都毫无信义，不仅将他们全部害死，而且手段极为残忍。如果自己强行进谏，恐怕下场会比众公子、公主更惨。既然如此，还不如保留残躯，继续在丞相位上运筹帷幄，至少还能够对赵高等辈形成一定牵制，以防他们做出更离谱的事情。最后李斯还断言，当时的天下百姓已有半数造反，而胡亥却仍然毫不知情，仍旧重用奸佞，恐怕咸阳城很快就要被盗贼（指起义军）攻破了。

然而，赵高并不想给李斯看到这天的机会，他亲自主持对李斯的会审，并直接给他安插了谋反的罪名，同时将他的宾客和族人全部抓了起来。李斯自然不认罪，但是既然赵高已经把他关入大狱，也由不得他不认罪。很快，各种酷刑接连施加到李斯身上，李斯实在不堪重刑，最终被赵高屈打成招。不过，即便到了这个时候，李斯仍然没有放弃，他写了一封申诉信给胡亥，相信凭借自己对秦朝的功劳，至少能够保全性命。他在信中历数了自己入秦以来所做的事，却不言功，反言过，意在表明自己绝没有谋反之心，同时也是在向赵高寻求和解，希望他能够高抬贵手，放自己回乡养老。

申诉信交上去了，李斯的心中却更加焦虑，甚至已经蒙上了深深的恐惧。客观来讲，李斯心中还是装着一个天下的，之所以长期以来任凭赵高上蹿下跳，是因为他始终下不了铲除奸佞的决心，他担心自己的利益会因此而受损。如今，赵高已经把他逼上绝路，李斯才终于下定决心和赵高拼个鱼死网破，可是这个时候他已经完全失去了优势。更为关键的是，李斯还有一个焦急的原因，那就是当时的天下已经大乱，右丞相冯去疾和太尉冯劫也被赵高逼死，李斯成了维持秦朝和拯救秦朝的最后希望。如果连他也死了，就只能任凭赵高等一众小人把持朝政，国家的灭亡将指日可待。因此，李斯焦虑的不仅是他个人的命运，同时也包括整个大秦帝国的命运。

不过，他的担忧到底是多余的，因为这封申诉信根本没有上交到胡亥手中，而是被赵高中途截留了下来。赵高打开信一看，自然气得火冒三丈，想李斯死到临头还想搞鬼，二话不说又在李斯的身上用了一轮大刑。与此同时，赵高已经命人代李斯写好了供状，只要李斯在上面签字画押就可以了。李斯虽然知道摆在眼前的供状是死神之符，但是他熬不过眼前的各类重刑，最终还是绝望地签上了自己的名字。赵高随即把供状拿给胡亥看，昏庸的胡亥看过供状之后，居然对赵高说："我早就觉得丞相有异心，今天看来果然如此，幸亏有爱卿（指赵高）在，不然朕迟早会被丞相弑杀篡位啊！"

赵高没想到胡亥如此配合，一时竟不知如何回应，也许在他的内心当中也生出一丝悲哀，为李斯，为胡亥，也为整个大秦帝国和天下百姓。当然，赵高心中的这一丝悲哀和不尽狂喜比起来，简直太微不足道了。在此之后，这个不世出的小人也终于如愿以偿，成为整个国家最具权势的人。与此同时，赵高还要解决最后一个威胁，那就是当时仍旧统兵在外的李由，也就是李斯的长子。应该说，当时的李由手握重兵，只要有他在，胡亥和赵高就不敢把李斯处死，而赵高想要解除李由的兵权，也不是一件容易的事。可惜在这个时候，好像上天也已经决定放弃秦朝，因为就在此千钧一发之际，李由在与起义军作战的过程中大败，而且他本人也死于非命。

消息传来，举国震惊，唯有赵高无比窃喜，因为此时的他已经可以任意处置李斯了。这个时候，作为一国之君的胡亥也应该清醒了。赵高给李斯定的罪名是什么？与起义军勾结谋反，意图推翻秦朝统治，并且认为李斯是背后主使。而这个时候李斯已经被下狱，按理来讲他的儿子李由应该起兵造反，甚至回师攻打都城咸阳。而李由不但没有这样做，还继续与起义军作战，企图以这样的行动来表明自己的忠心，以致最终丧命。可惜胡亥的昏庸已经到了极点，赵高又将前方的战报最大限度隐瞒，这件至关重要的大事居然没有对时局产生任何影响。就这样，胡亥仍然每天过着醉生梦死的日子，而赵高也终于松下一口气，同时向着李斯磨刀霍霍了。

终点

秦二世二年（前208年），也就是距离沙丘政变两年之后，72岁的李斯被判处死刑，而且是"俱五刑"，也就是黥刑、劓刑、刖刑、宫刑，最后以腰斩执行死刑。由此可见，无论是胡亥还是赵高此举，已经有泄愤的含义，他们要用这种方法让李斯屈辱而死。据史料记载，李斯被行刑这一天，整个咸阳城的民众都赶来凑热闹。李斯从暗无天日的牢房中被带出来，虽然见到了久违的太阳，几乎已经呈现黑色的脸上却只有绝望的表情。不过，就在被押往刑场的路上，李斯看到了一个个脸上洋溢着笑容的普通市民，他自己也曾是这样平凡的人，也曾拥有简单而淳朴的幸福。如果自己一直安于这样的快乐，也不至于遭遇当下的大祸，可惜一切都已经为时晚也。

当时，李斯还被附加了夷三族的惩罚，也就是全家乃至亲戚都要处死。临近行刑，他也终于得见自己的家人，于是李斯深情地望着自己的次子说："吾欲与若复牵黄犬俱出上蔡东门逐狡兔，岂可得乎！"意思是说，我想和你一起牵着猎狗，再去上蔡城外打兔子，想来今生是没有机会了。前面曾经说过，李斯是上蔡人，最早出仕的时候不过是当地的一个小吏。但是那个时候，他虽然对自己的仕途不满，却可以每天带着自己的儿子去城外打猎，生活安静而美满。此时，也许他的儿子也生出了同样感悟，因而他的话一出口，父子二人高声痛哭，其余族人也跟着哭成一片，其状甚惨。只可惜，他们的命运已经不可更改。行刑时间一到，法场上人头滚滚，李斯也在经受黥刑、劓刑、刖刑和宫刑之后，被腰斩弃市，一代名相就这样走到了自己的人生终点。

一般认为，李斯的死有三点原因，一是赵高的欲壑难填，二是李斯的消极回避，三是胡亥愚蠢昏庸。赵高在沙丘政变之前只是一个小小的中车令，用老百姓的话讲就是一个赶车拉脚的，只是因为得到了胡亥的宠信，而执掌皇帝大印。沙丘政变之后，赵高一举成为郎中令，名列九卿之一，主持皇宫治安。但是尽管如此，赵高仍然不满足，他始终觊觎李斯的丞相一职。再者，李斯的死也需要他自己负责。沙丘政变如果没有他的参与，仅凭胡亥和赵高不可能成功。即便是在此之后，如果没有他的《行督责书》，胡亥也不会一条路走到黑地执行严刑酷法政策。而这一政策的实施和恶化，最终导致了群臣的生死荣辱完全系于胡亥一身，李斯也就成了皇帝专权的牺牲品。最后，胡亥作为嬴政最喜欢的儿子，在参与政事之前给大家的印象还不错，但是在登上皇帝位之后，所表现出来的昏庸和残忍可谓惊煞世人，李斯死在他的手里也就不足为奇了。

纵观李斯的一声，其思想和政治才华是卓越的，但是在他的身上也存在一定的人格缺陷，比如自私和懦弱就是他永远揭不掉的两个标签。因此，李斯表面上虽然是高高在上的左丞相，骨子里却是一个贪生怕死的势利小人。为了得到嬴政的宠信，他不惜陷害自己的同学韩非；为了保住荣华富贵，他毫无原则地迎合嬴政；为了避免麻烦，他愚蠢地参与了沙丘政变；为了保护自己的儿子，他向胡亥和赵高妥协；为了免去皮肉之苦，居然在招供书上签字画押，以至于彻底失去了"翻盘"的机会。李斯的人生哲学是"垢莫大于卑贱，悲莫甚于穷困"，从某种程度上来讲，这一点已经注定了他的人生悲剧。

当然，李斯的一生也有值得肯定的地方。他出身普通市民，凭借自己的机智圆滑得到了小吏的差事，又师从荀子得到了辅佐嬴政的机会。在此之后，他帮助嬴政发动了统一天下的战争，又制定了一系列巩固中央集权的法令，最终让整个天下归入秦朝，并因此跻身三公之列。可以说，如果李斯最终没有惨死，即使他奉行"老鼠哲学"，其一生也是成功的一生，甚至可以成为一部励志传奇。如果纯粹从历史发展的角度来讲，嬴政统一天下的功绩在各朝代君王中可谓首屈一指，而李斯的历史功绩也因此不逊于任何一位王佐之臣，也算没有辜负荀子教授给他的帝王之术。

李斯既死，整个秦朝能够制衡赵高的人便不复存在了，于是他顺利接替李斯，登上了梦寐以求的丞相位。但是到了这个时候，也许赵高也体会到了什么叫作高处不胜寒，开始担心众多大臣联合起来对付他。为了弄清群臣的真实心理，他进献给胡亥一只鹿，然后指着这只鹿对在场的大臣们说是一匹马。胡亥以为赵高在开玩笑，纠正说那是一只鹿，赵高却转而让大臣们发表意见，结果所有人都附和赵高说那是一匹马，这就是"指鹿为马"一词的历史出处。此时的胡亥才终于幡然醒悟，赵高才是真正的狼子野心之人，但是他此时已经失去了对时局的控制，只能任由赵高摆布，每天依旧躲在皇宫里纵情享乐，成了一个名副其实的傀儡皇帝。

这个时候，各路起义军已经风起云涌，眼看就要颠覆秦朝政权。赵高再也隐瞒不住，胡亥这才终于得知外面的真实情况，他立即派人责问赵高。而赵高则反咬一口，将天下大乱的责任推给了胡亥，二人也由此爆发了正面冲突。赵高见事情已经无法挽回，遂与自己的女婿阎乐和弟弟赵成密谋，让他们带兵杀入皇宫，逼迫胡亥自杀，转而拥立子婴为王。不过，子婴目睹了赵高种种祸国殃民的行径，不但对他没有丝毫感激，反而对他恨入骨髓。于是，就在举行封王大典当天，子婴推说自己身体有恙，躲在皇宫里不出来。赵高只把子婴当成一个傀儡，闻言立即火冒三丈，想要亲自入宫责难。不想子婴此举乃是一计，赵高入宫之后中计被杀，子婴随即宣布赵高的罪状，并且将他的家人和族人全部处死，由此赵高的人生也画上了可耻的句号。

公元前206年，刘邦率起义军兵临咸阳，子婴出降。后项羽入咸阳城，子婴被其残忍杀害，秦朝遂告灭亡。

图书在版编目(CIP)数据

帝国的智囊团.大秦名相/蔡岳著.—北京：中国华侨出版社,2015.6　（2021.2重印）

ISBN 978-7-5113-5500-3

Ⅰ.①帝… Ⅱ.①蔡… Ⅲ.①宰相-列传-中国-秦代 Ⅳ.①K827=2

中国版本图书馆CIP数据核字(2015)第139153号

帝国的智囊团.大秦名相

著　　　者	/ 蔡　岳
责任编辑	/ 文　筝
责任校对	/ 王京燕
经　　　销	/ 新华书店
开　　　本	/ 670毫米×960毫米　1/16　印张/19　字数/225千字
印　　　刷	/ 三河市嵩川印刷有限公司
版　　　次	/ 2016年2月第1版　2021年2月第2次印刷
书　　　号	/ ISBN 978-7-5113-5500-3
定　　　价	/ 48.00元

中国华侨出版社　北京市朝阳区静安里26号通成达大厦3层　邮编:100028
法律顾问:陈鹰律师事务所
编辑部:(010)64443056　　64443979
发行部:(010)64443051　　传真:(010)64439708
网址:www.oveaschin.com
E-mail:oveaschin@sina.com